大学语文

王辅政 张平 向颖 编著

中国社会科学出版社

**图书在版编目（CIP）数据**

大学语文/王辅政，张平，向颖编著.—北京：中国社会科学出版社，2016.12

ISBN 978 – 7 – 5161 – 9262 – 7

Ⅰ.①大… Ⅱ.①王…②张…③向… Ⅲ.①大学语文课—高等职业教育—教材 Ⅳ.①H193.9

中国版本图书馆 CIP 数据核字（2016）第 266504 号

| 出　版　人 | 赵剑英 |
| 责任编辑 | 杨晓芳 |
| 责任校对 | 季　静 |
| 责任印制 | 王　超 |

| 出　　版 | 中国社会科学出版社 |
| 社　　址 | 北京鼓楼西大街甲 158 号 |
| 邮　　编 | 100720 |
| 网　　址 | http://www.csspw.cn |
| 发 行 部 | 010 – 84083685 |
| 门 市 部 | 010 – 84029450 |
| 经　　销 | 新华书店及其他书店 |

| 印刷装订 | 北京明恒达印务有限公司 |
| 版　　次 | 2016 年 12 月第 1 版 |
| 印　　次 | 2016 年 12 月第 1 次印刷 |

| 开　　本 | 710 × 1000　1/16 |
| 印　　张 | 16.5 |
| 插　　页 | 2 |
| 字　　数 | 254 千字 |
| 定　　价 | 59.00 元 |

# 目　　录

# 前　言

　　基础教育结束后，母语教育是否意味着已经完成，学生是否具备了应有的母语应用能力或水平？在高等教育阶段还需不需要继续开设语文课？大学语文究竟是一门什么性质的课程，是中学语文课的自然延伸还是一种全新的母语教育提升课程？在高等教育的课程体系中，大学语文课究竟如何定位？在有限的课时内，如何实现教学目标和效果的最大化？社科类院校和自然科学类院校、高职高专院校和本科院校的大学语文是否应该有所区别以及区别到何种程度？大学语文教材如何体现高等教育及院校特点与追求？大学语文教材如何对教学活动的全过程和学生评价实施有效影响？大学语文教育如何适应社会需要？这一系列问题，一直困扰着各级各类高等院校。一段时期以来，诸多院校、诸多专业逐渐取消了大学语文课。即便有些院校或专业开设了大学语文课，但课程地位尴尬，不仅无法同专业基础课和专业课相比，更无法同外语课相比。结果是，我国高等教育阶段的母语教育呈现持续滑坡之势，大学生的母语应用能力堪忧。面对这种局面，近来重视大学语文的呼声越来越高，许多院校开始采取措施，加强大学语文课的教学，提高大学语文的课程地位，使大学生母语教育出现了新的动向和转机。本教材的编写就是在这种背景下，为了适应大学语文教学需要特别是高职院校语文课教学需要而启动并实施的。

　　大学语文课究竟是一门什么性质的课程，不同院校、不同专业和不同的人可能会有不同的理解。要想搞清这个问题，我们不妨从语文本身所具有的一些本质特征上去求得。

第一，大学语文具有天然的工具属性。语言是思维的工具，是交际交流的工具，而大学语文的核心内容之一就是语言知识、语言素质和语言能力的教育，并通过语言教育实现思维品质、思维方法、思维能力的培养，因此，工具性是大学语文与生俱在的本质特性。第二，由于大学语文课所追求的教育目标、教育过程涵盖了思维、知识、心理、能力等所有个体发展的层次和要素，因此，素质性就成为大学语文课最突出的特征之一。第三，大学语文所选用的所有课文无论是自然科学类还是社会科学类文章抑或是图片画面，都是人类智慧的结晶，都是自然科学或社会科学知识的凝聚，因此，知识性也是其最根本的属性之一。第四，语文教育必然要涉及这样一些最基本也是无论如何也无法回避和必须解决的问题，即观察、思维、口头表达、书面表达等能力。这些能力，在语文教学中通常会具化为听、说、读、写、译等几种具体能力。无论学习者是否有意识，无论学习者的能力高与低，它都会在语文教学过程中得到养成并不断提高。第五，从大学语文的信息涵盖面上看，它几乎是包罗万有的。从理论上讲，语言、文学、艺术、哲学、历史、地理、自然、科技、政治、经济、军事等所有古今中外人类的智慧成果，都能在大学语文教材中得以体现，都可成为大学语文的教育载体。这种综合性特征是其他任何一门课程都无法比拟的。第六，"学而为用""学以致用"不仅是大学语文课的深层和未来目标追求，同时也非常鲜明而强烈地体现在即学即用的教学过程中，因此，鲜明的应用性也是该课程的基本属性。第七，自古以来，"文以载道""文以教化"就是语文学科的核心功能。大学语文所选择的课文，无论是社会科学方面的还是自然科学方面的，它所承载的信息都具有非常鲜明的教化性，都能对学生的思想、品德、情感、心理、审美等施加影响，潜移默化地对学生进行科学的正确的人生观、价值观、审美观和行为教育。故，教化性也是其区别于其他课程的重要属性。

通常情况下，教材编写必须考虑时代特征、现实需要、教学追求、适用对象、课程定位、结构体例等诸要素，并以此为根据确定编写指导思想。基于上述认识，本教材的编写主导思想主要有以下几个方面：

其一，突出能力教育追求。同目前流行的多数大学语文教材重点放在知识教育的追求不同，本教材的编写将把能力教育放在首位。这是由大学语文课的课程性质所决定的。作为一门工具性课程，我们认为大学语文首先应着眼于培养和提高学生的语言认知能力、语言表达（交际）能力、语言转化能力，通过大学语文的学习，使学生在基础教育阶段形成的听、说、读、写、译等语言能力，特别是听、说、写能力得到进一步巩固和提高，并在此基础上形成更强的思维能力和创新能力，以便使学生在进入社会后能够熟练运用语言技能应对工作和生活的需要。其二，突出素质教育追求。素质是个体发展的基础因素和决定性因素之一，因此国家把素质教育摆在了教育的核心地位。由于语文在知识与能力方面具有其他学科难以比拟的涵盖性、综合性和应用频度，具有素质养成的天然优势，所以，语文也就成了对学生进行基础素质教育的最佳手段和最佳学科之一。突出素质教育追求不仅同国家教育的核心追求相一致，也是大学语文学科性质的必然要求。其三，突出应用教育追求。"学以致用"是教育的归宿。任何一门学科的落脚点都应如此，语文教育尤其需要这样。从语文本身的特性看，语言是人类一切活动赖以发生和进行的必要条件，本身就具有极其鲜明的应用特性；从人才培养的角度看，社会需要的是能够为其所用的人才；从本教材的适用对象和适用范围的角度看，高职高专教育的内在追求之一也在于强调应用。因此，大学语文教材的编写既要体现学科性质，也要体现时代的发展要求。其四，突出主体主动追求。传统教学中，教师一直是课堂的主角，整个教学活动始终围绕着教师的指挥棒转，学生只能被动地接受，学生的主体性、主导性、积极性、主动性得不到发挥。其成因虽然不止一端，但教材的制约因素决不应忽视。因此，我们编写这本大学语文教材时，力求实践现代教学理念，真正地把学生放在教学的主体地位上，让学生充当教学中的主角，成为学习的主动实践者。其五，突出独到创新追求。在目前林林总总多达近三千种的大学语文教材中，多数教材的编写理念传统保守，有些教材虽力图创新，但落实到课文中，往往还是难以摆脱传统的窠臼。有的把大学语文变成了文学知识读本，有的编成了文学作品欣赏集，有的依然延续中学的教学思路，按照传统的模式编排……为了适应社会发展的需要，为了体现现代教育的新思维，本教材的编写力求在理念上、体例上、选文上有所创新。理念方面，力求体现时代变革，体现现代教育理念，体现社会需要，体现新的人文思想。体例方面，力求摆脱传统以知识为核心的构建方式，围绕能力培养和学习主体（学生）进行设计。选文方面，不囿传统，不迷信名家权威，不唯政治，贴近生活，贴近时代，贴近人性，贴近学生心理，贴近教学规律。古今中外的佳作美文均在选择之内，力求精采精到。其六，突出教学改革追求。教学改革是提高教学质量，推动教育事业不断发展的重要动力之一。在教学改革中，通过教材改革带动或推进教学手段、教学方式、考核评价等方面的改革不仅是可行的，而且是可以做到的。本教材的编写本身就是一种变革的尝试，并尽量通过教材的变革促成大学语文教学手段、教学方式、考核评价等方面的转变。其七，突出教化功能追求。学校教育的首要课题是育人。具体到学科和课程时，大学语文具有其他学科所不具有的天然优势，因为在人类浩如烟海的文献中，它所包含的信息涵盖了几乎所有的人类文明成果，其思想、道德、美学、科学等诸方面的智慧成果，都可以成为对学生进行爱国主义教育、文化传统教育、道德品行教育、审美教育、科学技术教育的绝好材料。不必刻意说教，教化功能及其效果在自然而然中达成。其八，突出前瞻性追求。目前，大学语文课在高等教育阶段一直处于公共基础课的地位。但是，随着一段时期以来围绕大学生母语能力和素养日益下降的反思和担忧越来越强烈，有关大学语文的争论也逐渐升温，社会和高等院校对大学语文的重视程度越来越高，不能排除大学语文有提升为公共主干课程的可能。因此，教材编写不仅要在理念上、体例上、内容上力求具有前瞻性，也应该对大学语文课程定位的可能变革有所准备，并一定程度地体现在教材编写中。

与此同时，在教材编写过程中，符合政策法令，符合国家的教育宗旨和培养目标，符合课程性质和定位，符合教学规律，符合学生特点，体现育人精神，追求教学效果和教育效益最大化，实用创新，精当严谨，使课堂教学和课外学习具有足够的弹性等也是编写团队所遵循的基本原则。

本教材的编写体例既不同于传统的文体式结构体例、单元式结构体例、时序式结构体例，也不同于常见的"文选＋写作"的板块式体例，而是根据前述大学语文课的性质、指导思想以及编写原则，选择了

"能力本位"的编写体例：在内容方面，以听记能力、表述能力、阅读能力、翻译能力、迁移能力和写作能力为本位并统率课文选择，分别构建了听辨与表述能力、阅读能力、繁体字识记与文言翻译能力、能力迁移四个学练单元；每个教学单元均有两个或两个以上的教学项目（有的还有二级子项目），每个项目下均有若干篇精选课文作为教学的基本支撑。在结构方面，总体上采用板块式单元结构；单元内部采用"单元教学目标＋单元教学提示＋项目"结构；项目内部则采用"项目教学目标＋项目教学提示＋基础知识＋（学练子项目）＋课文"的复合型结构。

本教材的体例具有以下几个方面的优势和特点：

一、以能力养成为立足点和优先选择，以能力训练促进知识积累和带动素质提升。这不同于传统大学语文教材重知识积累，以知识养成为核心进而带动能力养成和素质提升的教学立意。

二、本教材突破了传统大学语文教材所成就的学生以听、读为主的学习方式，鲜明地确立了听、记、读、说、析、译、写以及能力迁移并重的教学理念和学习方式，能够使学生的语言、思维、表达能力和综合素质得到较为全面和平衡的提升。同时也必然会带来师生作用、教学模式、教学方法、教学评价、教学考核等多方面的改革或变化，有利于探索并实施"教、学、做"一体化的现代教育理念与实践。

三、本教材特别适合于高等职业院校和应用型本科院校的语文课教学需要，同时也能适合普通本科院校教学需要。

四、本教材的教学内容和教学方式弹性强，选择余地大。教师可以根据教学对象、课时、专业需求等进行灵活选择。即在教学过程中，教师的"教"和学生的"学"都有足够的选择空间。

五、本教材的体例在已经公开出版的近 3000 种大学语文教材中是独一无二的。它既体现了编写团队对现代教育理念的思索与体会，也体现了编写团队对大学语文课教学改革的积极探索和尝试。

本教材第二单元项目二由向颖编写，第二单元项目三由张平编写。其余由王辅政编写；另外，王辅政还承担了全书的统稿任务。

本教材的编写是编写团队基于教学实践以及教学改革追求而进行的一次初步尝试，限于时间、精力以及学识水平，疏失、舛误、错漏恐所难免，还望方家和学者们不吝赐教指正，以便我们进一步改进和提升。

王辅政　代笔

2015 年 2 月 5 日

# 第一单元

# 听辨与表述能力单元

※※※※※※※※※※※※※※※※※※※※※※※※※※※※

单元教学目标

本单元主要通过选定内容的学练，在增长知识的基础上，重点训练学生的聆听、记忆、理解、辨析和口语表达能力。使学生形成规范朗读、朗诵、对话、讲述以及聆听、记忆、理解等方面的能力。

单元教学提示

本单元共设置朗读与复述、朗诵与背诵、讲授与讨论、演讲与介绍、辩论与说服、交谈与访谈六个训练项目，并根据项目特点，在每个训练项目之下设置相应的子项目。教学中可根据课时、学生需要等灵活掌握。

※※※※※※※※※※※※※※※※※※※※※※※※※※※※

## 项目一　朗读与复述

※※※※※※※※※※※※※※※※※※※※※※※※※※※※

**教学目标**

本项目是以朗读方式阅读课文并在聆听基础上重点训练学生记忆和复述能力的教学项目。教学目标主要包括：（一）培养学生规范的朗读能力，使学生能够准确、流畅并创造性地朗读书面材料；（二）培养和提升学生的倾听和记忆能力；（三）在聆听和记忆的基础上，训练并培养学生的口头表达能力。

**教学提示**

本项目所选择的课文均适合朗读。教学过程中可由教师或学生进行朗读（建议主要由学生朗读），其他同学不看教材，集中精力倾听，然后由学生对课文进行复述。复述时既可以选择概要复述，也可选择详细复述（建议选择详细复述）。短篇课文尽量在朗读完全部内容后再进行复述；长篇课文可以交替进行。本项目是专门针对学生听、记、说等能力培养而设计的教学项目，具有很强的实践性和趣味性，教学中，可灵活掌握。如课上教学时数不足，可选择其中的部分篇章重点学习和训练。

**基础知识**

朗读，就是用朗朗的声音把书面读物读出来，古时称为"诵"。它是一种把视觉阅读转化为有声阅读的认知方式。朗读兼有视觉和听觉双重刺激优势，对感觉神经的刺激要优于单纯的视觉阅读，有利于记忆的形成和加深。

朗读的基本原则是忠实原作与再创作相结合，技巧与美相结合。所谓忠实原作，就是朗读时不能随意增减、改变原作的语言、词汇和字音，要准确表达原作的思想感情。所谓再创作，就是朗读者根据自己对作品的理解，在忠实原作的基础上，把自己的思想感情融入其中，利用气息和语音的高低、强弱、虚实、抑扬、缓急、顿连等技巧，使朗读具有更强的感染力。朗读的技巧大体上可以分为两个层面：一是眼、脑、嘴的配合；二是语气技巧。朗读首先由眼睛摄取书面信息，然后经过大脑的处理，再用发音器官表现出来。这种眼、脑、嘴的配合过程是朗读的生理基础和前提。在朗读实际中，眼睛的阅读要有一个超前量，即要比嘴快1—2个语节。如果眼与嘴同步，在遇到生僻的字词时就会出现失调，造成朗读不能连贯流畅。语气技巧是语音、气息控制应用技巧的省略说法。主要包括呼吸技巧、发音与共鸣技巧以及高低、强弱、虚实、抑扬、缓急、顿连等语气运用技巧，等等。所谓美的原则，就是力求朗读时不仅语言表现要美，还要表现出思想和情感美。

复述，就是把听到或看到的信息重新讲述出来。复述有完全复述、详细复述、梗概复述、要点复述等多种。无论哪种复述，都需要复述者以记忆为支撑。故，复述训练也是一种记忆能力和记忆方法的训练。

※※※※※※※※※※※※※※※※※※※※※※※※※※※※※※※

# 妈妈喜欢吃鱼头[1]

## 陈运松

在我依稀记事的时候，家中很穷，一个月难得吃上一次鱼肉。每次吃鱼，妈妈先把鱼头夹在自己碗里，将鱼肚子上的肉夹下，极仔细地捡去很少的几根大刺，放在我碗里，其余的便是父亲的了。当我也吵着要吃鱼头时，她总是说：

"妈妈喜欢吃鱼头。"

我想，鱼头一定很好吃的。有一次父亲不在家，我趁妈妈盛饭之际，夹了一个，吃来吃去，觉得没鱼肚子上的肉好吃。

那年外婆从江北到我家，妈妈买了家乡很金贵的鲢鱼。吃饭时，妈妈把本属于我的那块鱼肚子上的肉，夹进了外婆的碗里。外婆说：

"你忘啦？妈妈最喜欢吃鱼头。"

外婆眯缝着眼，慢慢地挑去那几根大刺，放进我的碗里，并说："孩子，你吃。"

接着，外婆就夹起鱼头，用没牙的嘴，津津有味地嘬着，不时吐出一根根小刺。我一边吃着没刺的鱼肉，一边想："怎么妈妈的妈妈也喜欢吃鱼头？"

29 岁上，我成了家，另立门户。生活好了，我俩经常买些鱼肉之类的好菜。每次吃鱼，最后剩下的，总是几个无人问津的鱼头。

而立之年，喜得千金。转眼女儿也能自己吃饭了。有一次午餐，妻子夹了一块鱼肚子上的肉，极麻利地捡去大刺，放在女儿的碗里。自己却夹起了鱼头。女儿见状，也吵着要吃鱼头。妻说：

"乖孩子，妈妈喜欢吃鱼头。"

谁知女儿说什么也不答应，非要吃不可。妻无奈，好不容易从鱼肋边挑出点没刺的肉来，可女儿吃了马上吐出，连说不好吃，从此再不要吃鱼头了。

打那以后，每逢吃鱼，妻便将鱼肚子上的肉夹给女儿，女儿总是很艰难地用汤匙切下鱼头，放进妈妈的碗里，很孝顺地说：

"妈妈，您吃鱼头。"

打那以后，我悟出了一个道理：

"女人作了母亲，便喜欢吃鱼头了。"

注释：[1] 原载《散文》1991 年第 5 期，作者陈运松；转引自刘照雄主编《普通话水平测试大纲》，吉林人民出版社 1994 年 11 月版。

# 亲亲那个姐姐[1]

## 吴　铭

这件事情发生在澳大利亚一个岛上的度假村，那时我在那里担任翻译。

有一天，我在大厅里，突然看见一个满脸歉意的工作人员，正在安慰一个大约 4 岁的小孩，饱受惊吓的小孩已经哭得筋疲力尽。问明原因之后，我才知道，原来那天小孩特别多，这个工作人员一时疏忽，在儿童的网球课结束后，少算一个，将这个小孩留在了网球场。

等她发现人数不对时，才赶快跑到网球场，将那个小孩带回来。小孩因为一个人在偏远的网球场，受到惊吓，哭得十分伤心。

不久，孩子的妈妈来了，看见了自己哭得惨兮兮的小孩。

如果你是这个妈妈，你会怎么做？是痛骂那个工作人员一顿，还是直接向主管提出抗议，或是很生气地将小孩带离，再也不参加"儿童俱乐部"了？

都不是！

我亲眼看见那个妈妈，蹲下来安慰自己 4 岁的小孩，并且很理性地告诉他："已经没事了，那个姐姐因为找不到你而非常紧张，并且十分难过，她不是故意的，现在你必须亲亲那个姐姐的脸颊，安慰她一下。"

当时我看见那个 4 岁的小孩踮起脚尖，亲了亲蹲在他身旁的工作人员的脸颊，并且轻轻地告诉她："不要害怕，已经没事了。"

只有这样的教育，才能培养出宽容、体贴的孩子。

注释：[1] 原载《教师博览》，作者吴铭；转引自《读者》2005 年第 5 期。

# 最傻的人成功了[1]

1862 年，德国哥廷根大学医学院的亨尔教授迎来了他的新学生。

开学不久的一天，亨尔教授突然把自己多年积下的论文手稿全部搬到教室里，分给学生们，让他们重新仔细工整地誊写一遍。

但是，当学生们翻开亨尔教授的论文手稿时，发现这些手稿已经非常工整了。几乎所有的学生都认为根本没有重抄一遍的必要，做这种没有价值而又烦冗枯燥的工作是在浪费自己的青春和生命。有这些时间，还不如发挥自己的聪明才智去搞研究。他们的结论是，傻子才会坐在那里当抄写员。最后，他们都去实验室里搞研究去了。让人想不到的是，竟然真有一个"傻子"坐在教室里抄写教授的论文手稿，他叫科赫。

一个学期以后，科赫把抄好的手稿送到了亨尔教授的办公室。看着科赫满脸疑问，一向和蔼的教授突然严肃地对他说："我向你表示崇高的敬意，孩子！因为只有你完成了这项工作。而那些我认为很聪明的学生，竟然都不愿做这种繁重、乏味的抄写工作。""我们从事医学研究的人，不光需要聪明的头脑和勤奋的精神，更为重要的是一定要具备一种一丝不苟的精神。特别是年轻人，往往急于求成，容易忽略细节。要知道，医理上走错一步，就是人命关天的大事啊！而抄那些手稿的工作，既是学习医学知识的机会，也是一种修炼心性的过程。"教授最后说。

这番话深深触动了科赫年轻的心灵。在此后的学习和工作中，科赫一直牢记导师的话，他老老实实做"最傻的人"，一直保持严谨的学习态度和研究作风。这种做事态度使他在人类历史上首次发现了结核菌、霍乱菌。而第一个发现传染病是由于病原体感染而造成的人，也是这位叫科赫的"最傻的人"。1905 年，鉴于在细菌研究方面的卓越成就，瑞典皇家学会将诺贝尔生理学与医学奖授予了科赫。

**注释：**[1] 原载《八小时以外》2007 年第 1 期，作者感动；转引自《读者》2007 年第 8 期。

# 金　子[1]

自从传言有人在萨文河畔散步时无意发现了金子后，这里便常有来自四面八方的淘金者。他们都想成为富翁，于是寻遍了整个河床，还在河床上挖出很多大坑，希望借助它们找到更多的金子。的确，有一些人找到了，但另外一些人因为一无所得而只好扫兴归去。

也有不甘心落空的，便驻扎在这里，继续寻找。彼得·弗雷特就是其中一员。他在河床附近买了一块没人要的土地，一个人默默地工作。他为了找金子，已把所有的钱都押在这块土地上。他埋头苦干了几个月，直到土地全变成了坑坑洼洼，他失望了——他翻遍了整块土地，但连一丁点金子都没看见。

六个月后，他连买面包的钱都没有了。于是他准备离开这儿到别处去谋生。

就在他即将离去的前一个晚上，天下起了倾盆大雨，并且一下就是三天三夜。雨终于停了，彼得走出小木屋，发现眼前的土地看上去好像和以前不一样：坑坑洼洼已被大水冲刷平整，松软的土地上长出一层绿茸茸的小草。

"这里没找到金子"，彼得忽有所悟地说，"但这土地很肥沃，我可以用来种花，并且拿到镇上去卖给那些富人，他们一定会买些花装扮他们华丽的客厅。如果真是这样的话，那么我一定会赚许多钱，有朝一日我也会成为富人……"

于是他留了下来。彼得花了不少精力培育花苗，不久田地里长满了美丽娇艳的各色鲜花。

五年以后，彼得终于实现了他的梦想——成了一个富翁。"我是唯一的一个找到真金的人！"他时常不无骄傲地告诉别人，"别人在这儿找不到金子后便远远地离开，而我的'金子'是在这块土地里，只有诚实的人用勤劳才能采集到。"

注释：[1]　原载《解放日报》1991年7月26日，陶猛译；转引自刘照雄主编《普通话水平测试大纲》，吉林人民出版社1994年11月版。

# 贪得一钱丢了官[1]

　　江南有位书生，他父亲在国子监里当助教，他也随父亲住在京城。有一天，他偶然路过寿字大街，见有一间书肆，便走了进去。书肆里有一个少年书生，挑中了一部《吕氏春秋》，点数铜钱交钱时，不小心，一个铜钱掉在地上，轱辘到一边去了，少年并没有发觉。江南书生看见了，暗中把钱踩在脚下，没有作声。等买书少年走后，他俯下身子把铜钱拾了起来，装入自己衣袋中。他以为自己做得巧妙，没人看见。其实旁边坐着的一位老者早就看见了。老者忽地起来，问他姓甚名谁。书生办了昧心事，只得如实说出自己的姓名。老者听罢，冷笑一声走了。

　　后来这个书生读书倒也刻苦，进了誊录馆，接着拜求选举，被授予江苏常熟县县尉职务。他春风得意，整理行装赴任途中，投递名片去拜见上司。这时候，汤公任江苏巡抚，一见递上来的名片，就传话说不见。书生多次求见，一次也见不到汤公的面儿。巡捕传达汤公的话说："你的名字已经被写到弹劾书上了！"书生一听愣了，便问："下官因何事被弹劾？"巡捕传说："只一个字——贪。"书生想，一定是弄错了，于是急切要求面见巡抚大人陈述理由。

　　巡捕进去禀报后，汤公还是不见，仍让巡捕出来传话说："你不记得前几个月在书肆中发生的事了吧。当秀才时，就把一个小钱儿看得像命一样，如今侥幸当了地方官，手中有了权柄，能不托箱探囊，拼命搜刮，做头戴乌纱的窃贼吗？你赶紧解职回去吧。"

　　这时书生才明白，以前在书肆中询问姓名，讥笑他的老者，就是今天的巡抚大人。

　　**注释：**［1］"容声杯"全国普通话广播大赛规定稿件第三十号，转引自刘照雄主编《普通话水平测试大纲》，吉林人民出版社 1994 年 11 月版。

※※※※※※※※※※※※※※※※※※※※※※※※※※※※※※※

# 项目二　朗诵与背诵

※※※※※※※※※※※※※※※※※※※※※※※※※※※※※※※

**教学目标**

本项目先以朗诵方式阅读课文，然后在教师指导下由学生对朗诵者的朗诵和课文进行赏析，最后达成背诵。教学目标主要包括：（一）培养学生规范的诵读能力，使学生能够准确、流畅并创造性地朗诵书面材料；（二）培养和提升学生的倾听和记忆能力；（三）在聆听和记忆的基础上，训练并培养学生的理解、分析及口头表达能力。

**教学提示**

本项目所选择的课文可由教师或学生进行朗诵（建议主要由学生朗诵），然后由学生对课文进行分析、讨论，并在课上课下完成背诵。本项目的重点在于以听觉阅读辅助视觉阅读，并在此基础上对课文进行理解进而形成持久记忆。教学过程既可由教师主持，也可由学生主持。

对朗诵的赏析，重点应放在朗诵技巧和朗诵表现力等方面，应主要由学生完成，教师可进行指导、点评。背诵则以课余为主。

**基础知识**

朗诵，实际上是一种艺术化了的朗读。它比朗读更注重语音与气息（语气）技巧，并通过技巧调控，最大限度地增强朗诵材料和朗诵的感染力，给受众以美的感受。朗诵的材料通常以韵文为主，如诗、词、曲等；介于韵文与散文之间的骈、赋也适合朗诵；抒情性散文也可用作朗诵素材。

赏析，赏鉴和分析的简称。赏鉴（或称鉴赏）是一种对文学或其他艺术作品（如音乐、书法、绘画、雕塑、建筑等）进行鉴别和欣赏的智力活动。分析则是一种对文学或其他艺术作品进行深度解读的智力活动。对文学作品的赏析，通常涉及这样一些问题：作品是在怎样的背景下写出来的，反映了怎样的社会现实，表达了作者怎样的思想感情，涉及了哪些事件或哪些人物，作者的立意有何独到之处，作者的创作思路怎样，作品是怎样处理结构、层次的，在创作中使用了怎样的手法，作品的语言有何特点，等等。这些问题都是教学过程中需要注意的问题。通常情况下，对于诗歌，应主要关注写作背景、体裁、题材、思想、情感、意象、意境、手法、语言等问题。对于散文，应主要关注体裁、立意、思想、情感、手法、语言等问题。其中，论说性散文应重点关注论点、论据、论证方法等问题；叙事性散文应重点关注事件、人物、思想情感、表现手法等问题；抒情性散文应重点关注思想情感、创作材料、表现手法、语言等问题。对于小说，应主要关注写作类型、题材、背景、环境、情节、人物、结构、思想、情感、手法、语言等问题。其中，应重点关注环境、人物、情节、思想情感和创作方法。对于戏剧，应主要关注写作背景、种类、题材、思想、情感、手法、语言等问题。

※※※※※※※※※※※※※※※※※※※※※※※※※※※※※※

# 黍　离[1]
## 《诗经·王风》[2]

彼黍离离[3]，彼稷[4]之苗。行迈靡靡[5]，中心摇摇[6]。知我者，谓我心忧；不知我者，谓我何求？悠悠苍天，此何人哉！彼黍离离，彼稷之穗[7]。行迈靡靡，中心如醉。知我者，谓我心忧；不知我者，谓我何求？悠悠苍天，此何人哉！彼黍离离，彼稷之实[8]。行迈靡靡，中心如噎[9]。知我者，谓我心忧；不知我者，谓我何求？悠悠苍天，此何人哉！

**注释：**[1] 选自宋朱熹《诗集传》，中华书局 1958 年 7 月第 1 版。[2] 诗经：中国第一部诗歌总集。原称《诗》《诗三百》或《三百篇》，西汉时始有《诗经》之称。编成于春秋时期，共 305 篇，多为周初至春秋中叶 500 多年间的作品。相传是孔子由 3000 多篇删定而成。分风、雅、颂三大类。其中，风是各地民歌，包括 15 国风，共 160 篇；雅多是朝会乐歌，包括大雅 31 篇，小雅 74 篇；颂是郊庙祭祀乐歌，包括周颂 31 篇、鲁颂 4 篇、商颂 5 篇。秦始皇焚书坑儒后，一度失传。西汉前期有齐、鲁、韩、毛四家诗再传。后来齐、鲁、韩三家诗先后亡佚，仅毛诗存世。王风：周王朝京畿一带的民歌。[3] 彼：那，那个地方。黍：谷物之一，其米通称大黄米，色黄性黏。离离：随风摇摆的样子。一说结实累累的样子。[4] 稷（jì）：谷物之一，其米通称小米，色黄味香。[5] 行迈：偏义复合词，偏于"行"。迈，远行。靡靡：因精神不振而行路迟缓的样子。[6] 中心：内心。中，内。摇摇：愁苦不安。[7] 穗：黍、稷等谷物的穗子，是承载果实的载体。[8] 实：果实，即黍、稷等谷物的成熟粒。[9] 噎（yē）：咽喉阻塞，不能喘息。

**思考题：**

1. 这首诗属于何种诗体？

2. 这首诗表现了怎样的思想情感？

3. 这首诗的意象、形象、心理描写有何特点？

4. 这首诗分为几章？篇章结构方面有何特点？

5. 仔细体味，这首诗适合用何种情调朗诵？

# 古　歌[1]

## 无名氏

　　秋风萧萧愁杀人[2]，出亦愁，入亦愁。座中何人，谁不怀忧？令我白头。胡地多飙风[3]，树木何修修[4]。离家日趋远[5]，衣带日趋缓[6]。心思不能言，肠中车轮转。

　　**注释：** [1] 选自余冠英选注《汉魏六朝诗选》，人民文学出版社1958年10月北京第一版。[2] 萧萧：象声词，风吹诸物发出的声音。[3] 胡地：泛指中国古代北方和西方少数民族居住的地区。飙（biāo）风：疾风，暴风。[4] 修修：象声词，树木被疾风吹拂时发出的声音。余冠英认为是形容树木被风吹得干枯如鸟尾。[5] 趋：趋向。[6] 缓：宽，宽松。

　　**思考题：**

1. 这首诗属于何种诗体？

2. 这首诗表现了怎样的思想情感？

3. 这首诗的意象、形象、心理描写有何特点？

4. 仔细体味，这首诗适合用何种情调朗诵？

# 悲歌行<sup>[1]</sup>

## 李　白

悲来乎，悲来乎。主人有酒且莫斟，听我一曲悲来吟。悲来不吟还<sup>[2]</sup>不笑，天下无人知我心。君有数斗酒，我有三尺琴<sup>[3]</sup>。琴鸣酒乐两相得，一杯不啻千钧金<sup>[4]</sup>。悲来乎，悲来乎。天虽长，地虽久，金玉满堂应不守<sup>[5]</sup>。富贵百年能几何，死生一度人皆有。孤猿坐啼坟上月，且须<sup>[6]</sup>一尽杯中酒。悲来乎，悲来乎。凤凰不至河无图<sup>[7]</sup>，微子去之箕子奴<sup>[8]</sup>。汉帝不忆李将军<sup>[9]</sup>，楚王放却屈大夫<sup>[10]</sup>。悲来乎，悲来乎。秦家李斯<sup>[11]</sup>早追悔，虚名拨向身之外。范子何曾爱五湖<sup>[12]</sup>，功成名遂身自退<sup>[13]</sup>。剑是一夫用，书能知姓名<sup>[14]</sup>。惠施不肯干万乘<sup>[15]</sup>，卜式未必穷一经<sup>[16]</sup>。还须黑头取方伯<sup>[17]</sup>，莫谩<sup>[18]</sup>白首为儒生。

**注释：**[1] 选自康熙御定《全唐诗》卷一百六十六，国际文化出版公司 1993 年 1 月第一版。《悲歌行》是乐府旧题，属杂曲歌辞。对这首李白的《悲歌行》，苏轼等人认为是伪作，但无实证。[2] 还：连词，又。[3] 三尺琴：《博雅·释琴》："神农氏琴长三尺六寸六分。"[4] 啻 (chì)：止。钧：《说文·金部》："钧，三十斤也。"[5] 天虽长，地虽久：典出《老子》卷上第七章："天长地久，天地所以能长且久者，以其不自生，故能长生。"金玉满堂应不守：典出《老子》卷上第九章："金玉满堂，莫之能守。富贵而骄，自遗其咎。"[6] 且须：暂且应当。[7]"凤凰"句：典出《论语·子罕》："凤鸟不至，河不出图，吾已矣夫。"《易·系辞上》："河出图，洛出书，圣人则之。"[8]"微子"句：《论语·微子》："微子去之，箕子为之奴，比干谏而死。孔子曰：'殷有三仁焉。'"微子，名启，商帝乙长子，商纣王庶兄，孟子认为是商纣王叔父。因封于微，故名微子。因其母低贱，故不得嗣位。箕子，商纣王叔父。《史记·殷本纪》："纣愈淫乱不止，微子数谏不听，乃与大师、少师谋，遂去。……箕子惧，乃佯狂为奴，纣又囚之。"[9] 李将军：指李广。李广抗匈奴四十余年，大小七十余战，其下属多封侯，而李广终生不得爵位。汉文帝叹曰："惜乎！子不遇时，如令子当高帝世，万户侯岂足道哉！"事见《史记·李将军列传》《汉书·李广苏建传》。[10] 楚王：指楚怀王。屈大夫：指屈原。战国末期楚国人，曾任左徒、三闾大夫。爱国直谏，遭谗被逐，投汨罗江而死。详见《史记·屈原贾生列传》。[11] 李斯：战国末期楚上蔡人。师从荀子学帝王之术。入秦为客卿、廷尉，在秦统一天下的过程中发挥了重要作用。后被秦始皇任为丞相，统一度量衡，统一车轨，统一文字，建议燔百家之言，影响巨大而深远。始皇死，与赵高合谋逼死公子扶苏，立少子胡亥为二世皇帝。后为赵高所忌，腰斩于咸阳市。事见《史记·李斯列传》。[12] 范子：即范蠡（lǐ），春秋楚宛人，仕越为大夫，辅佐越王勾践灭吴。灭吴后，退身隐居，先后更名为鸱夷子皮和陶朱公，经商致富。或传说乘扁舟出三江，入五湖，人莫知其所适。[13] 功成名遂身自退：典出《老子》卷上第九章："功遂身退，天之道。"[14]"剑是"二句：典自《史记·项羽本纪》："项籍少时学书不成，去。学剑又不成。项梁怒之。籍曰：'书，足以记名姓而已。剑，一人敌，不足学。学万人敌。'"[15]"惠施"句：典出《吕氏春秋·审应览·不屈》"魏惠王谓惠子曰：'上世之有国，必贤者也。今寡人实不若先生，愿得传国。'惠子辞。王又固请曰：'寡人莫有之国于此者也，而传之贤者，民之贪争之心止矣。欲先生以此听寡人也。'惠子曰：'若王之言，则施不可而听矣。王固万乘之主也，以国与人犹尚可；今施，布衣也，可以有万乘之国而辞之，此其止贪争之心愈甚也。'"惠施（约前370—前310），战国中期宋国人，哲学家，名家"合同异"派代表人物。与庄子互为好友。曾为魏国相国，政治上主张合纵。著有《惠子》，已散佚。干（gān），求，求取。[16] 卜式：西汉河南人，以牧羊致富，不习文章。武帝与匈奴作战，卜式屡以私财捐助朝廷，武帝任为中郎，后为御史大夫，终太子太傅。详见《汉书·公孙弘卜式儿宽传》。[17] 方伯：《礼记·王制》："千里之外设方伯。"《汉书·何武王嘉师丹传》："刺史，古之方伯，上所委任，一州表率也。"后泛指地方长官。[18] 谩（màn）：徒，空，白白地。

思考题：

1. 说一说这首诗的体裁特点。

2. 这首诗抒发了怎样的情感？诗中是如何抒情的？

3. 这首诗在语言上有何特点？

4. 说一说这首诗的立意角度和行文线索。

5. 这首诗适合用何种情调朗诵？

# 茅屋为秋风所破歌[1]
## 杜　甫[2]

八月秋高风怒号，卷我屋上三重茅。茅飞度江洒江郊[3]，高者挂罥长林梢[4]，下者飘转沉塘坳[5]。南村群童欺我老无力，忍能对面[6]为盗贼，公然抱茅入竹[7]去。唇焦口燥呼不得，归来倚杖自叹息。俄顷风定云墨色[8]，秋天漠漠向昏黑。布衾多年冷似铁[9]，娇儿恶卧踏里裂[10]。床床[11]屋漏无干处，雨脚如麻[12]未断绝。自经丧乱[13]少睡眠，长夜沾湿何由彻[14]。安得广厦[15]千万间，大庇天下寒士俱欢颜[16]，风雨不动安如山？呜呼！何时眼前突兀见[17]此屋？吾庐独破受冻死亦足！

**注释：**[1] 选自康熙御定《全唐诗》卷二百十九，国际文化出版公司1993年1月第一版。这首诗作于唐肃宗上元二年（761）八月。[2] 见第一单元《登高》注释[2]。[3] 度：一本作"渡"。江：这里指浣花溪。洒：一本作"满"。[4] 罥（juàn）：缠绕，纠结。长（cháng）：高。[5] 塘坳（ào）：低洼积水的地方，即池塘。塘，一本作"堂"。[6] 忍：忍心。能：能够，可以。对面：当面。[7] 竹：指竹林。[8] 俄顷（qǐng）：不久，一会儿。[9] 布衾（qīn）：棉被。似：一本作"象"。[10] 恶卧：睡相不老实，乱蹬踹。[11] 床床：一本作"床头"。[12] 雨脚如麻：形容雨滴不间断，向下垂的像麻线一样密集。雨脚，雨滴。[13] 丧（sāng）乱：战乱，指安史之乱。[14] 何由彻：靠什么熬到天亮呢？何由，即"由何"，靠什么，介宾倒置用法。彻，通，这里指彻夜、通宵。[15] 安得：如何得到。安，疑问代词，哪里，怎么，如何。广厦：宽敞的大屋。[16] 大庇（bì）：

全部遮盖、掩护起来。庇，遮蔽、掩护。寒士：穷人。士，原本指学者即知识分子，此处泛指贫寒的人们。[17] 突兀（wù）：高耸的样子，这里用来形容广厦。见（xiàn）：同“现”，出现。

**思考题：**

1. 说一说这首诗的体裁特点。
2. 这首诗反映了怎样的社会现实？
3. 这首诗抒发了怎样的情感？诗中是如何抒情的？
4. 这首诗在艺术上有何特点？
5. 这首诗适合用何种情调朗诵？

## 蝶恋花[1]

### 晏　殊[2]

槛菊愁烟兰泣露[3]。罗幕轻寒[4]，燕子双飞去。明月不谙[5]离恨苦，斜光到晓穿朱户[6]。昨夜西风凋碧树[7]。独上高楼，望尽天涯路。欲寄彩笺兼尺素[8]，山长水阔知何处[9]？

**注释：**[1] 选自清朱彝尊《词综》上册，上海古籍出版社 1978 年 12 月版。蝶恋花：本名《鹊踏枝》，原为唐教坊曲。后因梁简文帝萧纲“翻阶蛱蝶恋花情”句而改为《蝶恋花》。又称《凤栖梧》《一箩金》《黄金缕》《卷珠帘》等。双调，六十字，仄韵。[2] 晏殊（991—1055）：北宋政治家、文学家。字同叔，临川（今江西抚州）人。七岁能文。十四岁时，宋真宗以神童召试，赐同进士出身，授秘书省正字。此后，历任太常寺奉礼郎、光禄寺丞、集贤校理、太常寺丞、户部员外郎、翰林侍读学士、三司使、枢密副使、参知政事等职。五十三岁时，被宋仁宗任为枢密使加同中书门下平章事，官居宰相位。第二年罢相，被贬为工部尚书，接着又出任颍州（今安徽阜阳）、陈州（今河南淮阳）、许州（今河南许昌）等地知州，后升任兵部尚书。六十四岁病逝于家中，仁宗亲临致奠。赠司空兼侍中，谥号元献。作为政治家，晏殊重贤礼才、知人善任，当世名人范仲淹、孔道辅、韩琦、富弼、欧阳修、宋祁、张先等人均出其门下。晏殊还非常重视教育事业。《宋史》本传说："自五代以来，天下学校废，兴学自殊始。"作为文学家，晏殊擅长诗词，尤工小令。其词承袭南唐风格，追宗"西昆体"，以情致胜。文词雅丽、雍容华贵，又不失清新雅淡、温润圆融、含蓄闲婉，意趣横生，有"导宋词之先路"，"为北宋倚声家之初祖"之誉。《东都事略》说他有文集 240 卷，《中兴书目》作 94 卷，《文献通考》载《临川集》30 卷，皆不传。唯《珠玉词》3 卷传世。汲古阁并为 1 卷，为《宋六十名家词》之首集，计词 131 首。[3] 槛菊愁烟：栏杆内的菊花因为烟雾笼罩而忧愁。这是拟人写法。槛，栏杆。兰泣露：兰花上的露珠滴落，就像人在流泪一样。泣，哭泣，流泪。这里是"滴落"的意思。[4] 罗幕：丝织的帷幕。轻寒：微寒。[5] 谙（ān）：熟悉，了解，明白。[6] 斜光：指西斜的月光。朱户：犹言朱门，指大户人家。[7] 西风：秋风。凋碧树：使绿树凋敝。凋，这里是使动用法。[8] 彩笺：彩色的信笺。这里特指女子的书信。唐朝女诗人薛涛曾居浣花溪，创制深红小笺写诗，人称薛涛笺。兼：加上。尺素：书信的代称。古人写信用素绢，通常长约一尺，故称尺素。语出《古诗》"客从远方来，遗我双鲤鱼。呼儿烹鲤鱼，中有尺素书"。[9] 阔：远。

**思考题：**

1. 说一说这首词的题材特点。
2. 这首词抒发了怎样的情感？词中是如何抒情的？
3. 这首词在艺术上有何特点？
4. 这首诗适合用何种情调朗诵？

# 声声慢[1]

## 李清照[2]

　　寻寻觅觅，冷冷清清，凄凄惨惨戚戚。乍[3] 暖还寒时候，最难将息[4]。三杯两盏淡酒，怎敌他[5] 晚来风急？雁过也，正伤心，却是旧时相识[6]。满地黄花[7] 堆积，憔悴损，如今有谁堪[8] 摘？守著窗儿，独自怎生得黑[9]？梧桐更兼[10] 细雨，到黄昏、点点滴滴。这次第[11]，怎一个愁字了得!

**注释:**[1]选自清朱彝尊《词综》下册,上海古籍出版社1978年12月第1版。声声慢:词牌名,又名"胜胜慢"。双调九十六字或九十九字等,有平韵、仄韵两体。"声声慢"词调首见于北宋晁补之词。毛先舒《填词名解》卷三:"词以'慢'名者,慢曲也。拖音袅娜,不欲辄尽。"这首词是李清照晚年的名篇之一,也有题作《秋情》的。[2]李清照(1084—1151?):号易安居士,济南章丘人。生于书香门第,父亲李格非是著名学者,精通经史,长于散文;母亲王氏也知书能文。丈夫赵明诚是宰相赵挺之之子,历任州郡长官,也是一位金石学家。中年以前的李清照家境优越,对诗、词、散文、书法、绘画、音乐无不通晓,而以词的成就最高。1127年,金兵攻破汴京,北宋灭亡。李清照夫妇先后渡江南下。第二年,赵明诚死于建康(南京)。丈夫死后,失去依托的李清照曾一度改嫁,但不久即离异。晚年寓居临安(今杭州),在凄苦、孤独和贫困中度过余生。李清照是宋代词坛大家,创作以南渡为界,分为前后两个时期。有《漱玉集》(后人辑本)。今人辑本有中华书局编校本《李清照集》等。[3]乍:时间副词,刚刚,才。[4]最:原本作"正",据后人校订本改为"最"。将息:调养。[5]他:句中衬字,起补充音节、调节语气作用。相当于"那"。[6]旧时相识:因大雁来自北方,而作者的家乡也在北方,故称"旧时相识"。一说,作者早年寄给丈夫赵明诚的《一剪梅》词中有"云中谁寄锦书来,雁字回时,月满西楼"句,故称雁为"旧时相识"。[7]黄花:菊花。[8]堪:能,可。[9]怎生:当时口语,怎么。得黑:到天黑。[10]更兼:又加上。更,读 gēng,又,再。[11]次第:光景。

**思考题:**

1. 这首词抒发了作者怎样的思想情感?

2. 说一说词中"晚风""雁""旧时相识""黄花""次第"等词语或意象的含义。

3. 说一说这首词的艺术特点。

4. 这首词适合用何种情调朗诵?

# 中吕·山坡羊·潼关怀古[1]

## 张养浩[2]

峰峦如聚[3]，波涛如怒[4]，山河表里潼关路[5]。望西都[6]，意踟蹰[7]，伤心秦汉经行处[8]，宫阙万间都做了土[9]。兴，百姓苦；亡，百姓苦。

**注释：** [1] 选自羊春秋选注《元人散曲选》，湖南人民出版社1982年10月第1版。中吕：曲调名。山坡羊：曲牌名。潼关怀古：题目。潼关，在今陕西省潼关县北，为陕西、山西、河南三省之要冲。《水经·河水注》："河在关内，南流潼激关山，因谓之潼关。"怀古，感怀古事。[2] 张养浩 (1270—1329)：字希孟，号云庄，又号齐东野人。山东济南人。由御史台椽、堂邑县令，拜为监察御史、礼部尚书，参议中书省事。元英宗至治元年 (1321)，因上疏谏元夕放灯得罪辞官，隐居故乡。元文宗天历二年 (1329)，关中大旱，重被召为陕西行台中丞，前往赈济灾民，积劳成疾，四个月后，死于任所。文宗至顺二年 (1331)，追封滨国公，谥文忠，后人尊称为张文忠公。散曲集名《文庄休居自适小乐府》，现存小令一百六十一首，套曲两套。[3] 峰峦如聚：拟人写法，形容华山四周重岩叠嶂，群山密集，地势险要。[4] 波涛如怒：拟人写法，形容黄河水势浩荡，波涛汹涌。[5] 山河：华山和黄河。表里：内外。表，外。一说指潼关以东为关外，潼关以西为关内，互为表里。[6] 西都：指长安。古称长安为西都，洛阳为东都。这里也泛指关中一带。[7] 踟蹰 (chí chú)：原指犹豫不决，徘徊不前。这里形容思绪沉重。一作"踟躇"。[8] 经行处：走过的地方。经、行，这里是同义复指，经历，走过。一说指曾经做过行宫的地方。经，曾经。行，行宫。[9] 宫阙：泛指历代皇家宫殿。宫，宫殿。阙，王宫前的望楼。做了土：变成了废墟。

**思考题：**

1. 这首小令表达了怎样的思想情感？
2. 说一说这首小令起承转合的特点。

3. 描述一下这首小令的意境。

# 再别康桥[1]

## 徐志摩[2]

　　轻轻的我走了，正如我轻轻的来；我轻轻的招手，作别西天的云彩。那河畔的金柳，是夕阳中的新娘；波光里的艳影，在我的心头荡漾。软泥上的青荇[3]，油油的在水底招摇；在康河的柔波里，我甘心做一条水草！那榆荫下的一潭，不是清泉，是天上虹揉碎在浮藻间，沉淀着彩虹似的梦。寻梦？撑一支长篙，向青草更青处漫溯；满载一船星辉，在星辉斑斓里放歌。但我不能放歌，悄悄是别离的笙箫；夏虫也为我沉默，沉默是今晚的康桥！悄悄的我走了，正如我悄悄的来；我挥一挥衣袖，不带走一片云彩。

11 月 6 日　中国海上

　　**注释：**[1] 本诗最早刊载于 1928 年 12 月《新月》第一卷第 10 号，收入《猛虎集》。转引自曹万生、靳彤编著《中国现当代诗歌精选》，云南出版集团公司/云南教育出版社 2009 年 12 月第 1 版。版式有改动。康桥：英国伦敦的剑桥。[2] 徐志摩（1897.1.15—1931.11.19）：名章垿(xù)，字志摩，小字幼申。曾经用过的笔名有南湖、诗哲、海谷、云中鹤等。浙江海宁县硖石镇人。现代诗人、散文家。曾游历英、美、日、印诸国。1931 年 11 月 19 日，由南京乘飞机到北平，因遇雾在济南附近触山，机坠身亡。他的作品已编为《徐志摩文集》出版。[3] 荇(xìng)：即荇菜，多年生草本植物，白茎，叶紫红色，浮于水面。

**思考题：**

1. 这首抒诗发了怎样的情感？表现了怎样的情调？

2. 说说这首诗的抒情特点。

3. 这首诗适合用何种情调朗诵？

# 海燕之歌[1]

## 高尔基[2]

在苍茫的大海上，狂风卷集着乌云。在乌云和大海之间，海燕像黑色的闪电，在高傲地飞翔。

一会儿翅膀碰着波浪，一会儿箭一般地直冲向乌云，它叫喊着，——就在这鸟儿勇敢的叫喊声里，乌云听出了欢乐。

在这叫喊声里——充满着对暴风雨的渴望！在这叫喊声里，乌云听出了愤怒的力量、热情的火焰和胜利的信心。

海鸥在暴风雨来临之前呻吟着，——呻吟着，它们在大海上飞窜，想把自己对暴风雨的恐惧，掩藏到大海深处。

海鸭也在呻吟着，——它们这些海鸭啊，享受不了生活的战斗的欢乐：轰隆隆的雷声就把它们吓坏了。

蠢笨的企鹅，胆怯地把肥胖的身体躲藏到悬崖底下……

只有那高傲的海燕，勇敢地，自由自在地，在泛起白沫的大海上飞翔！

乌云越来越暗，越来越低，向海面直压下来，而波浪一边歌唱，一边冲向高空，去迎接那雷声。

雷声轰响。波浪在愤怒的飞沫中呼叫，跟狂风争鸣。看吧，狂风紧紧抱起一层层巨浪，恶狠狠地将它们甩到悬崖上，把这些大块的翡翠摔成尘雾和碎末。

海燕叫喊着，飞翔着，像黑色的闪电，箭一般地穿过乌云，翅膀掠起波浪的飞沫。

看吧，它飞舞着，像个精灵，——高傲的、黑色的暴风雨的精灵，——它在大笑，它又在号叫……它笑那些乌云，它因为欢乐而号叫！

这个敏感的精灵，——它从雷声的震怒里，早就听出了困乏，它深信，乌云遮不住太阳，——是的，遮不住的！

狂风吼叫……雷声轰响……

一堆堆乌云，像青色的火焰，在无底的大海上燃烧。大海抓住闪电的箭光，把它们熄灭在自己的深渊里。这些闪电的影子，活像一条条火蛇，在大海里蜿蜒游动，一晃就消失了。

——暴风雨！暴风雨就要来啦！

这是勇敢的海燕，在怒吼的大海上，在闪电中间，高傲地飞翔；这是胜利的预言家在叫喊：

——让暴风雨来得更猛烈些吧！


**注释**：［1］选自贺年主编《世界经典散文金榜》（上），内蒙古人民出版社 2003 年 4 月第 1 版。［2］高尔基（1868—1936）：全名阿列克塞·马克西莫维奇·高尔基，苏联著名作家，被列宁称为"无产阶级艺术的权威"。代表作品有散文诗《鹰之歌》《海燕》，长篇自传体小说《童年》《在人间》《我的大学》等。


**思考题**：

1. 这首诗表现了怎样的思想内容？抒发了作者怎样的情感？

2. 诗中的"大海""乌云""波浪""雷声""狂风""闪电""暴风雨""海燕""海鸥""海鸭""企鹅"等意象分别象征了什么？

3. 这首诗应怎样朗诵？

※※※※※※※※※※※※※※※※※※※※※※※※※※※※※※

# 项目三 讲授与讨论

※※※※※※※※※※※※※※※※※※※※※※※※※※※※※※

**教学目标**

本项目是专门设置的学生讲授和讨论项目。教学目标主要包括：（一）培养学生收集材料、整理并合理使用材料的能力；（二）培养和提升学生阅读、理解能力；（三）训练、培养学生口头表达能力；（四）训练、培养学生规划、设计及书面写作（教案）能力；（五）训练、培养学生课件制作能力；（六）培养、训练学生团体协作精神和能力。

**教学提示**

本项目入选的课文较多，选择余地较大。（一）教学过程中可由学生自主选择课文进行讲授训练——既可由一位学生单独讲授某篇或数篇课文，也可由多位学生合作讲授某篇或数篇课文；（二）可由学生选定课文组织讨论（分组讨论、集体讨论等）。教师在学生讲课或讨论前进行指导，讲课或讨论完成后进行评价；也可组织学生进行评价，教师进行综合点评。

**基础知识**

讲授，是一种典型的以独白式语境为主的教学活动，是教育者传授知识、受教育者学习知识的重要方式和手段。

通常情况下，介绍作者、介绍作品写作背景、解题、分析作品的思想内容和形式艺术，是讲授的一般步骤和主要内容。其中，对思想内容的分析，主要包括作品反映的社会现实及其背景，人物、事件等内容要素的内涵、认识价值或意义以及作者的思想感情，等等；形式艺术主要包括作品的立意、结构特点、艺术表现手法以及语言风格等。

讲授的方式多种多样，通常有阐述式（讲解式）讲授法、答问式（教师提问学生回答，学生提问教师回答，学生提问学生回答）讲授法、互动式讲授法、启发式讲授法、音像言综合讲授法，等等。

讨论，是一种典型的双、多向语境状态下的群体性交流活动。从广义的角度讲，大凡商量、探讨、研究等双向或多项的群体性交流形式，均可视为讨论。其特点是：（一）议题可预先设定但议题本身却应具有不同程度的不确定性，否则，议题就失去了讨论的必要；（二）讨论具有鲜明的目的性——要么是为了协调认识、统一思想，要么是为了解决问题或寻求解决问题的方法，要么是为了充实、完善既有方案……；（三）讨论具有鲜明的趋同性——无论议题具有多么大的分歧性或多元性，讨论的目的必然会促使其趋向一致。

　　教学中的讨论通常是以丰富知识，准确理解作品内涵、价值，提升学生分析问题、解决问题能力为目的的群体性交流活动。

※※※※※※※※※※※※※※※※※※※※※※※※※※※※※※

# 谏逐客书[1]

## 李　斯[2]

　　臣闻吏[3]议逐客，窃以为过矣[4]。

　　昔缪公求士[5]，西取由余于戎[6]，东得百里奚于宛[7]，迎蹇叔于宋[8]，来丕豹、公孙支于晋[9]。此五子者，不产于秦，而缪公用之，并国二十，遂霸西戎[10]。孝公用商鞅之法[11]，移风易俗，民以殷盛[12]，国以富强，百姓乐用[13]，诸侯亲服[14]，获楚、魏之师，举地千里，至今治强[15]。惠王用张仪之计[16]，拔三川[17]之地，西并巴蜀，北收上郡[18]，南取汉中，包九夷[19]，制鄢郢[20]，东据成皋之险[21]，割膏腴之壤[22]，遂散六国之从[23]，使之西面事秦，功施[24]到今。昭王得范睢[25]，废穰侯，逐华阳[26]，强公室，杜私门[27]，蚕食[28]诸侯，使秦成帝业。此四君者，皆以客之功。由此观之，客何负于秦哉！向使四君却客而不内[29]，疏士而不用，是使国无富利之实，而秦无强大之名也。

　　今陛下致昆山之玉[30]，有随、和之宝[31]，垂明月之珠[32]，服太阿之剑[33]，乘纤离之马[34]，建翠凤之旗[35]，树灵鼍之鼓[36]。此数宝者，秦不生一焉，而陛下悦之，何也？必秦国之所生然后可，则是夜光之璧不饰朝廷，犀象之器不为玩好，郑、卫之女不充后宫，而骏良駃騠不实外厩[37]，江南金锡不为用，西蜀丹青不为采[38]。所以饰后宫、充下陈[39]、娱心意、悦耳目者，必出于秦然后可，则是宛珠之簪[40]、傅玑之珥[41]、阿缟之衣[42]、锦绣之饰不进于前，而随俗雅化、佳冶窈窕赵女不立于侧也[43]。夫击瓮叩缶、弹筝搏髀[44]，而歌乎呜呜快耳者，真秦之声也；《郑》《卫》《桑间》《韶》《虞》《武》《象》者[45]，异国之乐也。今弃击瓮叩缶而就《郑》《卫》，退弹筝而取《韶》《虞》，若是者何也？快意当前，适观而已矣。今取人则不然。不问可否，不论曲直，非秦者去，为客者逐。然则是所重者在乎色乐珠玉，而所轻者在乎人民也。此非所以跨海内制诸侯之术也。

臣闻地广者粟多，国大者人众，兵强则士勇。是以太山不让土壤[46]，故能成其大；河海不择细流，故能就其深；王者不却众庶[47]，故能明其德。是以地无四方，民无异国，四时充美[48]，鬼神降福，此五帝三王[49]之所以无敌也。今乃弃黔首以资敌国[50]，却宾客以业诸侯[51]，使天下之士退而不敢西向，裹足不入秦，此所谓"藉寇兵而赍盗粮"者也[52]。

夫物不产于秦，可宝者多；士不产于秦，而愿忠者众。今逐客以资敌国，损民以益仇[53]，内自虚而外树怨[54]于诸侯，求国无危，不可得也。

**注释：**[1] 选自司马迁《史记·李斯列传》，中国文史出版社2002年12月修订版。逐客：驱逐客卿。客，即客卿，是指外国来秦担任秦国公职之人。战国末期，秦国更加强大，各国人才日趋向秦国集中，故秦国上层统治集团内出现了不少来自于其他诸侯国的客卿。客卿的增多，冲击了秦国旧贵族集团的利益，加上发生了韩国人郑国到秦国做间谍之事，秦宗室大臣便纷纷进言，建议驱逐一切客卿。秦王嬴政接受了此项建议，在公元前237年下令驱逐客卿。李斯原是楚国人，此时在秦已由长史拜为客卿，也在被逐之列，故写了这篇《谏逐客书》劝谏秦王。秦王嬴政读到此"书"后，立即废除逐客令，并恢复了李斯的客卿之职。书：又称"上书"，是用来陈述自己的政治见解或主张的一种陈述性的文书。《文心雕龙·章表》说："降及七国，未变古式，言事于主，皆称上书。"[2] 李斯：生年不详，卒于公元前208年。战国末期楚国上蔡（今河南上蔡县）人。曾同韩非一道师从儒学大师荀况学"帝王之术"，于公元前247年入秦，受到秦王嬴政器重，任为长史，拜为客卿，官至廷尉，为秦始皇统一中国发挥了重要作用。秦统一天下后，官至丞相。秦始皇采纳他的主张定郡县之制，以小篆为标准统一文字，统一度量衡，焚书坑儒，下禁书令。秦二世时，被郎中令赵高以"谋反"罪诬陷入狱，腰斩于咸阳。李斯的文章保留至今的均收在司马迁《史记·李斯列传》中，有《谏逐客书》《论督责书》和《狱中上秦二世书》共3篇。[3] 吏：古代官员的通称。[4] 窃以为过矣：我私下认为错了。窃，私下，暗中。自谦说法。过，错，错误。[5] 缪公：秦穆公，春秋时秦国君主，前659—前621年在位，春秋五霸之一。缪，同"穆"。[6] 由余：春秋时晋国人，流亡入戎，奉戎王之命出使秦国。秦穆公用计离间由余与戎王，并收他为谋臣。后由余帮助秦消灭十二戎国，拓地千里。戎，古代对西部少数民族的泛称。[7] 百里奚：春秋时楚国人，曾任虞国大夫。晋灭虞后，作为晋献公女儿陪嫁的奴仆入秦。后逃到楚国，被俘。秦穆公听说他贤能，用五张黑羊皮（当时赎一名奴仆的物品）将其赎回，并任用为相，后人又称之为五羖（gǔ）大夫。宛（yuān）：楚邑名，在今河南省南阳市。[8] 蹇（jiǎn）叔：春秋时秦国岐（今陕西岐山东北）人，寓居宋国，为百里奚的好友。经百里奚推荐，秦穆公以厚礼聘蹇叔入秦，任为上大夫。[9] 丕豹：春秋时晋国大夫丕郑的儿子。晋惠公杀了他的父亲，丕豹逃到秦国，穆公任他为大将攻晋，克八城，并生俘晋惠公。公孙支：春秋时秦国岐人，字子桑，寓居于晋。秦穆公聘为谋士，任大夫。[10] 遂：连词，于是。霸：称霸。[11] 孝公：即秦孝公，战国时秦国君主，前361—前338年在位。商鞅：战国时卫国人，名鞅，因秦封他于商，故名。任秦相十年，先后两次变法，使秦民富国强，奠定了秦统一天下的基础。[12] 以：因，因此。殷：富足。盛：充足。[13] 乐用：愿意被使用，即乐于效命。[14] 亲服：亲近服从。[15] 治强：安定强大。治，安定。[16] 惠王：秦惠文王，战国时秦国君主，前337—前311年在位。张仪：战国时魏国人，被惠文王任为秦相，他用连横之计破坏六国的合纵，以便秦国对六国各个击破。[17] 拔：攻取。三川之地：时属韩国，在今河南省黄河以南、灵宝以东的地区，境内有黄河、洛水、伊水，故称"三川"。[18] 巴、蜀：当时的两个小国。巴在今四川省东部，蜀在今四川省西部。上郡：魏郡名，在今陕西省西北部即榆林地区。前328年，惠文王派公子华与张仪攻魏，魏国以上郡十五县献秦求和。[19] 汉中：战国时楚地，在今陕西省南部和湖北省西北部。

前 313 年，张仪诱骗楚国与齐国断交，次年大破楚军于丹阳，斩首八万，接着攻占楚汉中六百里土地，置汉中郡。包：囊括。九夷：当时楚国境内的少数民族。九，虚指数量之多。[20] 制：控制。鄢（yān）：楚地，在今湖北省宜城县东南。郢（yǐng）：楚国国都，在今湖北江陵县北。[21] 成皋（gāo）：又名虎牢关，在今河南荥阳汜水镇，为古代军事重地。[22] 膏腴之壤：肥沃的土地。[23] 六国：战国后期齐、楚、赵、韩、魏、燕六个诸侯国。从：同"纵"，秦国以东的齐、楚、赵、韩、魏、燕六国结成联盟以抵抗秦国的一种策略，即合纵。[24] 施（yì）：延续。[25] 昭王：指秦昭襄王，战国时秦国君主，前 306—前 251 年在位。范雎（suī）：也作范雎（jū），字叔，战国时魏国人。家贫，原为魏中大夫须贾家臣。随须贾出使齐国时，因齐襄王赏识其才欲赐金十斤及牛、酒，被疑私通齐国，几乎被魏相魏齐笞拉而死。侥幸逃脱后，更名张禄，逃奔秦国，被秦昭王拜为客卿。范雎以利害游说昭王加强王室，抑制权贵，废太后，逐太后弟穰侯、华阳君及昭王同母弟高陵君、泾阳君于关外，重掌大权，被任为相国。范雎相秦期间提出"远交近攻"策略，屡破韩、赵、魏之兵，秦国日益强大。[26] 穰（ráng）侯、华阳君：昭王之母宣太后的弟弟，在朝专权，富重于王室。[27] 公室：指王室，这里是指秦昭襄王。杜：断绝、制止。私门：相对于公室而言，此指穰侯、华阳君等贵族豪门。[28] 蚕食：像蚕食桑叶一样逐步吞并各诸侯国领土。蚕，名词用作状语。[29] 向：原先，当时。使：假如。内（nà）："纳"的古字，容纳。[30] 致：使……至。昆山：即昆仑山，古时昆仑山北麓的和田出产美玉。[31] 随、和之宝：指随侯珠、和氏璧。随，同"隋"，西周春秋时的小国名，这里指隋珠。相传隋侯遇到一条断蛇，命人以药接续。一年后，大蛇衔明珠以报。珠大径寸，纯白有光，因号隋珠。和，指和氏璧。相传楚人卞和在山中得到一块璞玉，献给楚厉王。楚厉王认为他欺诈，砍掉了他的左脚。楚武王即位，再献，又以欺诈之罪砍掉了他的右脚。楚文王即位后，卞和抱着宝玉在荆山下哭泣，文王派人琢砺，果得美玉，故称和氏璧。后来秦始皇制为传国玺。三国时期失踪。[32] 明月之珠：夜光珠。[33] 服：名词用作动词，佩带。太阿（ē）：宝剑名，相传为春秋时吴国名匠欧冶子与其徒干将所铸。[34] 纤离：古骏马名。[35] 建：竖立。翠凤之旗：用翠鸟羽毛做成凤鸟形状装饰起来的旗子。［36］树：设置。灵鼍（tuó）：俗称"猪婆龙"，鳄鱼的一种，即短吻鳄。皮可制鼓，声音洪亮。［37］骏良：骏马、良马。駃騠（jué tí）：骏马名。外厩（jiù）：宫外的养马棚。［38］丹青：作画的颜料。不为采：不被采用。一说"采"同"彩"。［39］下陈：古代殿堂台阶下陈列礼品、站列姬妾的地方。［40］宛珠之簪（zān）：用宛地出产的珍珠装饰的发簪。［41］傅玑之珥：镶嵌有珍珠的耳饰。傅，通"附"，附着。玑，不圆的珠子。珥，耳饰。［42］阿（ē）缟：齐国东阿所产的缟。缟，白色绢。［43］随俗雅化：随着时尚的变化而打扮得雅致漂亮。佳冶：美好。冶，美。窈窕：身姿优美的样子。［44］瓮：瓦器，小口大腹，可用于汲水或盛酒、水。缶（fǒu）：瓦器，小口大腹，器嘴处与瓮略有不同，可用于汲水或盛酒、水。这里是指用瓮、缶作为表示音乐节奏的打击乐器。筝：拨弦乐器，形似瑟。搏髀（bì）：拍击大腿。［45］郑、卫：国名，以盛行新兴民间音乐著名。这里是乐曲名。桑间：在濮水之滨，是当时卫国男女欢聚歌唱的地方，后来用作当地民间音乐的代称。韶、虞：舜帝时乐曲名。韶，原作昭，据《史记索引》改。一说韶虞是舜时的舞曲。武、象：西周乐曲名。一说是周武王时的舞乐。［46］让：辞让，拒绝。［47］庶：平民，民众。［48］四时：四季。充美：指生活富足美好。［49］五帝：传说中的上古帝王，一般指黄帝、颛顼（zhuān xū）、帝喾（kù）、尧、舜。三王：一般指夏禹、商汤、周文王。［50］黔首：秦统治者对百姓的通称。《史记·秦始皇本纪》：二十六年，"更名民曰黔首"。黔，黑色。古时平民百姓以黑巾裹头，故称。资：资助，帮助。［51］业：使动用法，使……成就功业。［52］藉：借给。寇：强盗，这里指敌人，敌国。兵：武器。赍（jī）：送物给人。［53］损：减少。益：增多。［54］树怨：结怨，构怨。


**思考题：**

1. 这篇文章是在何种背景下写出的？

2. 本文的中心论点是什么？文章是从哪些方面论证或支持中心论点的？

3. 用列表的方式列出文章的论据？

4. 说说本文的论证方法。

# 魏文侯问相[1]

　　魏文侯谓李克曰："先生尝教寡人[2]曰'家贫则思良妻，国乱则思良相'。今所置非成则璜[3]，二子何如？"李克对曰："臣闻之，卑不谋尊[4]，疏不谋戚[5]。臣在阙门[6]之外，不敢当命[7]。"文侯曰："先生临事勿让。"李克曰："君不察故[8]也。居视其所亲[9]，富视其所与[10]，达视其所举[11]，穷视其所不为[12]，贫视其所不取[13]，五者足以定之矣，何待克[14]哉！"文侯曰："先生就舍[15]，寡人之相定矣。"李克趋而出，过[16]翟璜之家。翟璜曰："今者闻君召先生而卜相[17]，果谁为之？"李克曰："魏成子为相矣。"翟璜忿然作色[18]曰："以耳目之所睹记，臣何负[19]于魏成子？西河之守[20]，臣之所进也。君内以邺[21]为忧，臣进西门豹[22]。君谋欲伐中山[23]，臣进乐羊[24]。中山以拔[25]，无使守之，臣进先生[26]。君之子无傅[27]，臣进屈侯鲋[28]。臣何以负于魏成子！"李克曰："且子之言克于子之君者[29]，岂将比周[30]以求大官哉？君问而置相'非成则璜，二子何如？'克对曰：'君不察故也。居视其所亲，富视其所与，达视其所举，穷视其所不为，贫视其所不取，五者足以定之矣，何待克哉！'是以知魏成子之为相也。且子安[31]得与魏成子比乎！魏成子以食禄千钟[32]，什九在外[33]，什一在内[34]，是以[35]东得卜子夏[36]、田子方[37]、段干木[38]。此三人者，君皆师之。子之所进五人者，君皆臣之。子恶[39]得与魏成子比也？"翟璜逡巡[40]再拜曰："璜，鄙人[41]也，失对[42]，愿卒[43]为弟子。"

　　**注释：**[1]节选自《史记·魏世家第十四》，中国文史出版社2002年12月修订版。魏文侯：战国初期魏国的创立者，名斯。前445—前396年在位。是一位开明的诸侯王。他以贤士卜子夏、田子方、段干木为师，重用魏成、李克（悝）、吴起、西门豹、乐羊、翟璜、屈侯鲋等才俊，使魏国强大富庶，成为战国初期最具影响力的诸侯国之一。李克，一般认为即李悝，子夏弟子，魏文侯时为中山相、魏相。[2]尝：曾经。教：教诲，教导。寡人：我，魏文侯自称。[3]成：魏文侯之弟公子成，亦称季成、公孙季成。任魏相。璜：翟璜。魏文侯后期及魏武侯时任魏相。

[4] 卑不谋尊：地位卑下的人不能替尊贵的人谋划。[5] 疏不谋戚：关系疏远的人不能替关系亲密的人谋划。[6] 阙门：代指朝廷。[7] 当命：承受命令，承担使命。[8] 察：审视，审察，观察。故：缘故，原因。[9] 居视其所亲：平时看他同什么人亲近。居，代指平时。[10] 富视其所与：富有时看他怎么施与。与，给，施予。[11] 达视其所举：发达时看他举荐哪些人。达，指做官。[12] 穷视其所不为：困窘时看他哪些事情不去做。[13] 贫视其所不取：贫穷时看他什么东西不拿取。[14] 克：李克自称。[15] 就舍：回您住的地方去吧。[16] 过（guō）：造访，拜访。[17] 卜相：选定相国。卜，古时凡国家大事必用卜（用龟甲或兽骨占卜吉凶）筮（用蓍草占筮吉凶）以定决断，故"卜"有推断、决定之意。[18] 忿然作色：因为愤怒而改变了面色。忿然，愤怒的样子。作，本义指人猛然站起，这里是产生、浮现的意思。[19] 负：败，输，输给。[20] 西河之守：黄河以西地区的长官，指战国初期著名军事家、政治家、改革家吴起。[21] 邺：古代都邑名，筑城始于春秋齐桓公时，战国初期魏文侯定都于此。[22] 西门豹：复姓西门，名豹，魏文侯邺邑令。在任期间，破除迷信，兴修水利，富国利民，确保了魏国核心地带的富庶安定。[23] 中山：又称鲜虞，春秋时期白狄别族所建立的国家，在今河北正定东北。被魏文侯遣乐羊攻灭。不久复国。公元前296年被赵国所灭。[24] 乐羊：乐羊本是中山国大将，逃亡到了魏国。他的儿子留在中山，中山人杀而烹之。因乐羊熟悉中山国情，又有杀子之恨，故被魏文侯任为大将，将兵攻灭中山国。但乐羊背叛故国，又亲啜其子之羹，不仅中山人厌恶他，魏国也有不少人怀疑他。所以中山被他攻灭后，魏文侯把两箧谤书给他看。文侯任用乐羊，是用其所长以就一时之功，其后不见任使。[25] 以拔：而攻克。以，连词，相当于"而"。拔，拔除，攻克。《通鉴》《史记会注考证》本作"已拔"。[26] 先生：指李克。[27] 傅：古代天子、王、太子的辅导官，有太傅、少傅之分。西周时设置，秦时废除，西汉复置。后来演变成为荣誉之职。[28] 屈侯鲋：《说苑》作"屈侯附"，《韩诗外传》作"赵苍唐"。[29] 且：发语词，犹夫。子之言克于子之君：您把我推荐给您的国君。言，这里是推荐的意思。于，介词，表示动词所涉及的对象。[30] 岂将比周：难道要结党营私。岂，疑问代词，难道。将，要，想。比周，结党。[31] 安：疑问代

词，怎么，哪里。[32] 钟：古量器名。春秋时齐国的公量以四升为豆，四豆为区（瓯），四区为釜，十釜为钟。陈氏（即田氏）的家量以四升为豆，五豆为区，五区为釜，十釜为钟。田氏代齐后，田氏家量就成为齐国的标准计量单位。战国时魏、秦等国也兼用这种计量单位。一说六斛四斗为钟或十斛为钟。[33] 什九在外：十分之九用在家外。[34] 什一在内：十分之一用在家内。[35] 是以："以是"的倒置用法，因此。[36] 卜子夏：名商，字子夏，生于公元前 507 年，卒年不详。晋国温（今河南温县）人，一说卫国人。孔子学生。魏文侯以之为师友。[37] 田子方：孔子弟子子贡的学生。魏文侯以之为师友。[38] 段干木：复姓段干，名木。战国初年魏国人，原为市侩，后师从子夏。有高义，不接受魏文侯封赐爵禄官职，魏文侯师事之。[39] 恶（wū）：疑问代词，怎么，哪里。[40] 逡（qūn）巡：也作"逡循""逡遁"，惶恐迟疑的样子。[41] 鄙人：见识浅陋的人。[42] 失对：失于应对，指失礼。[43] 愿：希望。卒：终身。

**思考题：**

1. 怎样理解"家贫则思良妻，国乱则思良相"？

2. 李克给魏文侯提供的选人察人的标准是什么？你怎么看？

3. 魏成子为什么被选为相国而不是翟璜？

4. 卜夏、田子方、段干木与吴起、西门豹、乐羊、李克、屈侯鲋有何异同？

5. 魏文侯、李克、翟璜三人有何特点？

# 师　说[1]

## 韩　愈[2]

　　古之学者[3]必有师。师者，所以传道、受业、解惑也[4]。人非生而知之者[5]，孰能无惑[6]？惑而不从师，其为惑也[7]，终不解[8]矣。

　　生乎吾前，其闻道[9]也，固[10]先乎吾，吾从而师之；生乎吾后，其闻道也，亦先乎吾，吾从而师之。吾师道[11]也，夫庸知其年之先后生于吾乎[12]？是故[13]无贵无贱，无长无少，道之所存[14]，师之所存也。

嗟乎！师道[15]之不传也久矣，欲人之无惑也难矣。古之圣人[16]，其出人[17]也远矣，犹且从师而问焉[18]；今之众人，其下[19]圣人也亦远矣，而耻学于师。是故圣益[20]圣，愚益愚。圣人之所以为圣，愚人之所以为愚，其[21]皆出于此乎？

爱其子，择师而教之；于其身也，则耻师焉[22]，惑[23]矣！彼童子之师[24]，授之书而习其句读者[25]也，非吾所谓传其道，解其惑者也。句读之不知，惑之不解，或师焉，或不焉[26]，小学而大遗[27]，吾未见其明也。

巫医乐师百工之人[28]，不耻相师；士大夫之族，曰师曰弟子云者，则群聚而笑之。问之，则曰："彼与彼，年相若也，道相似[29]也，位卑则足羞[30]，官盛则近谀[31]。"呜呼！师道之不复[32]，可知矣！巫医乐师百工之人，君子不齿，今其智乃反不能及，其可怪也欤[33]！

圣人无常师[34]。孔子师郯子[35]，苌弘[36]，师襄[37]，老聃[38]。郯子之徒，其贤不及孔子。孔子曰："三人行，则必有我师[39]。"是故弟子不必不如师，师不必贤于弟子；闻道有先后，术业有专攻[40]，如是而已[41]。

李氏子蟠[42]，年十七，好古文，六艺经传[43]，皆通习之，不拘于时[44]，学于余。余嘉其能行古道[45]，作《师说》以贻[46]之。

注释：[1] 选自郭预衡主编《唐宋八大家文集·韩愈文》，人民日报出版社1997年3月。标点符号有改动。[2] 韩愈（768—824）：字退之，河南河阳（今河南孟县南）人。自谓郡望昌黎，世称韩昌黎。唐代政治家、文学家、哲学家。早孤，由嫂抚养，勤奋好学。唐德宗贞元进士，先后任宣武、宁武节度使判官。贞元末任监察御史，因上书言事被贬为阳山令。宪宗时，曾任国子博士、太子右庶子，随宰相裴度平淮西，迁刑部侍郎。因谏阻唐宪宗迎佛骨，贬为潮州刺史，移袁州。穆宗时，召为国子监祭酒，又历任京兆尹、兵部侍郎、吏部侍郎。谥文，世称韩文公。韩愈推崇儒学，排斥佛、道；反对骈骊文风，倡导秦汉古文，主张文以载道，是唐代古文运动的领袖人物，被后世誉为唐宋八大家之首。开以文为诗风气，对宋诗有重要影响。有《昌黎先生集》四十卷，《外集》十卷。[3] 学者：求学的人。[4] 道：指儒家学说。受业：传授学业。受，通"授"，传授。业，泛指儒家经典即下文所说的"六艺经传"及古文写作。解惑：解释疑惑。[5]人非生而知之者：人不是生下来就懂得道理。之，指知识和道理。语本《论语·述而》："子曰：'我非生而知之者，好古，敏以求之者也。'"《论语·季氏》："孔子曰：'生而知之者，上也；学而知之者，次也；困而学之，又其次也；困而不学，民斯为下矣。'"[6]孰：谁。惑：迷惑，疑问，疑难。[7]其为惑也：那些成为疑难问题的。[8]解：解决，解除。[9]闻道：语本《论语·里仁》："子曰：'朝闻道，夕死可矣。'"闻，听见，引申为懂得。[10]固：本来，原本。[11]师道：以道为师。[12]夫庸知其年之先后生于吾乎：哪管他的生年是比我早还是比我晚呢？夫，发语词。庸，岂，哪。知，了解，知道。[13]是故：表示因果关系的文言连词，相当于"因此"或"所以"。[14]存：在，存在。[15]师道：从师学习的风尚。[16]圣人：儒家所说的圣人，是指品德高尚，可为万世楷模的人，如尧、舜、禹、商汤、周文王、周武王等圣明君主以及伯益、伊尹、周公、柳下惠、孔子等大贤大德之士。[17]出人：超越常人。出，超出，超越。[18]犹且：尚且。问：请教。[19]下：方位名词用作形容词，低。[20]益：更加。[21]其：通"岂"，难道。[22]于其身也，则耻师焉：魏晋以来的门阀制度到了唐代仍有沿袭，贵族子弟都入弘文馆、崇文馆和国子监学习，但无论学业如何，都有官可做，故耻于从师，学风日下。柳宗元在《答韦中立论师道书》中对这种风习有过明确的论述："由魏、晋氏以下，人益不事师。今之世，不闻有师；有，辄哗笑之，以为狂人。独韩愈奋不顾流俗，犯笑侮，收召后学，作《师说》，因抗颜而为师。世果群怪聚骂，指目牵引，而增与为言辞。愈以是得狂名。居长安，炊不暇熟，又挈挈而东，如是者数矣。"[23]惑：糊涂。[24]彼童子之师：那些教小孩子的（启蒙）老师。[25]句读（dòu）：也叫句逗。古代称文辞意尽处为句，语意未尽而须停顿处为读（逗）。古代书籍上没有标点，老师教学童读书时要进行句逗的教学。读，通"逗"。[26]不（fǒu）：同"否"。[27]小学而大遗：小的方面（句读之不知）倒要学习，大的方面（惑之不解）却放弃了。遗，忘记，抛却，放弃。[28]巫医：古代用祝祷、占卜等迷信方法或兼用药物医治疾病为业的人，连称为巫医。乐师：泛指以演艺为业的人。百工：泛指各种手工业者。以上三类职业通常被视为低下的职业。[29] 道相似：学问差不多。道，这里是指学问、本领。[30] 位卑则足羞：以地位低的人为师就感到耻辱。[31] 谀（yú）：阿谀、奉承。[32] 复：恢复。[33] 其可怪也欤：难道值得奇怪吗？其，通"岂"，难道。[34] 常：恒，固定不变。[35] 郯（tán）子：春秋时郯国（今山东郯城一带）的国君，孔子曾向他请教过少暤（hào）氏（传说中古代帝王）时代的官职名称。事见《左传》昭公十七年。[36] 苌（cháng）弘：东周敬王时大夫，孔子曾向他请教古乐。见《孔子家语·观周》。[37] 师襄：春秋时鲁国太师（乐官），名襄，孔子曾向他学习弹琴。师，乐师。事见《史记·孔子世家》《淮南子·主术训》等。[38] 老聃（dān）：即老子，春秋时楚国人，思想家，道家学派创始人。孔子曾向他请教礼仪。事见《史记·老庄申韩列传》《孔子家语·观周》等。[39] 三人行句：语本《论语·述而》："子曰：'三人行，必有我师焉。择其善者而从之，其不善者而改之。'"[40] 术业有专攻：学问和技艺上自有专门研究。攻，学习、研究。[41] 如是而已：像这样罢了。[42] 李氏子蟠：即李蟠（pán），韩愈弟子，唐德宗贞元十九年（803）进士。[43] 六艺经传（zhuàn）：六艺的经文和传文。六艺，指六经，即《诗》《书》《礼》《乐》《易》《春秋》六部儒家经典。经，儒家先贤大哲的著述。传，注解儒家先贤大哲著述的著作。[44] 不拘于时：不被时俗所限制。时，时俗，指当时士大夫中耻于从师的不良风气。于，介词，表示被动关系，被。[45] 嘉：赞许。[46] 贻：赠送。

**思考题：**

1. 联系写作背景，谈一谈作者的写作意图。

2. 文中对"师者"的职业和职责定位应怎样理解？你认为如何？

3. 如何理解"道之所存，师之所存"？

4. "古之圣人"与"今之众人"有何区别？

5. "小学而大遗"是一种什么现象？为什么会产生这种现象？其危害有哪些？

6. "巫医乐师百工之人"与"士大夫之族"的区别在哪里？你怎么看？

7. 如何理解"圣人无常师"？

8. 文中引用孔子"三人行，则必有我师"的论述，意在说明什么？

9. 如何理解"弟子不必不如师，师不必贤于弟子"？

# 岳阳楼记[1]

## 范仲淹[2]

庆历四年[3]春，滕子京谪守巴陵郡[4]。越明年[5]，政通人和[6]，百废具兴[7]。乃重修岳阳楼[8]，增其旧制[9]，刻唐贤今人诗赋于其上。属予[10]作文以记之。

予观夫[11]巴陵胜状[12]，在洞庭一湖[13]。衔[14]远山，吞[15]长江，浩浩汤汤[16]，横无际涯[17]；朝晖夕阴，气象万千[18]。此则[19]岳阳楼之大观[20]也，前人之述备矣[21]。然则[22]北通巫峡[23]，南极潇湘[24]，迁客骚人[25]，多会于此，览物[26]之情，得无异乎[27]？

若夫霪雨霏霏[28]，连月不开[29]，阴风怒号，浊浪排空[30]。日星隐曜[31]，山岳潜形[32]。商旅不行，樯倾楫摧[33]。薄暮冥冥[34]，虎啸猿啼。登斯楼[35]也，则有去国怀乡[36]，忧谗畏讥，满目萧然[37]，感极而悲者矣。

至若春和景明[38]，波澜不惊[39]，上下天光，一碧万顷[40]。沙鸥翔集，锦鳞游泳[41]。岸芷汀兰[42]，郁郁[43]青青。而或长烟一空[44]，皓月千里，浮光跃金[45]，静影沉璧[46]，渔歌互答，此乐何极[47]！登斯楼也，则有心旷神怡[48]，宠辱偕忘[49]，把酒临风[50]，其喜洋洋[51]者矣。

嗟夫[52]！予尝求古仁人之心[53]，或异二者之为[54]。何哉？不以物喜，不以己悲[55]。居庙堂之高[56]，则忧其民，处江湖之远[57]，则忧其君。是[58]进亦忧，退亦忧。然则何时而乐耶？其必曰"先天下之忧而忧，后天下之乐而乐"欤[59]！噫[60]！微斯人[61]，吾谁与归[62]？

时六年九月十五日。

注释：[1] 选自《四部丛刊》影明翻元本《范文正公集》卷七。[2] 范仲淹（989—1052）：字希文，苏州吴县人。北宋政治家、文学家。真宗大中祥符进士。仁宗天圣年间任西溪盐官。仁宗宝元三年（1040）

任陕西经略安抚招讨副使兼知延州。仁宗庆历三年（1043）任参知政事，推动政治改革，因遭到反对而失败。庆历新政失败后，出任陕西四路宣抚使。后在赴颍州途中病死，谥文正。有《范文正公集》传世。[3] 庆历四年：即公元1044年。庆历，宋仁宗赵祯的年号。[4] 滕子京：即滕宗谅，字子京，河南（今河南洛阳）人。与范仲淹同年进士。任庆州（治所在今甘肃庆阳县）知州时被人诬告"前在泾州费公钱十六万贯"，降知岳州，政绩颇丰。在此期间重修了岳阳楼，并请范仲淹为此作记，从而诞生了这篇不朽名作。谪（zhé）：降职或远调。守：指做州郡的长官。巴陵郡：即岳州，这里沿用古称。[5] 越：及，到。明年：第二年，即庆历五年。[6] 政通人和：政事顺利，百姓和乐。[7] 百废具兴：各种荒废了的事业都兴办起来了。废，荒废。具，同"俱"，程度副词。皆，全，都。兴，兴办。[8] 乃：连词，就，于是。岳阳楼：位于湖南省岳阳市西北的巴丘山下岳阳市西门城头，紧靠洞庭湖畔，与江西南昌的滕王阁、湖北武汉的黄鹤楼并称为江南三大名楼。始建于公元220年前后，距今已有1700多年历史，其前身相传为三国时期东吴大将鲁肃的"阅军楼"，西晋南北朝时称"巴陵城楼"，唐代李白赋诗之后，始称"岳阳楼"。此时的巴陵城已改为岳阳城，巴陵城楼也随之称为岳阳楼了。现在的岳阳楼为1984年重修，沿袭了清朝光绪六年（1880）所建时的形制，是江南三大名楼中唯一保持原貌的古建筑。[9] 增：扩大。旧制：旧时的规模。[10] 属：同"嘱"，嘱托。予：人称代词，我。[11] 夫：兼词，兼有指示代词"彼"（那）和调整语气的双重作用。[12] 胜状：优美的景色。[13] 洞庭一湖：洞庭湖是中国五大淡水湖之一，是长江中游的重要生态湖泊。湖区位于荆江南岸，跨湘、鄂两省，介于北纬28°30′—30°20′，东经110°40′—113°10′之间。湖区面积1.878万平方公里，天然湖面2740平方公里，另有内湖1200平方公里。[14] 衔：接。[15] 吞：吞纳。[16] 浩浩汤汤：水势浩大的样子。汤汤，音shāng shāng，水流大而急貌。[17] 横无际涯：宽阔无边。横，宽广。际，陆地边界。涯，水的边界。[18] 万千：千变万化。[19] 此则：这就是。此，指示代词，这。则，兼词，兼作连词和判断助动词之用，就是。[20] 大观：最大的景观，即宏伟的景象。[21] 前人之述备矣：前人的记述很详尽了。前人之述，指上面说的"唐贤今人诗赋"。备，完备，详尽。矣，语气词"了"。[22] 然则：既然这样，那么。[23] 巫峡：长江三峡的第二峡，又名大峡。在重庆巫山和湖北巴东两县境内，西起重庆市巫山县城东面的大宁河口，东迄湖北省巴东县官渡口，绵延四十多公里，包括金蓝银甲峡和铁棺峡，是长江横切巫山主脉而形成的。整个峡区奇峰突兀，怪石嶙峋，峭壁耸峙，绵延不断，以幽深秀丽著称，是三峡中最可观的一段。[24] 南极潇湘：南面直到潇水、湘水。潇水，湘水的支流。湘水，流入洞庭湖。南，方位名词用作动词，向南。极，形容词用作动词，到达。[25] 迁客：被贬谪流迁的人。骚人：诗人。战国时屈原作《离骚》，因此后人称诗人为骚人。[26] 览物之情：看了自然景物而触发的感情。览，观赏。[27] 得无异乎：能没有差异吗？得，能，能够。无，没有。异，差异，区别。[28] 若：像。夫：兼词，兼有指示代词"彼"（那）和调整语气的双重作用。霪（yín）雨：连绵的雨。霏霏（fēi fēi）：雨或雪绵密不断的样子。[29] 开：指云不散开，即放晴。[30] 排空：一排排地冲向天空。[31] 隐曜：隐藏起光辉。曜（yào），光辉，光芒。[32] 山岳潜形：山岳隐没了形体。岳，高大的山。潜，潜藏。[33] 樯倾楫摧：桅杆倒下，船桨折断。樯（qiáng），桅杆。楫（jí），桨。倾，倒。[34] 薄暮：傍晚。薄，轻。一说通"迫"，逼近。冥冥（míng míng）：昏暗的样子。[35] 斯楼：这座楼，即岳阳楼。[36] 去国怀乡：离开国都，怀念家乡。去，离开。国，国都。[37] 萧然：凄凉的样子。[38] 至若：至于像。景：风景，景色。一说指"阳光"。[39] 惊：这里是"起"的意思。[40] 万顷：极言其广。[41] 集：栖止。锦鳞：指美丽的鱼。[42] 岸芷汀兰：岸上的香草，小洲上的兰花。芷（zhǐ），白芷，一种香草。汀（tīng），水边平地。[43] 郁郁：草木茂盛的样子。[44] 而：转折连词。或：有时。长烟：长空里的烟云。[45] 浮光跃金：浮漾在水面上的月光就像跃动的金光。[46] 静影沉璧：宁静的月影就像沉在水中的玉璧。璧，圆形的玉。[47] 何极：哪里有尽头。[48] 心旷神怡：心胸开阔精神愉快。旷，开阔。怡，愉快。[49] 宠辱偕忘：荣耀和屈辱都忘了。宠，受宠，引为荣耀。辱，受辱，屈辱。偕，一起。[50] 临：面对。[51] 喜洋洋：高兴得意的样子。[52] 嗟（jiē）夫：感叹词，相当于"嗟乎"，唉。[53] 予尝求古仁人之心：我曾经探求古时仁者的思想感情。尝，曾经。仁人，品德高尚的人。心，思想感情。[54] 或异二者之为：有时与以上两种人的思想感情有所不同。或，有时；一说"或许""也许"。二者，指前述感物而悲和览物而喜的两种心情。异，不同于。为，这里指心理活动（即两种心情）。[55] 不以物喜，不以己悲：不因为外物（外在环境）有利于己而高兴，不因为自身的境遇不好而悲伤。以，介词，因为。[56] 居庙堂之高：处在朝廷的高位。庙，宗庙。堂，朝堂。之，定语后置的标志。[57] 处江湖之远：处在僻远的民间，即退身为民。江湖，代指民间。[58] 是：兼词，兼有指示代词"此"（这样）和判断助动词"是"的双重作用。这就是，这就叫作。[59] 其必曰：他们一定会说。欤（yú）：语气助词，表示疑问、感叹、反诘等语气。[60] 噫（yī）：感叹词。[61] 微斯人：没有这种人。微，无，没有。斯，指示代词，这。[62] 吾谁与归：我同谁一道呢？一说"我归向谁呢？"谁与归，即"与谁归"。


**思考题：**

1. 篇首的背景交代有何作用？

2. "岳阳楼之大观"指的是什么？与以下的景物描写是何关系？

3. "霪雨霏霏"和"春和景明"分别描写了怎样的景象？它们与"迁客""骚人"有何关系？在文中起何作用？

4. "古仁人"是怎样的人？他们同"迁客""骚人"有无区别？区别何在？

5. "不以物喜，不以己悲""进亦忧，退亦忧""先天下之忧而忧，后天下之乐而乐"是同一类型的价值追求还是不同类型的价值追求？为什么？

6. 本文共涉及了哪几类人？从思想境界的角度看，这些人可分为几个层次？

7. 作者为何有"微斯人，吾谁与归"的感慨？

8. 这篇文章在写作上有哪些特点？

# 关　雎[1]

## 《诗经·周南》[2]

　　关关雎鸠[3]，在河之洲[4]。窈窕淑女[5]，君子好逑[6]。参差荇菜[7]，左右流[8]之。窈窕淑女，寤寐[9]求之。求之不得，寤寐思服[10]。悠哉[11]悠哉，辗转反侧[12]。参差荇菜，左右采之。窈窕淑女，琴瑟友之。参差荇菜，左右芼[13]之。窈窕淑女，钟鼓乐之。

　　**注释：**［1］选自宋代朱熹《诗集传》，中华书局1958年7月第1版。本诗是《诗经》的首篇。《诗序》："《关雎》，后妃之德也。风之始也，所以风天下而正夫妇也。"《后汉书·皇后纪序》："故康王晚期，《关雎》作讽。"现代学界多认为是男女恋爱之作。［2］周南：《诗经·国风》中的一种，共11篇。汉儒认为大体上是在今陕西河南之间一带流传的民歌。［3］关关：拟声词，水鸟鸣叫声。雎鸠（jū jiū）：水鸟，一般认为是鱼鹰。［4］洲：水中陆地。［5］窈窕（yǎo tiǎo）：年轻美好。一说文静美好；一说内心、外貌俱美好。淑：好，善。［6］君子：这里是对男子的尊称。好逑（hǎo qiú）：好配偶。逑，动词用作名词，配偶，伴侣。［7］参差（cēn cī）：长短不齐的样子。荇（xìng）菜：一种多年生的水草，夏天开黄色花，嫩叶可食。［8］流：流动。一说用作"求"，意思是求取，择取。［9］寤（wù）：醒。寐（mèi）：睡。［10］思：思念。一说语气助词，没有实义。服：句末语气助词，为了凑足音节，没有实在意义。一说动词，思念。［11］悠：久，长。这里指因为思念而不能入睡而感到夜晚漫长。一说忧思貌。［12］辗转：转动。反侧：翻来覆去。［13］芼（mào）：择取，摘取。

**思考题：**

1. 这是一首什么题材的诗歌？你怎么看？

2. 孔子评价此诗"乐而不淫，哀而不伤"，为什么？

3. 诗中的心理描写有何特点？

4. 说说这首诗的表现手法。

5. 说说这首诗的篇章结构和语言特点。

# 长歌行[1]

## 汉乐府民歌[2]

青青园中葵[3]，朝露待日晞[4]。阳春布德泽[5]，万物生光辉[6]。常恐秋节至[7]，焜黄华叶衰[8]。百川东到海[9]，何时复西归[10]！少壮不努力[11]，老大徒伤悲[12]。

**注释：**[1] 选自宋代郭茂倩《乐府诗集》，中华书局 1979 年 11 月版。在《乐府诗集》第三十卷相和歌辞五的平调曲一中。《乐府诗集》载录《长歌行》古诗二首，宋人严羽《沧浪诗话》认为应该是三首。后人多从严说。本诗是其中的第一首。在曲调唱法上，长歌与短歌相对，曲调悠长，类似于现代蒙古族民歌中的长调。[2] 乐府是自秦代以来设立的音乐官署名称，主要职责是采集民间歌谣，创作郊庙朝会音乐，管理音乐人员事务等。秦朝和汉惠帝时均设有"乐府令"。汉武帝时大规模扩充。后来演变成诗体名。汉乐府以民歌为主，题材广泛，内容丰富。[3] 青青：植物生长早、中期的颜色。葵：植物名，又称冬葵，中国古代主要的蔬菜之一。一说指向日葵。[4] 晞：晒，晒干。[5] 阳春：温暖的春天。布：散布，施予。德泽：恩惠。植物蒙受阳光雨露而生长，故以"德泽"拟之。[6] 光辉：光泽、光彩。指植物生机勃发的样子。[7] 恐：担心，担忧。节：季节。[8] 焜：通"煇"，枯黄的样子。本音读 hǔn 或 kūn，这里读通假字"煇"（yún）之音，与"黄"构成同义复合词，凑足音节并强调。华：同"花"。衰：读 cuī，衰败，枯萎。[9] 百川：众多河流。百，不定指复数，形容多。东：方位名词动用，向东。[10] 复：又，在。[11] 少：年轻时。壮：壮年时。[12] 老大：偏义复合词，强调"老"，年老时。徒：白白地、徒劳地。

**思考题：**

1. 这首诗属于何种诗体？

2. 这首诗的主旨是什么？

3. 找出这首诗的"诗眼"。

4. 划分层次，说一说这首诗是怎样起承转合的？

5. 本诗表情达意时都使用了哪些表现手法？

# 陌上桑[1]

## 汉乐府[2]民歌

日出东南隅[3]，照我秦氏楼。秦氏有好女，自名为罗敷。罗敷喜[4]蚕桑，采桑城南隅。青丝为笼系[5]，桂枝为笼钩[6]。头上倭堕髻[7]，耳中明月珠[8]；缃绮[9]为下裙，紫绮为上襦[10]。行者[11]见罗敷，下担捋髭须[12]。少年见罗敷，脱帽著帩头[13]。耕者忘其犁[14]，锄者忘其锄；来归相怨怒，但坐[15]观罗敷。使君[16]从南来，五马立踟蹰[17]。使君遣吏[18]往，问是谁家姝[19]。秦氏有好女，自名为罗敷。罗敷年几何？二十尚不足[20]，十五颇有余。使君谢[21]罗敷，宁可共载不[22]？罗敷前致辞：使君一何[23]愚！使君自有妇，罗敷自有夫。东方千余骑[24]，夫婿[25]居上头。何用识夫婿[26]？白马从骊驹[27]，青丝系马尾，黄金络马头；腰中鹿卢剑[28]，可值千万余，十五府小史[29]，二十朝大夫[30]，三十侍中郎[31]，四十专城居[32]。为人洁白晳，鬑鬑颇有须[33]；盈盈公府步[34]，冉冉府中趋[35]。坐中数千人，皆言夫婿殊[36]。

**注释：**[1] 选自宋郭茂倩《乐府诗集》第二十八卷《相和歌辞》三《相和曲》下。中华书局 1979 年 11 月第 1 版。该诗最早见于南朝沈约《宋书·乐志》，题为《艳歌罗敷行》。南朝徐陵《玉台新咏》也收载了该诗，题为《日出东南隅行》。《乐府诗集》："崔豹《古今注》曰：'《陌上桑》者，出秦氏女子。秦氏，邯郸人有女名罗敷，为邑人千乘王仁妻。王仁后为赵王家令。罗敷出采桑于陌上，赵王登台见而悦之，因置酒欲夺焉。罗敷巧弹筝，乃作《陌上桑》之歌以自明，赵王乃止。'《乐府解题》曰：'古辞言罗敷采桑，为使君所邀，盛夸其夫为侍中郎以拒之。'与前说不同。"陌（mò）：田间小路，这里指田埂。[2] 乐府：本为音乐官署，始置于秦，汉代承袭，主掌朝廷音乐事务，兼采民间歌谣乐曲。后演变为诗体名。[3] 东南：《艺文》卷四十一作"东海"。隅（yú）：

方位名词，角落。[4]喜：一本作"善"。[5]青丝为笼系：用黑色的丝做篮子上的络绳。笼，篮子。系（jì），动词用作名词，络绳（缠绕篮子的绳子）。《玉台新咏》《艺文》均作"绳"。[6]笼钩：一种工具。采桑用来钩桑枝，行时用来挑竹筐。[7]倭堕髻（wō duò jì）：即堕马髻，发髻偏在一边，呈坠落状。倭堕，叠韵字。[8]明月珠：大而圆的极品珍珠。[9]缃绮（xiāng qǐ）：浅黄色有花纹的丝织品。[10]襦（rú）：短袄。[11]行者：走路的人。[12]捋（lǚ）：抚摸，这里是"抚弄"之意。一本作"将"。髭（zī）：嘴唇上方的胡须。须：下巴上长的胡子。[13]著（zhuó）：戴。帩（qiào）头：古代男子束发的头巾。[14]犁：《玉台新咏》作"耕"。[15]但：只，只是。坐：介词，因为，由于。[16]使君：汉代对太守、刺史的通称。[17]五马：汉朝太守出行用五匹马拉车。踟蹰（chí chú）：徘徊不前的样子。又作"踟躇"。[18]吏：《艺文》作"使"。[19]姝（shū）：美丽的女子。[20]不足：《玉台新咏》作"未满"；《艺文》作"未然"。[21]谢：谦词，这里是"问"的意思。[22]宁（nìng）：疑问代词，在这里起加强语气和凑足音节的双重作用。不（fǒu）：同"否"。[23]一何：语气副词，怎么，何其，多么。[24]骑（jì）：一人一马。[25]壻：通"婿"。下同。[26]何用：介宾倒置用法，即"用何"。用，《玉台新咏》作"以"。[27]骊（lí）驹：黑色的小马。这里指黑马。[28]鹿卢剑：剑把像辘轳形的宝剑。鹿卢，即辘轳，井上汲水的用具。[29]小史：太守府的小官。一作"小吏"。[30]大夫：古代九卿（高级官员）的通称。[31]侍中郎：出入宫禁的侍卫官。[32]专城居：作为一城的长官（如太守等）。专，独占。[33]鬑鬑（lián）：胡须浓密的样子。一说稀疏的样子。颇：程度副词，甚，很。一说略微，稍微。[34]盈盈：精神饱满的样子。一说仪态端庄美好的样子。公府步：官步，从容稳重的步态。[35]冉冉：沿阶而上。一说舒缓的样子。趋：本指快步奔向某个地方，这里是指行走。[36]殊：特别，出色。

**思考题：**

1. 这是一首什么体裁、什么题材的诗歌？

2. 诗中是如何描写罗敷之美的？使用了什么手法？

3. 分析人物形象。

# 赠范晔诗[1]

## 陆　凯[2]

折梅逢驿使[3]，寄与陇头人[4]。江南无所有，聊赠一枝春[5]。

**注释：**［1］选自余冠英选注《汉魏六朝诗选》，人民文学出版社1958年10月第一版。据南朝宋人盛弘元《荆州记》记载，陆凯与范晔交善，自江南寄梅花一枝，诣长安与晔，并附赠了这首诗。《直隶南雄州志》记载，南雄城南有寄梅驿，就是因此而成名。该驿曾经宋绍兴知州李岐重修。范晔（397—445）：字蔚宗，顺阳人，南朝宋车骑将军范泰少子。少好学，博涉经史，善为文章，能隶书，晓音律。17岁入仕，21岁时已官至尚书吏部郎。元嘉元年（424）冬，彭城王太妃薨，他与朋友夜间酣饮，以挽歌为乐，左迁为宣城太守。不得志，乃删众家《后汉书》为一家之作。元嘉十六年（440）迁为左卫将军、太子詹事。后因谋反被杀，终年48岁。事见《二十五史·宋书卷六十九》。［2］陆凯：字智君，生卒年不详。代（今河北蔚县东）人。谨重好学，以忠厚见称。曾任正平太守，在郡七年，号称良吏（见《汉魏六朝诗选》余冠英注）。有人把他视为三国时期孙吴重臣陆凯，从时间上看，显然有误。［3］驿使：传递公文的使者。驿，驿站，古时供传递公文的人或来往官员换马、暂住的处所。［4］陇头人：指当时在长安的范晔。陇，陇山，在今陕西陇县至甘肃平凉一带。［5］聊：姑且，暂且。一枝春：指梅花。

**思考题：**

1. 这是一首什么体裁、什么题材的诗歌？
2. 这首诗的立意有何特点？

# 芙蓉楼送辛渐[1]

## 王昌龄

寒雨连江夜入吴[2]，平明送客楚山孤[3]。洛阳亲友如相问，一片冰心在玉壶[4]。

**注释：**[1] 选自康熙御定《全唐诗》卷一百四十三，国际文化出版公司 1993 年 1 月第一版。《芙蓉楼送辛渐》有两首，这是其中的第一首。芙蓉楼：原名西北楼，在润州（今江苏省镇江市）西北。辛渐：王昌龄好友。[2] 寒雨连江夜入吴：康熙御定本《全唐诗》原文作"寒雨连天夜入湖"，此处据他本改。吴：三国时的吴国在长江下游一带，所以称这一带为吴。[3] 平明：清晨天刚亮。客：指辛渐。楚山：春秋时的楚国在长江中下游一带，所以称这一带的山为楚山。孤：双关语，明指楚山暗指人。[4] 一片冰心在玉壶：我的心如晶莹剔透的冰贮藏在玉壶中一般。比喻人清廉正直。冰心，像冰一样纯洁的心，喻自己清廉正直。

# 渭城曲[1]

## 王　维

渭城朝雨浥[2]轻尘，客舍[3]青青柳色新。劝君更[4]尽一杯酒，西出阳关无故人[5]。

**注释：**[1] 选自康熙御定《全唐诗》卷一百二十八，国际文化出版公司 1993 年 1 月第一版。渭城曲：一作《送元二使安西》。被谱成乐曲后，又名《阳关曲》或《阳关三叠》。渭城，在今陕西省西安市西北，即秦代咸阳古城。[2] 浥：润湿。这里是"洗"的意思。[3] 客舍青青柳色新：一作"客舍依依杨柳春"。客舍：旅馆，旅舍。[4] 更（gēng）：再。[5] 阳关：在今甘肃省敦煌西南，为自古赴西北边疆的要道。

**思考题：**

1. 这是一首什么体裁、什么题材的诗歌？

2. "楚山孤"有何寓意？

3. "一片冰心在玉壶"妙在何处？

4. 用自己的话描述一下这首诗的意境。

# 别董大[1]

## 高　适

千里黄云白日曛[2]，北风吹雁雪纷纷。莫愁前路无知己，天下谁人不识君。

**注释：**[1] 选自《全唐诗》（电子版）第二百一十四卷。北京银冠电子出版有限公司出版。唐玄宗天宝六年（747）春天，吏部尚书房琯被贬出朝，其门客董庭兰即本诗提到的董大也离开长安。这一年的冬天，作者与董庭兰在睢阳（今河南商丘）相遇，便写了两首《别董大》相赠。本诗是其中的第一首。董大：即董庭兰（约695—约765），陇西（今甘肃省）人，盛唐开元、天宝时期的著名琴师，善吹西域龟兹（今新疆库车县）古乐器筚篥和弹奏七弦琴。当时琴界盛行沈家声和祝家声，他向凤州参军陈怀古学得了这两家的声调，并把《胡笳》曲整理为琴谱。几十年之后，姜宣演奏的琴曲《小胡笳》，被称为"哀笳慢指董家本"（元稹：《小胡笳引》）。这时董庭兰的名声和影响，已经超过并取代了沈、祝两家。[2] 千里：北京银冠电子出版有限公司出版的电子版《全唐诗》原文为"十里"，据他本改为"千里"。白日：明亮的太阳。曛：太阳被云雾遮住时的状态，即昏暗不明的样子。

**思考题：**

1. 这是一首什么体裁、什么题材的诗歌？

2. 作者是从哪个角度劝慰离人的？

3. 用自己的话描述一下这首诗的意境。

# 送麴司直[1]

## 郎士元[2]

曙雪苍苍[3]兼曙云，朔风烟雁不堪闻[4]。贫交此别无他赠，唯有青山远送君。

**注释：**[1] 选自康熙御定《全唐诗》卷二百二十七，国际文化出版公司 1993 年 1 月第一版。麴（qū）司直：作者好友，生平不详。司直，官名。唐时有两种情况：一是朝廷属官，掌承旨出使推覆并参与疑狱；一是太子属官，属詹事府，主管检举东宫官僚和卫队。[2] 郎士元：字君胄，唐中山（今河北定县）人。生卒年不详。玄宗天宝十五年（756）进士。安史之乱中，避难江南。肃宗宝应元年（762）补渭南尉，历任拾遗、补阙、校书等职，官至郢州刺史。是"大历十才子"之一，与钱起齐名，世称"钱郎"。[3] 苍苍：白茫茫无边无际貌。苍，灰白色。[4] 朔风：北风。烟雁：云烟中的飞雁。一本作"燕雁"，即燕地的雁。燕（yān），古国名，今河北、辽西一带。堪：可，能。

**思考题：**

1. 这是一首什么体裁、什么题材的诗歌？这首诗的送别语有何特点？
2. 用自己的话描述一下这首诗的意境。
3. 联系前面的四首赠别诗，说一说这五首赠别诗的异同。

# 将进酒[1]

## 李　白

君不见黄河之水天上来，奔流到海不复回。君不见高堂明镜悲白发[2]，朝如青丝暮成雪。人生得意须尽欢，莫使金樽空对月[3]。天生我材必有用[4]，千金散尽还复来。烹羊宰牛且为乐[5]，会须一饮三百杯[6]。岑夫子[7]，丹丘生[8]，将进酒，杯莫停[9]。与君歌一曲，请君为我倾[10]耳听。钟鼓馔玉不足贵[11]，但愿长醉不复[12]醒。古来圣贤皆寂寞[13]，惟有饮者留其名。陈王昔时宴平乐[14]，斗酒十千恣欢谑[15]。主人何为言少钱[16]，径须沽取对君酌[17]。五花马[18]，千金裘，呼儿将出换美酒[19]，与尔同销万古愁[20]。

**注释：**[1] 选自［宋］郭茂倩《乐府诗集》（第一册）第十七卷《横吹曲辞二》，中华书局1979年11月第1版。"将进酒"是汉乐府《鼓吹曲辞·铙歌》十八曲之一。郭茂倩《乐府诗集》在《将进酒》解题时说："古词曰：'将进酒，乘大白。'大略以饮酒放歌为言。"宋王灼《碧鸡漫志》卷一："又汉代短箫铙歌乐曲，三国时存者有《朱鹭》《艾如张》《上之回》《战城南》《巫山高》《将进酒》之类，凡二十二曲。"将（qiāng），请。这首诗大约作于天宝十一年（752），距诗人被唐玄宗"赐金放还"已达八年之久。当时，他跟友人岑勋曾多次应邀到嵩山（在今河南登封市境内）元丹丘家里做客。[2] 高堂：高大的厅堂。[3] 樽：酒杯。[4] 天生我材必有用：王琦注《李太白集》卷三作"天生我徒有俊才"。[5] 烹羊宰牛：语本曹植《箜篌引》："中厨办丰膳，烹羊宰肥牛。"且：姑且，暂且。为乐：作乐。[6] 会：聚合，欢会。须：应当。一说，"会须"为唐代口语，应该，应当之意。[7] 岑夫子：岑勋，南阳人。李白好友。[8] 丹丘生：元丹丘，李白好友，是一个喜欢学道谈玄的人，李白称为"逸人"。[9] 杯莫停：一本作"君莫停"。[10] 倾：一本作"侧"。[11] 钟鼓馔（zhuàn）玉：泛指豪门贵族的奢华生活。钟鼓，富贵人家宴会时用的乐器。馔玉，像玉一样精美的食物。此句本于梁代戴嵩《煌煌京洛行》："挥金留客坐，馔玉待钟鸣。"句。本句在《河岳英灵集》卷上作"钟鼎玉帛不足悦"，在《英华》卷一九五作"钟鼎玉帛岂足贵"。[12] 不复：王琦注本作"不用"，萧本作"不愿"。[13] 寂寞：这里是指被世人冷落的意思。[14] 陈王：即曹植，因封于陈（今河南淮阳一带），死后谥"思"，世称陈王或陈思王。昔时：《英华》本作"昔日"。平乐（yuè）：观名，汉明帝所建，在洛阳西门外。这句和下句都出自曹植《名都篇》："归来宴平乐，美酒斗十千。"[15] 斗酒十千：一斗酒价值十千钱，意即名贵。恣（zì）：放纵、无拘束。谑（xuè）：谑，玩笑。[16] 何为："为何"的倒装句，为什么。[17] 径须：直须，语气副词，相当于尽管。沽取：偏义复合词，以"沽"为主义。沽，买或卖，这里指买。取，拿来，这里起辅助语义。[18] 五花马：毛色斑驳的马。一说，剪马鬣为五瓣。极言马的名贵。[19] 将：拿。[20] 尔：第二人称代词，你。

**思考题：**

1. 说一说这首诗的体裁特点。

2. 这首诗抒发了怎样的情感？诗中是如何抒情的？

3. 这首诗在语言上有何特点？

4. 说一说这首诗的立意角度和行文线索。

5. 这首诗适合用何种情调朗诵？

# 登　高[1]

## 杜　甫[2]

风急天高猿啸哀[3]，渚清沙白鸟飞回[4]。无边落木萧萧下[5]，不尽长江滚滚来[6]。万里悲秋常作客[7]，百年多病独登台[8]。艰难苦恨繁霜鬓[9]，潦倒新停浊酒杯[10]。

**注释：**[1] 选自康熙御定《全唐诗》卷二百二十七，国际文化出版公司 1993 年 1 月第一版。此诗作于唐肃宗大历二年（767），一说作于大历三年（768）。作者当时流寓夔州。[2] 杜甫（712—770）：字子美，自号少陵野老，世称杜少陵、杜工部。原籍湖北襄阳，出生在河南巩县。远祖为晋代著名儒将杜预。曾祖父杜依艺曾任巩县令，祖父是初唐诗人、官至膳部员外郎的杜审言，父亲杜闲曾任兖州司马、奉天令。世代“奉儒守官”家庭传统使杜甫受到了良好的教育。少年时的诗作就被洛阳名士们所惊赏。二十岁开始漫游吴越等地。唐玄宗开元二十三年（735），二十三岁的杜甫参加洛阳进士考试落第，便漫游各地。青年时期的苦读和游历，为他的诗歌创作奠定了深厚的基础。唐玄宗天宝六年（747），三十五岁的杜甫赴长安应试，因奸相李林甫弄权，使应试者全部落第，仕进受挫。随后父亲去世，生活逐渐陷入困顿。天宝十一年（752），四十岁的杜甫因向玄宗进献《三大礼赋》受到赏识，待制集贤院。直到四十四岁才被任为河西县尉，辞不受命，又改任右卫率府胄曹参军（管理军械仓库的八品小官）。在寓居长安近十年的这段时期，落魄失意，使杜甫对生活有了深切的体验，诗歌创作走上现实主义创作道路。《兵车行》《丽人行》《自京赴奉先县咏怀五百字》等名篇就是这一时期的创作。天宝十四年（755）十一月，安史之乱爆发，第二年七月肃宗在灵武即位。杜甫把家安顿在鄜州，只身赴灵武，途中被叛兵所俘，掳往长安。寻机逃脱后，奔赴凤翔（当时肃宗驻地），被任为左拾遗。当月，因上疏救宰相房琯，触怒肃宗，几乎被处死，放还鄜州省家，不久被贬为华州司功参军（管理礼乐文教的小官），弃官不就。这一时期的诗歌创作达到了现实主义创作的高峰。《悲东陶》《春望》《北征》《羌村》《三吏》《三别》等名作就作于这个时期。唐肃宗乾元二年（759），时年四十七岁的诗人由华州经秦州、同谷到达成都，建草堂（茅屋）住下。五十一岁时，因友人西川节度使严武推荐，任节度参谋、检校工部员外郎（工部司的副职，地位比郎中略低，亦属朝官要职。但杜甫身在四川，属虚职）。不久，因得罪严武，险些被杀。不到半年便辞职，回到成都草堂。此后又漂泊到夔州，客居近两年。代宗大历三年（768），五十六岁的杜甫离开四川，漂泊于岳州、潭州、衡州等地。大历五年（770）冬天辞世，享年五十八岁。杜甫晚年阶段的创作丰硕，《茅屋为秋风所破歌》《闻官军收河南河北》《又呈吴郎》《遭田父泥饮》《诸将》《秋兴》《阁夜》《登高》《登楼》《咏怀古迹》《岁晏行》《负薪行》等都创作于这一时期。杜甫一生坎坷沉沦，使他对社会和生活的感受、认识深刻而广泛，因此他的诗歌反映了唐朝由盛转衰的历史过程，被称为"诗史"。他一生忧国忧民、人格高尚、诗艺精湛，被后世尊为"诗圣"，成为中国文学史上最伟大的现实主义诗人。杜甫以古体诗、律诗见长，风格多样，但以沉郁为主。一生写诗一千四百多首。有《杜工部集》传世。[3] 猿：古猿，灵长类动物中的一种。曾广泛分布于长江流域，大约绝迹于清代中叶。[4] 渚：水中的小洲。回：古为入声韵，回旋、盘旋。[5] 落木：这里指落叶。萧萧：象声兼象形词，形容落叶纷纷飘落的情形及发出的声音。[6] 滚滚：康熙御定本作"衮衮"，此据他本改。[7] 万里：喻离家之远。[8] 百年：犹言一生。亦指晚年。[9] 繁：多。霜鬓：两鬓满是白发。[10] 潦倒：困顿、衰病之态。新停：刚刚停下。浊酒：带酒糟的酒，与清酒相对，价钱便宜。杯：读入声韵。

**思考题：**

1. 说一说这首诗的体裁和题材特点。

2. 这首诗有唐人七律"压卷"之作的美誉，试分析这首诗的思想内容和艺术特色。

3. 有人认为"万里悲秋常作客，百年多病独登台"二句包含了八重含义，请说一说是哪八重含义？仔细咀嚼，其实非止八重，试分析之。

# 无　题[1]
## 李商隐[2]

相见时难别亦难，东风无力百花残[3]。春蚕到死丝方尽[4]，蜡炬成灰泪始干[5]。晓镜但愁云鬓改[6]，夜吟应觉月光寒。蓬山此去无多路[7]，青鸟殷勤为探看[8]。

**注释：**[1] 选自清蘅塘退士选、朱麟注《唐诗三百首》，世界书局，中华民国二十五年七月初版，中华民国三十年五月新三版。以"无题"为题，是唐代以来诗人们常用方式。[2] 李商隐（813—858）：字义山，号玉溪生，又号樊南生、樊南子，祖籍怀州河内（今河南沁阳市），祖辈迁至荥阳（今河南郑州）。李商隐少有文才，受到牛僧孺党人令狐楚赏识，任为幕府巡官。唐文宗开成二年（837），二十五岁的李商隐又得令狐楚之子令狐绹的推荐而中进士第，授秘书省校书郎，补弘农尉。次年吏部考试落选，赴甘肃泾原节度使李德裕党人王茂元幕府。不久，娶王茂元女为妻。因此，被牛党视为叛徒，讥为"诡薄无行"，深受牛党忌恨。由于无辜卷入党争，一生在夹缝中生存，备受压抑，故抑郁不得志。唐宣宗大中十三年病逝于荥阳，终年四十六岁。李商隐是晚唐著名文学家，擅长骈文写作，诗歌成就很高，与杜牧合称"小李杜"，与温庭筠合称为"温李"，因诗文与同时期的段成式、温庭筠风格相近，且三人都在家族里排行第十六，故并称为"三十六体"。李商隐的诗构思新奇，风格秾丽，尤其是一些爱情诗写得缠绵悱恻，广为传诵。据《新唐书》记载，有《樊南甲集》二十卷，《樊南乙集》二十卷，《玉溪生诗》三卷，《赋》一卷，《文》一卷，部分作品已佚。[3] 东风：春风。残：凋敝、枯萎。[4] 丝方尽：意思是除非死了，思念才会结束。丝，与"思"谐音。方，才。[5] 泪：指蜡烛燃烧时流下的烛油。这里是双关语，明指烛泪，暗指相思泪。[6] 晓镜：早晨梳妆照镜子。但：只。云鬓：女子多而美的头发，这里比喻青春年华。[7] 蓬山：蓬莱山，传说中海上仙山，指被怀念者居住的地方。蘅塘退士《唐诗三百首》作"蓬莱"。此处据通行各本而改。[8] 青鸟：神话中为西王母传递音讯的信使。探看（kān）：探访、看望。

**思考题：**

1. 说说这首诗的题材和体裁特点。

2. 这首诗表现了作者怎样的情感？作者是怎样表情达意的？

3. 说一说"春蚕到死丝方尽，蜡炬成灰泪始干"妙在何处？

# 蝶恋花[1]

## 柳　永[2]

伫倚危楼风细细[3]，望极春愁[4]，黯黯生天际[5]。草色烟光残照里[6]，无言谁会凭阑意[7]？拟把疏狂图一醉[8]，对酒当歌[9]，强乐还无味[10]。衣带渐宽终不悔[11]，为伊消得人憔悴[12]。

**注释：**[1] 选自李建龙主编《唐诗宋词元曲·卷二·宋词》，中国言实出版社 2002 年 9 月第 1 版，2003 年 9 月修订版。蝶恋花：本名《鹊踏枝》，原为唐教坊曲。后因梁简文帝萧纲"翻阶蛱蝶恋花情"句而改为《蝶恋花》。又称《凤栖梧》《一箩金》《黄金缕》《卷珠帘》等。双调，六十字，仄韵。[2] 柳永（987？—1053？）：原名三变，字景庄。后改名永，字耆卿。因排行第七，又称"柳七"。其《鹤冲天》词中有"才子词人，自是白衣卿相"句，也被人称作"白衣卿相"。崇安（今属福建）人。早年生活放荡不羁，"好为淫冶讴歌之词，传播四方"。据说被宋仁宗所排斥，故屡试不第。失意之际，流连坊曲，以妓女、乐人为友。改名柳永后,于宋仁宗祐元年(1034)进士,先后出任过睦州(今浙江建德县)推官、定海(今浙江定海县)晓峰盐场盐官、屯田员外郎等微职。因曾任屯田员外郎,故世称"柳屯田"。柳永一生沉沦潦倒,据说死时靠妓女捐钱安葬。柳永是北宋第一个专力作词的词人,在中国词史上具有重要地位。他拓展了词的题材范围,创制了大量的长调慢词,发展了铺叙手法,促进了词的通俗化、口语化。其豪放辞和婉约词对后世的苏轼、秦观、周邦彦、李清照、辛弃疾、姜夔等词家产生了较大的影响。有《乐章集》,存词二百余首。[3] 危楼:高楼。[4] 望极:目光所能看到的极远之处。[5] 黯黯:光线不明的样子。[6] 残照:残阳,夕阳。[7] 凭阑:凭栏。"阑"通"栏"。[8] 拟把:打算。疏狂:粗疏狂放,不合时宜。[9] 对酒当歌:面对美酒,面对歌舞。语出曹操《短歌行》"对酒当歌,人生几何?"。当,与"对"同义。[10] 强乐:强颜欢笑。强,勉强。无味:因无兴致,故饮酒赏乐都感到索然无味。[11] 衣带渐宽:指人逐渐消瘦。语本《古诗》"相去日已远,衣带日已缓"。[12] 伊:他,彼,那个人。憔悴:困顿萎靡的样子。

**思考题:**

1. 这首词表现了怎样的思想情感?
2. 作者是如何抒发情感的?
3. "衣带渐宽终不悔,为伊消得人憔悴"妙在何处?

# 金陵驿[1]

## 文天祥[2]

草合离宫转夕晖[3],孤云飘泊复何依[4]?山河风景元无异[5],城郭人民半已非[6]。满地芦花和我老[7],旧家燕子傍谁飞[8]?从今别却江南路[9],化作啼鹃带血归[10]。

**注释:**[1] 选自《四部丛刊》影明本《文山先生全集》卷十四。金陵:今江苏南京。驿:古代官办驿站,是传递公文的人和来往官吏休憩的地方。这首诗是南宋祥兴二年(1279)文天祥抗元失败被俘,由广州押往元大都路过金陵时所写。[2] 文天祥（1236—1283）：初名云孙，字天祥。选中贡士后，换以天祥为名，改字履善。宋理宗宝祐四年（1256）中状元后再改字宋瑞，因曾居文山，因而以文山为号，又号浮休道人。吉州庐陵（今江西吉安县）人。历任签书宁海军节度判官厅公事、刑部郎官、江西提刑、尚书左司郎官、湖南提刑、知赣州等职。宋度宗咸淳六年（1270）因得罪奸相贾似道而遭罢斥。宋恭帝德祐元年（1275）正月，元军大举进攻，宋军的长江防线全线崩溃，朝廷下诏让各地组织兵马勤王。文天祥捐家资、募豪杰，起兵勤王，组织义军三万，开赴临安。被任为平江知府。朝廷命令他发兵援救常州，旋即又命令他驰援独松关。不久战败。次年正月，元军兵临临安，谢太后任命文天祥为左丞相兼枢密使。在赴元军大营谈判时被捕，押送到镇江时，得当地义士相救脱险。这时，南宋朝廷已奉表投降，恭帝被押往元大都，陆秀夫等拥立 7 岁的宋端宗在福州即位。文天祥于宋端宗景炎元年（1276）五月二十六日奉诏入福州，任枢密使，同时都督诸路军马，往南剑州（今福建南平）建立督府，派人赴各地募兵筹饷以继续抗元战争。秋天，元军攻入福建，端宗被拥逃海上，在广东一带乘船漂泊。七月，文天祥对张世杰专制朝政极为不满，又与陈宜中意见不合，于是离开南宋行朝，以同都督的身份在南剑州（今福建南平）开府聚兵，指挥抗元。祥兴元年（1278）夏，端宗死，赵昺即位，文天祥被任命为少保，信国公。同年冬，文天祥军在五坡岭造饭时被元军攻击，兵败，吞下随身携带的冰片企图自杀，昏迷当中被俘。押往大都后，不为威逼利诱所屈服，元世祖至元二十年（1283）一月（一说至元十九年十二月）被杀。文天祥以忠烈名传后世，与陆秀夫、张世杰并称为"宋末三杰"。有《文山先生全集》。[3] 草合：草已长满。离宫：行宫。古代皇帝出巡时居住的地方。南宋初，宋高宗在金陵即位，建有宫殿，绍兴八年（1138）才定都临安。宋恭帝德祐元年（1275）金陵陷落，当年高宗所建宫殿荒芜。转：读 zhuàn。[4] 孤云：喻指自己。复：又。何依："依何"的倒置语。[5] 元：通"原"，原本，本来。[6] 城郭：特指金陵，泛指整个宋朝国土。半已非：过半的土地、人民已经不是宋朝的江山百姓。上句及本句典出陶潜《搜神后记·卷一》：丁令威，本辽东人，学道于灵虚山。后化鹤归辽，集城门华表柱。时有少年举弓欲射之。鹤乃飞，徘徊空中而言曰："有鸟有鸟丁令威，去家千年今始归。城郭为故人民非，何不学仙冢累累？"遂高上冲天。[7] 满地芦花：化用刘禹锡《西塞山怀古》中的"金陵王气黯然收""故垒萧萧芦荻秋"句意，感叹金陵的沦陷和荒败。和：伴。[8] 旧家燕子傍谁飞：喻指宋朝的百姓没有了依靠，也寄寓了王朝兴衰的感慨。典出刘禹锡《乌衣巷》诗："旧时王谢堂前燕，飞入寻常百姓家。"[9] 别却：离开。却，去。[10] 化作啼鹃带血归：表明作者北去死后也要化作杜鹃鸟儿南归，以示不肯屈服、视死如归的心意和决绝态度。《禽经》提到蜀王杜宇化为杜鹃鸟的故事。《说文·佳部·巂》："蜀王望帝婬其相妻，惭，亡去，为子巂（guī）鸟。故蜀人闻子巂鸣，皆起，云望帝。"晋张华注汉李膺《蜀志》曰："望帝称王于蜀，得荆州人鳖灵，便立以为相。后数岁，望帝以其功高，禅位于鳖灵，号曰开明氏。望帝修道，处西山而隐，化为杜鹃鸟，或云化为杜宇鸟，亦曰子规鸟，至春则啼，闻者凄恻。"明李时珍《本草纲目》引唐陈藏器《本草拾遗》云："人言此鸟，啼至血出乃止。"据说杜鹃鸟的鸣声似"不如归去"。


**思考题：**

1. 这首诗表达了作者怎样的思想情感？
2. 说说这首诗的抒情特点。

# 第二单元

# 阅读能力单元

※※※※※※※※※※※※※※※※※※※※※※※※※※※※※※

单元教学目标

本单元主要通过选定内容的学练，在增长知识的基础上，重点训练学生的阅读、理解、分析和应用能力，进一步提高学生的语言素养、文学素养、审美素养以及更广泛的文化素养。

单元教学提示

本单元共设置诗歌阅读、散文阅读、小说阅读三个训练项目，其中每个训练项目包含若干篇目。教学中可根据课时、学生需要等灵活掌握。

※※※※※※※※※※※※※※※※※※※※※※※※※※※※※※

## 项目一　诗歌阅读

※※※※※※※※※※※※※※※※※※※※※※※※※※※※※※

教学目标

本项目是以诗歌为阅读对象，以培养和训练学生阅读能力为重点的教学项目。教学目标主要包括：（一）培养学生从诗、词、曲等书面语言材料获取信息的能力；（二）培养和提升学生对韵文的理解能力以及分析问题、解决问题的能力；（三）增加学生的知识积累，培养和提升学生的思想、道德、情感、审美等综合素质；（四）强化学生对诗歌类韵文文体知识以及诗歌写作艺术的理解与把握。

教学提示

本项目所选择的课文以中国古代诗歌为主。教学中不必面面俱到，可以根据课文的特点和学生实际，有所选择、有所侧重地安排教学。

**基础知识**

诗歌是文学的主要种类之一。在中国古代，不合乐的称为诗，合乐的称为歌，合称为诗歌。

按照不同的标准，诗歌可以分为若干种类。（一）按时代划分，诗歌大体上可以分为古体诗、近体诗和现代诗三大类。古体诗是指唐代以前的诗歌，如《诗经》体、《楚辞》体、乐府体、歌行体，等等。近体诗是指唐至清末的格律诗，如排律、五律、七律、五绝、七绝、词、曲，等等。现代诗主要指"新文化运动"以后的自由体新诗。（二）按表现方式划分，诗歌大体上可分为叙事诗、抒情诗和理趣诗等类型。叙事诗是以人、物、事件为主要叙述对象，以叙述（赋）为主要表现手段的诗歌类型。抒情诗是以抒发情感为主，以抒情为主要表现手段的诗歌类型。理趣诗是以说明事理为主，以议论、说明为主要表现手法的诗歌类型，如玄言诗、哲理诗、宗教诗等。（三）按题材划分，诗歌可分为爱情婚姻诗、军旅徭役诗、山水田园诗、酬答赠别诗、爱国时事诗、政治讽喻诗、咏史怀古诗、咏物言志诗、生产劳动诗、哲理意趣诗、悼亡凭吊诗、闺怨艳情诗，等等。（四）按作者划分，诗歌大体上可分为文人诗和民歌两大类。（五）按音乐类型划分，诗歌大体上可分为诗、词、曲三大类。（六）按语言划分，诗歌大体上可分为四言诗、五言诗、六言诗、七言诗、杂言诗，等等。（七）按有无格律划分，诗歌大体上可分格律诗和自由诗两大类。（八）按是否押韵划分，诗歌大体上可分为有韵诗和无韵诗（散文诗）两大类。

同其他文学种类相比，诗歌特色鲜明：（一）思维形象。从思维的角度看，诗歌以形象思维为主，富于想象、联想和幻想。（二）内容概括。从内容含量的角度看，由于诗歌要求用尽可能少的语言反映尽可能多的社会生活和人类精神世界，所以内容高度浓缩、高度概括。这是其他任何一种文体都无法比拟的。（三）感情浓郁。从情感蕴含的角度看，诗歌是最富于感情色彩的文学样式，因此，无论是抒情诗还是叙事诗，大都感情强烈，鲜明浓郁。（四）意象典型。意象是主观的"意"和客观的"象"的结合，即融入了诗人思想感情的"物象"，是赋有某种特殊含义和文学意味的具体形象，是构成意境的基本元素。它渗透了作者的审美意识和人格情趣。故意象富于形象性、代表性和表现力。（五）意境美化。意境是指由一个或多个意象构成的艺术情境，是一种情景交融、理想化了的艺术境界，因而富于美感和艺术感染力。（六）语言凝练。受体例和篇幅所限，诗歌必须用最节省的语言去表现内容，所以诗歌的语言高度概括、凝练、简洁，极富表现力。（七）韵律和谐。诗歌讲究格式、音律、节奏，追求听觉上的律动感、和谐感，特别富于音乐美。（八）手法丰富。由于诗歌是一种形象艺术，所以它的表现手法丰富多彩，富于表现力和趣味性。（九）分行布局。现代抒写、排版、刊行的诗歌大都采用分行布局，即一句一行。

词是诗歌的一种。萌芽于南朝，形成于唐五代，盛行于两宋，衰微于近代。又称诗余、长短句、乐府、琴趣、乐章、曲、杂曲、曲子词等。

词除了具备诗歌的一般特点之外，也具有不同于诗的特殊性：（一）词有定格。词大都按词牌创作或填制，同特定的乐曲相对应，故必须遵守词牌的特定格式要求。（二）调有长短。从篇幅的角度看，词有单调和双调之分。双调分上下阕（片），上下阕平仄、字数相等或大致相等；单调只有一段，通常称为小令。（三）句有定数。词中的长调91字以上、中调59—90字、小令58字以内。不同的词牌又有不同的字数规定，而每一句的字数也是固定的。（四）韵有定声。词的韵脚处理可分为平声韵和仄声韵两大类，而且平仄要相互对应协调。（五）句式错落。同律诗的整齐美不同，词的句式长短不一，追求的是一种错落美。

曲是韵文文学的一种，可视为诗、词的变体。广义的曲泛指秦汉以来各种可入乐的乐词，如汉大曲、唐宋大曲、民间小曲等。狭义的曲通常指宋元以来同词相近的戏曲和散曲。戏曲（剧曲）主要有杂剧、南戏、传奇等；散曲指散套（由同一宫调的若干曲子组成，一韵到底）和小令（指独立的只曲或由两三只只曲组成的带过曲）。

曲除了具备诗词的一般特点之外，它要求按宫调制曲，同音乐和歌唱密不可分，格律相对自由，可在固定格式之内加衬字，而且口语化、通俗化色彩突出。

阅读，是人类获取知识、积累才干的一种重要途径和手段。从广义上说，凡是用眼睛观察而获取信息的智力活动，都可称为阅读。但狭义的阅读则仅指对纸质读物和电子读物的读取。相对于朗读而言，人们习惯上所称的阅读，通常是一种无声的阅读，即默读。

阅读的方式有很多：以速度分，有快速阅读、中速（正常）阅读和慢速阅读等；以目的分，有查找型阅读、搜集型阅读、记忆型阅读、求知型阅读、欣赏型阅读、解惑型阅读、研究型阅读、消遣型阅读、猎奇型阅读等；以程度分，有粗读（或称概览型阅读，只求大意，一目十行或只浏览标题、要点等）、细读（逐字逐句无所遗漏地阅读）、研读（又称精读，一边读一边思考或反复玩味地阅读）等；以范围分，有全面阅读、部分阅读、重点阅读、定位阅读等；以习惯分，有持续阅读（指单位时间内不间断阅读或以读物的完全阅读为标志）、间断阅读、交替阅读（在不同读物之间变换阅读）、随机阅读等。

选择何种阅读方式，主要取决于阅读目的。但阅读者的知识、阅历素养，语言、思维能力水平，阅读习惯以及读物的难易度、篇幅度、趣味度、适观度等，也都是不可忽视的影响因素，需要阅读者根据阅读目的、读物情况和自身实际进行恰当选择。

※※※※※※※※※※※※※※※※※※※※※※※※※※※※※

# 沧浪歌[1]

沧浪[2]之水清兮，可以[3]濯[4]我缨[5]；沧浪之水浊兮，可以濯我足[6]。

**注释：**[1] 选自《孟子·离娄上》。沧浪歌：又名《孺子歌》，春秋时期楚地民歌。《孟子·离娄上》："有孺子歌曰：'沧浪之水清兮，可以濯我缨；沧浪之水浊兮，可以濯我足。'孔子曰：'小子听之。清斯濯缨，浊斯濯足矣。自取之也。'"《楚辞·渔父》和《史记》均有记载。[2] 沧浪：一说水名（汉水支流）；一说地名（湖北均县北）；一说水清貌；一说水的颜色（青苍色）。[3] 以：介词，用。[4] 濯（zhuó）：洗。[5] 缨：头发。一说帽缨。一说系帽子的丝带。[6] 足：脚。

**思考题：**

1. 这首《沧浪歌》属于什么诗体？属于哪类题材？

2. 本诗表现了怎样的思想情趣？孔子引用它意在说明什么？

3. 这首诗在语言运用上有何特点？

# 木兰诗[1]

## 北朝民歌[2]

　　唧唧复唧唧[3]，木兰当户[4]织，不闻机杼[5]声，唯闻女叹息。问女何所思？问女何所忆？女亦无所思，女亦无所忆。昨夜见军帖[6]，可汗大点兵[7]。军书十二卷[8]，卷卷有爷[9]名。阿爷无大儿，木兰无长兄。愿为市[10]鞍马，从此替爷征。东市买骏马，西市买鞍鞯[11]，南市买辔头[12]，北市买长鞭。旦[13]辞爷娘去，暮宿黄河边。不闻爷娘唤女声，但闻黄河流水鸣溅溅[14]。旦辞黄河去，暮至[15]黑山头。不闻爷娘唤女声，但闻燕山胡骑鸣啾啾[16]。万里赴戎机[17]，关山度[18]若飞。朔气传金柝[19]，寒光照铁衣[20]。将军百战死，壮士十年归。归来见天子，天子坐明堂。策勋十二转[21]，赏赐百千强[22]。可汗问所欲，木兰不用尚书郎[23]，愿驰千里足[24]，送儿还故乡。爷娘闻女来，出郭相扶将[25]。阿姊闻妹来[26]，当户理红妆[27]。小弟闻姊来，磨刀霍霍向猪羊。开我东阁门，坐我西阁床。脱我战时袍，著我旧时裳。当窗理云鬓[28]，挂镜帖花黄[29]。出门看火伴，火伴皆惊惶[30]。同行十二年，不知木兰是女郎。雄兔脚扑朔，雌兔眼迷离[31]。双兔傍地走，安能辨我是雄雌[32]。

　　**注释：**［1］选自宋郭茂倩《乐府诗集》第二十五卷横吹曲辞五中的梁鼓角横吹曲，中华书局1979年11月版。标点符号有改动。［2］北朝：指自439年北魏统一中国北方开始至581年北周为隋所代的历史时期内，在中国北方先后存在并与南方宋、齐、梁、陈等王朝并立的北魏、东魏、西魏（由北魏分裂而成）、北齐（代东魏）、北周（代西魏）等政权的统称。［3］唧唧（jī jī）复唧唧：一本作"促织何唧唧"。唧唧，虫声。一说叹息声。同《琵琶行》中"我闻琵琶已叹息，又闻此语重唧唧"之"唧唧"。［4］当户：对着门。［5］机杼（zhù）：织布机。机，指织布机。杼，织布梭（suō）子。［6］军帖：招兵的文告。［7］可汗（kè hán）：古代西北地区游牧民族对君主的称呼。［8］军书十二卷：征兵的名册很多卷。十二，表示很多，不是确指。下文的"十年""十二年"，用法与此相同。［9］爷：指父亲。［10］为：为此。市：名词用作动词，买。［11］鞍：马鞍。鞯（jiān）：马鞍下的垫子。［12］辔（pèi）头：驾驭牲口用的嚼子和缰绳。［13］旦：一本作"朝"，早晨。［14］溅溅（jiān jiān）：急水流动声。［15］至：一本作"宿"。［16］胡骑（jì）：胡人的战马。胡，古代对北方少数民族的称呼。鸣：一本作"声"。啾啾（jiū jiū）：马鸣声。［17］戎机：战争。［18］度：越过。［19］朔气传金柝（tuò）：北方的寒气传送着打更的声音。朔，北方。金柝，古时军中守夜打更用的器具。［20］寒光照铁衣：冰冷的月光照在将士们的铠甲上。［21］策勋十二转（zhuǎn）：记很大的功。策勋，记功。十二转，不是确数，形容功大级高。［22］赏赐百千强：赏赐很多的财物。赏赐，一本作"赐物"。百千，形容数量多。强，多。［23］木兰不用尚书郎：一本作"欲与木兰赏，不愿尚书郎"。［24］愿驰千里足：段成式《酉阳杂俎》记为"愿借明驼千里足"。［25］郭：外城。扶：扶持。将：引领，带领。这里是拉着手引领回家的意思。［26］阿姊闻妹来：《古乐府》卷三作"阿妹闻姊来"。［27］红妆：指女子的艳丽装束。［28］云鬓：像乌云一样的鬓发，形容多而黑的头发。［29］挂：一本作"对"。帖：通"贴"。花黄：古代妇女的一种面部装饰物。［30］火：通"伙"。皆：一本作"始"。惊惶：一本作"惊忙"。［31］雄兔脚扑朔，雌兔眼迷离：雄兔、雌兔发情交配前，雄兔常常用后足踩击地面，发出"啪啪"声响，而雌兔则伏于地面，双眼迷离，等待交配。这时最容易辨认兔子的性别。这两句用雄雌兔发情交配前的不同表现暗喻返乡回归女儿身份的木兰，既容易辨别她的身份，也暗示她接下来该出嫁了。［32］双兔傍地走，安能辨我是雄雌：雄雌两兔在地上奔跑，怎能辨别哪个是雄兔，哪个是雌兔？这两句用双兔奔跑时雄雌难辨的事实，对戎马倥偬中木兰没有暴露女儿身份作出合理交代。双兔，一本作"两兔"。傍，依。走，跑。安，疑问代词，怎么，哪里。

**思考题：**

1. 这首诗属于何种诗体？何种题材？

2. 谈谈木兰这一艺术形象的特点及其认识价值和美学价值。

3. 诗歌的结尾同全文有何关系？说一说这种艺术处理的好处。

# 送柴侍御[1]

## 王昌龄[2]

流水通波接武冈[3]，送君不觉有离伤。青山一道同云雨，明月何曾是两乡[4]。

**注释：**[1] 选自康熙御定《全唐诗》卷一百四十三，国际文化出版公司 1993 年 1 月第一版。侍御：官职名。　[2] 王昌龄（约698—约756）：字少伯，《旧唐书》本传载王昌龄为京兆（即唐西京长安，今陕西省西安市）人，唐人殷璠《河岳英灵集》载王昌龄为太原人，《唐才子传》也载王昌龄为太原人。开元进士，授汜（fàn）水尉，迁江宁丞。晚年贬为龙标（今湖南黔阳）尉。因世乱还乡，路过亳州时被刺史闾丘晓杀害。王昌龄是盛唐著名边塞诗人，后人誉为"七绝圣手"。原有集，后散佚，明人辑有《王昌龄集》。[3] 通波：水路相通。武冈：县名，在湖南省西部。[4] 两乡：两处地方。

**思考题：**

1. 这是一首什么诗体、何种题材的诗歌？

2. 说一说"青山一道同云雨，明月何曾是两乡"的寓意。

# 和王七玉门关听吹笛（塞上闻笛）[1]

## 高　适[2]

胡人吹笛戍楼间[3]，楼上萧条海月闲[4]。借问落梅凡几曲[5]，从风一夜满关山[6]。

**注释：**[1] 选自《全唐诗》（电子版）第二百一十四卷，北京银冠电子出版有限公司出版。[2] 高适（约 706—765）：字达夫，德州蓨（tiáo）（今河北省景县）人。少孤贫，爱交游。唐玄宗天宝八年（749），经睢阳太守张九皋推荐，应举中第，授封丘尉。天宝十一年（752），因不忍"鞭挞黎庶"和不甘"拜迎官长"而辞官。次年入陇右、河西节度使哥舒翰幕，为掌书记。安史之乱爆发，任左拾遗，转监察御史，佐哥舒翰守潼关。潼关失守，谏阻玄宗分封诸王镇守各地，为肃宗器重，历任御史大夫，转淮南节度使、彭州刺史、蜀州刺史、剑南节度使、西川节度使等职。代宗时任刑部侍郎、散骑常侍，封渤海县侯。世称"高常侍"。死后赠礼部尚书，谥号忠。有《高常侍集》传世。高适为唐代著名的边塞派代表诗人，与岑参并称"高岑"。笔力雄健、气势奔放，洋溢着盛唐时期所特有的奋发进取、蓬勃向上的时代精神。[3] 胡人：中国古代对西北、北方少数民族的统称。戍楼：城墙上的望楼，可做士兵休憩、躲避风雨以及储存物资用。[4] 萧条：冷落岑寂。海月：湖上升起的明月。海，西北地区通常把湖泊称为海。闲：孤静的样子。[5] 落（lào）梅：曲调名。凡：表示约数的副词，也兼表疑问语气。大概，共。[6] 从风：随风。从，随。

**思考题：**

1. 作者是唐人，为何要从胡人的角度描写边塞生活？这样立意有何特点？

2. 请用自己的话，描述一下这首诗歌的意境。

3. 概括一下这首诗的描写角度和手法。

4. 说一说这首诗的题材和体裁。

5. 比较这首诗同岑参《胡笳歌送颜真卿使赴河陇》的异同。

# 兵车行[1]

## 杜　甫[2]

车辚辚[3]，马萧萧[4]，行人弓箭各在腰[5]。耶娘妻子走相送[6]，尘埃不见咸阳桥[7]。牵衣顿足拦[8]道哭，哭声直上干云霄[9]。道旁过者问行人[10]，行人但云点行频[11]。或从十五北防河[12]，便至四十西营田[13]；去时里正与裹头[14]，归来头白还[15]戍边。边庭[16]流血成海水，武皇开边意未已[17]。君不闻汉家山东二百州[18]，千村万落生荆杞[19]。纵有健妇把锄犁[20]，禾生陇亩无东西[21]。况复秦兵耐苦战[22]，被驱不异犬与鸡。长者虽有问[23]，役夫敢申恨[24]？且如今年冬，未休关西卒[25]。县官急索租[26]，租税从何出？信知生男恶[27]，反是生女好；生女犹得嫁比邻[28]，生男[29]埋没随百草！君不见青海头[30]，古来白骨无人收。新鬼烦冤旧鬼哭[31]，天阴雨湿声啾啾[32]。

　　**注释**：[1] 选自康熙御定《全唐诗》卷二百十六，国际文化出版公司 1993 年 1 月第一版。兵车行：这是杜甫创制的乐府新题。元稹评为"即事名篇，无复依傍"。关于此诗的写作背景，主要有两说：钱谦益《钱注杜诗》卷一："天宝十载（751），鲜于仲通讨南诏蛮，士卒死者六万。杨国忠掩其败状，反以捷闻。制大募两京及河南北兵以击南诏。人闻云南瘴疠，士卒未战而死者十八九，莫肯应募。国忠遣御史分道捕人，连枷送军所。于是行者愁怨，父母妻子送之，所在哭声震野。此诗序南征之苦，设为役夫问答之词。"单复《杜少陵集详注》："此为明皇（唐玄宗）用兵吐蕃而作，故托汉武以讽，其辞可哀也。先言人哭，后言鬼哭，中言内郡凋敝，民不聊生。此安史之乱所由起也。"[2] 见《茅屋为秋风所破歌》注释 [2]。[3] 辚辚（lín lín）：象声词，车轮滚动的声音。[4] 萧萧：象声词，马鸣声。[5] 行人：指出征的士兵。[6] 耶：通"爷"，父亲。走：跑。[7] 咸阳桥：位于长安北侧，咸阳县西南，横跨渭水的便桥。当时是从长安通往西北的必经之道。[8] 拦：康熙御定本原本为"栏"并旁注"一作桥"，此处据他本改。[9] 干（gān）：扰，扰动。[10] 过者：路过的人。这里指作者。[11] 点行：指征兵。因为要照名册点名抽丁入伍，故云。频：频繁。[12] 或从句：御定本原注："开元十五年，以吐蕃为边害，诏陇右、河西兵集临洮，朔方兵集会州，防秋。至冬初无寇而罢。"或，人称代词，有的人。防河，防守黄河。[13] 营田：即屯田。平时种田，战时出征打仗。[14] 里正：里长。唐制，百户为一里，置里正一人。裹头：替征丁裹扎头巾。这里指提前举行成人仪式。[15] 还：一本作"犹"。[16] 庭：御定本作"亭"，旁注

"一作庭"。此处据通用本改。[17] 武皇：一作"我皇"。御定本原注："唐人称太宗为文皇，明皇为武皇（即唐玄宗）。"开边：以武力开拓疆土。已：止。[18] 汉家：代指唐朝。唐诗中经常以汉喻唐。山东：指华山以东的中原地区。二百州：唐代潼关以东有七道，共二百一十七州，这里只举整数。[19] 荆杞：指荆棘、枸杞等野生灌木。[20] 纵：假设连词，即使，虽然。把锄犁：把锄、把犁的合语，即握锄、扶犁，代指田间耕作。[21] 东西：借指行列杂乱不整齐。一说读作"dōng xi"，指收成。[22] 况复：况且加上。秦兵：指关中一带的士兵。[23] 长者：年长者。役夫对杜甫的尊称。[24] 役夫：与杜甫对话的出征士兵自称。敢："岂敢""安敢"的省略说法，哪里敢、怎敢。申：申诉，诉说。恨：怨恨。[25] 未休句：御定本原注："一作'役夫心益愤。如今纵得休，还为陇西卒。《通鉴》：天宝九载十二月，关西游奕使王难得击吐蕃，克五桥，拔树敦城'。"休，停止。关西，一作"陇西"。函谷关以西长安一带地区。[26] 县官急索租：一作"县官云急索"。[27] 信：语气副词，确实，真正。恶（è）：不好。[28] 犹得：御定本作"犹是"，此处据通用本改。比邻：在这里"比"和"邻"是同义词，同义复指。[29] 男：一作"儿"。[30] 青海头：青海边。青海，即"青海湖"，古称西海。蒙古语称"库库诺尔"，意为"青色的湖"。在青海省东北部大通山、日月山、青海南山间。[31] 新鬼：新近死去的人的鬼魂。烦冤：烦躁愤懑。冤，一本作"怨"。旧鬼：过去（历代）死去的人的鬼魂。[32] 声啾啾：一作"悲啾啾"。啾啾，象声词，鬼的哭叫声。

**思考题：**

1. 说一说这首诗的体裁和题材特点。

2. 这首诗是从哪些角度揭露和控诉扩边战争的？

3. 这首诗起承转合匠心独运，具体说说它的结构特点。

# 酬乐天扬州初逢席上见赠[1]

## 刘禹锡[2]

巴山楚水凄凉地[3]，二十三年弃置身[4]。怀旧空吟闻笛赋[5]，到乡翻似烂柯人[6]。沉舟侧畔千帆过[7]，病树前头万木春[8]。今日听君歌一曲[9]，暂凭杯酒长精神[10]。

注释：[1] 选自康熙御定《全唐诗》卷三百六十，国际文化出版公司1993年1月第一版。这首诗是刘禹锡在唐敬宗宝历二年（826）岁暮从和州返回洛阳途经扬州与白居易相会时所作。酬：这里是以诗相答的意思。乐天：指白居易，字乐天。席：宴席。见赠：蒙受馈赠。见，敬语词。[2] 刘禹锡（772—842）：字梦得。彭城（今徐州）人，一说洛阳人。唐代文学家、政治家。19岁左右游学长安。贞元九年与柳宗元同榜登进士第，再登博学宏词科。贞元十一年（795）登吏部取士科，授太子校书。贞元十六年（800）入杜佑幕掌书记，参与讨伐徐州乱军。贞元十八年（802）调任渭南县主簿。次年任监察御史。贞元二十一年（805年，是年八月改元永贞）一月，德宗死，顺宗即位，重用王叔文。刘禹锡当时任屯田员外郎，判度支盐铁案，与王叔文、王伾（pī）、柳宗元同为王叔文集团的核心人物，时称"二王刘柳"。半年后，顺宗被迫退位，宪宗即位。九月，王叔文革新失败，被赐死。刘禹锡初贬连州（今广东连县）刺史，行至江陵，再贬朗州（今湖南常德）司马。同时被贬为边远州郡司马的共八人，史称"八司马"。元和九年（814）十二月，刘禹锡与柳宗元等人一起奉召回京。次年三月，刘禹锡写了《元和十一（一字衍）年，自朗州召至京，戏赠看花诸君子》诗，得罪执政，被外放为连州刺史。后来又担任过夔州刺史、和州刺史。宝历二年冬，从和州奉召回洛阳。二十二年的贬谪生涯至此结束。大和元年，刘禹锡任东都尚书省主客郎中。次年回朝任主客郎中。他一到长安，就写了绝句《再游玄都观》，表现了屡遭打击而始终不屈的意志。以后历官苏州、汝州、同州刺史。从开成元年（836）开始，改任太子宾客、秘书监分司东都的闲职。会昌元年（841），加检校礼部尚书衔。世称刘宾客、刘尚书。刘禹锡生前与白居易齐名，世称"刘白"，有"诗豪"之誉。[3] 巴山楚水：指四川和两湖一带。刘禹锡先后被贬到朗州、连州、夔州、和州等地，夔州古属巴国，其他地方大都属楚国。[4] 二十三年：从唐顺宗永贞元年（805）永贞革新失败刘禹锡被贬为连州刺史开始到唐敬宗宝历二年（826）被召回京，前后共二十二年。因第二年才能回到京城，故写此诗时说二十三年。弃置：抛弃闲置。[5] 怀旧：怀念故人。空吟：徒劳地吟诵。闻笛赋：指西晋向秀的《思旧赋》。向秀途经亡友嵇康、吕安的旧居，听见邻人吹笛，不胜悲戚，于是写了一篇《思旧赋》以示感念。刘禹锡借用这个典故用以怀念已死去的王叔文、柳宗元等人。[6] 翻似：反倒好像。翻，反，同音通假。烂柯人：据《述异记》记载，晋人王质进山砍柴，看见两个童子下棋。一局终了，王质的斧柄已经朽烂。回到家乡，已历百年，无人相识。作者借这个典故表达世事沧桑，人事全非，暮年返乡恍如隔世的心情。[7] 沉舟：诗人自比。侧畔：水侧岸边。千帆：喻指众多后来进身的官员。[8] 病树：诗人自比。万木：与"千帆"同喻。[9] 君：指白居易。歌一曲：指白居易作的《醉赠刘二十八使君》一诗。原诗为："为我引杯添酒饮，与君把箸击盘歌。诗称国手徒为尔，命压人头不奈何。举眼风光长寂寞，满朝官职独蹉跎。亦知合被才名折，二十三年折太多。"[10] 长（zhǎng）：增长，引申为振作。

**思考题：**

1. 这是一首什么诗体、何种题材的诗歌？

2. 诗中表达了作者怎样的思想感情？

3. 在抒发感情时，作者使用了哪些艺术手法？

4. "沉舟侧畔千帆过，病树前头万木春"的原意是什么？生发开去，蕴含着怎样的哲理？

# 离　思[1]

## 元　稹[2]

曾经沧海难为水[3]，除却巫山不是云[4]。取次花丛懒回顾[5]，半缘修道半缘君[6]。

**注释：**[1] 选自康熙御定《全唐诗》卷四百二十二，国际文化出版公司 1993 年 1 月第一版。本诗是《离思五首》的第四首。唐德宗贞元十九年（803），时年 24 岁的元稹，娶名门女韦丛。数年后，妻亡。此诗就是为悼念韦丛而作。[2] 元稹（779—831）：字微之，别字威明。唐河南

（今河南洛阳）人。北魏鲜卑族拓跋部后裔。早年家贫。唐德宗贞元九年（793），以明两经擢第。次年得陈子昂《感遇》诗及杜甫诗数百首读之，始作诗。贞元十五年（799），初仕于河中府。贞元十九年（803）登书判拔萃科，授秘书省校书郎。唐宪宗元和元年（806），登才识兼茂明与体用科，授左拾遗，迁监察御史。后转而依附藩镇严绶和监军宦官崔潭峻，为时论所薄。元和十年（815）一度回朝，不久出为通州司马，转虢州长史。元和十四年（819），再度回朝任膳部员外郎。次年得崔潭峻援引，擢祠部郎中、知制诰，迁中书舍人，充翰林学士承旨。唐穆宗长庆二年（822），拜平章事，居相位三月。为依附另一派宦官的李逢吉所倾轧，出为同州刺史，改浙东观察使。唐文宗大和三年（829），入为尚书左丞，又出为武昌军节度使，暴病逝于镇所。元稹的创作，以诗歌的成就最大。与白居易齐名，并称"元白"，同为新乐府运动的倡导者。元稹生前曾自编其诗集、文集、与友人之合集多种。其本集收录诗赋、诏册、铭诔、论议等共100卷，题为《元氏长庆集》。宋时只存60卷。[3] 曾经沧海难为水：曾经经历过沧海的人难以把其他的水看作水，暗喻很难有人能同爱妻韦丛相比，曾经的挚爱难以被取代。典出《孟子·尽心上》："观于沧海者难为水，游于圣人之门者难为言。"曾，曾经。经，经历。沧海：大海。先秦时通称渤海为沧海。难为水，难以称作水。[4] 除却巫山不是云：除了巫山的云，其他地方的云都算不上云。暗喻亡妻韦丛就像巫山的云一样独具魅力，无可比拟。典出宋玉《高唐赋》序。序中说巫山之云为神女瑶姬所化，"旦为朝云，暮为行雨"，上属于天，下入于渊，茂如松榯（shí），美若娇姬，相形之下，别处的云就黯然失色了。除却，除了，除去。[5] 取次：取道。次，台阶，道路，这里指花丛中的小径。回顾：回头看。[6] 缘：因为。修道：修习道术。暗寓韦丛去世后，自己产生超脱红尘之念而生慕道之心。君：指韦丛。

**思考题：**

1."曾经沧海难为水，除却巫山不是云"用三重暗喻的手法抒发情感。请仔细解读一下。

2.说一说"取次花丛懒回顾，半缘修道半缘君"的关联类型和表现手法。

# 琵琶行[1]

## 白居易[2]

浔阳江头夜送客[3]，枫叶荻花秋瑟瑟[4]。主人下马客在船[5]，举酒欲饮无管弦[6]。醉不成欢惨将别[7]，别时茫茫江浸月[8]。忽闻水上琵琶声，主人忘归客不发[9]。寻声暗问弹者谁[10]，琵琶声停欲语迟[11]。移船相近邀相见，添酒回灯重开宴[12]。千呼万唤始出来，犹抱琵琶半遮面[13]。转轴拨弦三两声[14]，未成曲调先有情[15]。弦弦掩抑声声思[16]，似诉平生不得志[17]。低眉信手续续弹[18]，说尽心中无限事。轻拢慢捻抹复挑[19]，初为霓裳后六幺[20]。大弦嘈嘈如急雨，小弦切切如私语[21]。嘈嘈切切错杂弹[22]，大珠小珠落玉盘[23]。间关莺语花底滑[24]，幽咽泉流水下滩[25]。冰泉冷涩弦凝绝[26]，凝绝不通声渐歇[27]。别有幽愁暗恨生[28]，此时无声胜有声[29]。银瓶乍破水浆迸[30]，铁骑突出刀枪鸣[31]。曲终收拨当心画[32]，四弦一声如裂帛[33]。东船西舫悄无言[34]，唯见江心秋月白[35]。沉吟放拨插弦中[36]，整顿衣裳起敛容[37]。自言本是京城女[38]，家在虾蟆陵下住[39]。十三学得琵琶成[40]，名属教坊第一部[41]。曲罢常教善才伏[42]，妆成每被秋娘妒[43]。五陵年少争缠头[44]，一曲红绡不知数[45]。钿头银篦击节碎[46]，血色罗裙翻酒污[47]。今年欢笑复明年[48]，秋月春风等闲度[49]。弟走从军阿姨死[50]，暮去朝来颜色故[51]。门前冷落车马稀，老大嫁作商人妇[52]。商人重利轻别离[53]，前月浮梁买茶去[54]。去来江口守空船，绕船明月江水寒[55]。夜深忽梦少年事，梦啼妆泪红阑干[56]。我闻琵琶已叹息，又闻此语重唧唧[57]。同是天涯沦落人[58]，相逢何必曾相识。我从去年辞帝京，谪居卧病浔阳城[59]。浔阳地僻无音乐[60]，终岁不闻丝竹声[61]。住近湓城地低湿[62]，黄芦苦竹绕宅生[63]。其间旦暮闻何物[64]，杜鹃啼血猿哀鸣[65]。春江花朝秋月夜，往往取酒还独倾[66]。岂无山歌与村笛[67]，呕哑嘲哳难为听[68]。今夜闻君琵琶语[69]，如听仙乐耳暂明[70]。莫辞更坐弹一曲[71]，为君翻作琵琶行[72]。感我此言良久立[73]，却坐促弦弦转急[74]。凄凄不似向前声[75]，满座重闻皆掩泣[76]。座中泣下谁最多[77]，江州司马青衫湿[78]。

　　**注释：**［1］选自蘅塘退士选、朱麟注《唐诗三百首》，世界书局中华民国二十五年七月初版，中华民国三十年五月新三版。本诗原来有序："元和十年（815），予左迁九江郡司马。明年秋，送客湓（pén）浦口，闻舟中夜弹琵琶者，听其音，铮铮然有京都声。问其人，本长安倡女，尝学琵琶于穆、曹二善才。年长色衰，委身为贾人妇。遂命酒，使快弹数曲。曲罢悯默，自叙少小时欢乐事，今漂沦憔悴，转徙于江湖间。予出官二年，恬然自安，感斯人言，是夕始觉有迁谪意。因为长句，歌以赠之，凡六百一十二言，命曰《琵琶行》。"［2］白居易（772—846）：字乐天，晚号香山居士。祖籍山西太原，曾祖父迁居下邽（guī）（今陕西渭南北），祖父白湟又迁居河南新郑。唐代宗大历七年正月二十日（772 年 2 月 28 日）出生。一生共历代宗、德宗、顺宗、宪宗、穆宗、敬宗、文宗、武宗八朝。青年时家境贫寒。唐德宗贞元进士，授秘书省校书郎。唐宪宗元和年间任左拾遗及左赞善大夫。因上表请求严缉刺杀宰相武元衡的凶手而得罪权贵，被贬为江州司马。穆宗长庆初年任杭州刺史。敬宗宝历初年任苏州刺史。后至刑部尚书。武宗会昌六年（846）八月逝于洛阳，葬于洛阳香山，享年 75 岁。他去世后，唐宣宗李忱曾写诗悼念："缀玉连珠六十年，谁教冥路作诗仙？浮云不系名居易，造化无为字乐天。童子解吟长恨曲，胡儿能唱琵琶篇。文章已满行人耳，一度思卿一怆然。"白居易是中国文学史上负有盛名且影响深远的杰出诗人和文学家，有"诗魔"和"诗王"之称。他与元稹交情甚笃，并共同发起了"新乐府运动"，因此世称"元白"。也常与刘禹锡诗歌唱和，世称"刘白"。白居易的诗在日本和朝鲜等国有广泛影响。有《白氏长庆集》七十一卷传世。［3］浔阳江：即流经浔阳境内的长江。［4］荻：多年生草本植物，形状像芦苇，生长在水边。瑟瑟：象声词，形容枫树、芦荻被秋风吹动所发出的声音。瑟瑟，一本作"索索"，意同。［5］主人：指白居易等送行之人。［6］管弦：代指音乐。管，箫、笛之类的管乐器。弦，琴、瑟、琵琶之类的弦乐器。［7］醉不成欢：虽然喝醉了，但却高兴不起来。惨：悲伤。［8］茫茫：夜色朦胧而无边的样子。江浸月：江中浸泡着月亮，即指明月倒映在水中。［9］发：出发，启程。［10］暗问：这里是轻声问的意思。［11］欲语迟：想要回答，又有些迟疑。［12］回灯：重新点灯。一说移灯；一说把灯芯捻大一些。［13］犹：依然。半遮面：

遮住半边脸。[14] 转轴拨弦：这里是调弦校音的动作，即拧动琵琶上缠绕丝弦的轴以调音定调。[15] 未成曲调先有情：只是三二声的调弦校音，还不能叫作正式弹奏曲调，但却首先让人感受到了其中注入的情感。暗示琵琶女的弹奏技艺高超。[16] 掩抑：掩和抑都是弹奏时的重压手法，故弦声低沉抑郁。思：思绪，这里指愁思。动词用作名词，读去声。[17] 不得志：一作"不得意"。[18] 低眉：低头下视。信手：随手。指手法自然从容。续续：连绵不断。[19] 轻拢慢捻抹复挑：轻轻地拢，慢慢地捻，一会儿抹，一会儿挑。拢，左手手指按弦向里（琵琶的中部）推。捻，揉弦。抹，顺手下拨。挑，反手回拨。这四者都是弹琵琶的指法。前两者用左手，后两者用右手。[20] 初为：最初弹奏。为，多用动词，弹奏。霓裳：即《霓裳羽衣曲》。六幺：大曲名，又叫《乐世》《绿腰》《录要》，是歌舞曲。[21] 大弦：指最粗的弦。嘈嘈：象声词，形容声音粗而重、高而急之类的弦声。小弦：指最细的弦。切切：象声词，形容声音细而轻、低而缓之类的弦声。[22] 错杂：交替、交杂。[23] 大珠小珠落玉盘：这是比喻乐声的清脆圆润、错落有致，就像大小不一的珍珠交错掉落在玉盘里一样。[24] 间关莺语花底滑：像黄莺在花下啼叫一样婉转流利。间关，鸟声。滑，形容鸟声婉转流利。[25] 幽咽泉流水下滩：用人的啜泣抽噎声和泉流冰下阻塞难通的情状来形容乐声由流畅变为冷凝、滞涩。幽咽，啜泣抽噎，这里形容乐声好似人在啜泣抽噎。水下滩，一作"冰下滩"，一作"冰下难"，一作"水下难"。[26] 冰泉冷涩弦凝绝：像泉水又冷又涩不能畅流，弦似乎凝结不动了。形容弦声越来越滞涩，以致停顿。[27] 渐歇：一作暂歇。歇，停止。[28] 别有：另有。幽愁：幽幽的愁思。暗恨：心中的怨恨。[29] 胜：超过，胜过。[30] 银瓶：汲水器。乍：突然。迸：溅射。[31] 铁骑突出刀枪鸣：形容琵琶声在凝滞、渐渐停止后，忽然又爆发出激越、雄壮的乐音。铁骑，带甲的骑兵。[32] 曲终：乐曲结束。拨：奏弹弦乐时所用的拨子。当心画：用拨子在琵琶的中部划过四弦，是一曲结束时经常用到的右手手法。[33] 四弦一声：四根弦同时发声。裂：撕裂，撕开。[34] 船：一作"舟"。舫（fǎng）：船，一般指小船。一说二船相并为舫。[35] 唯见：只见。白：明亮。[36] 沉吟：迟疑的样子。拨：拨子，弹奏琵琶的工具。[37] 整顿：整理。起：起身。敛容：收敛弹奏时的容颜，恢复常态的脸色。[38] 京城：长安。[39] 虾蟆陵：在长安城东南，曲江附近，因有大量歌姬舞女名妓聚集在这里，成为当时有名的游乐地区。据《唐国史补》卷下记载，相传这里原是西汉名儒董仲舒的墓地所在。董门学者路经此地时，必下马致敬，故名"下马陵"，因读音相近，遂俗成"蛤蟆陵"。[40] 十三学得琵琶成：十三岁学成了弹奏琵琶的技艺。[41] 教坊：唐开元年间，官府设置左右教坊，管领音乐杂技、教练歌舞等事宜。女乐均隶属于教坊。[42] 曲罢：一曲弹完。常：一作"曾"。善才：教坊乐师的通称。[43] 每：每每，常常。秋娘：杜秋娘，唐李锜（yǐ）妾。一说为当时京城名妓。一说是当时名媛美妓的通称。[44] 五陵年少：指京城富贵人家的子弟。五陵，在长安城外，指汉代长陵、安陵、阳陵、茂陵和平陵五个皇陵。汉代曾徙富豪于此。缠头：赠送给歌舞妓女的锦帛。[45] 一曲红绡（xiāo）不知数：（弹完）一首曲子，（所得的）红绡不计其数。绡，精细轻美的丝织品。[46] 钿头银篦：镶嵌着花钿的发篦（bì）。银篦一作"云篦"。击节：打拍子。节，节拍。[47] 血色：红色。翻酒污：泼翻了酒被沾污。[48] 复：又。[49] 等闲：随便。[50] 阿姨：指教坊中管理女乐的女领。[51] 颜色故：容貌衰老。故，旧，老。[52] 老大：同义复指，年纪大了。[53] 重利轻别离：看重财货利益，看轻别离（即轻视感情）。[54] 前月：上个月。浮梁：古县名，唐属饶州。在今江西省景德镇市。[55] 去来：走了以后。来，语气助词，无义。明月，一作"月明"。[56] 梦啼妆泪：梦中啼哭，施过脂粉的脸上带着泪痕。阑干：纵横。形容眼泪纵横流淌的样子。[57] 唧唧：喷叹声。[58] 沦落：沉沦落魄。[59] 谪：贬官。[60] 地僻：地方偏僻。一作"小处"，小地方。[61] 终岁：整年。丝竹声：代指高雅的音乐。[62] 浥城：一作"浥江"。[63] 苦竹：也叫"伞柄竹"，竿可作伞柄，也是造纸原料。其笋味苦，不可食。[64] 其间：黄芦苦竹之间。指住地周围。[65] 杜鹃：鸟名。又称"子规""杜宇"。相传是古代蜀帝杜宇所化。其鸣叫声凄苦。啼血：一作"啼哭"。[66] 独倾：独酌。[67] 岂：疑问代词，难道。[68] 呕哑嘲哳（ōu yā zhāo zā）：拟声词，形容声音嘈杂、单调，少变化。嘲哳，一作"啁哳"。难为听：难以成为好听的音乐。[69] 君：指琵琶女。琵琶语：琵琶声，琵琶所弹奏的乐曲。[70] 暂：暂时。一说忽然、猛然。[71] 莫辞：不要推辞。更

(gēng)：再。［72］翻：按曲改编歌词。［73］良久：许久，长时间。
［74］却坐：退回到原处坐下。却，退。促弦：把弦拧紧。促，紧。［75］
向前声：刚才奏过的曲调。［76］掩泣：掩面而泣。［77］泣下：泪落。
［78］司马：官名。西周始设。早期位高权重。到隋唐时地位大大下降，
是州、郡、府的佐史，位在别驾、长史之下。一般用来安排贬斥官员，
徒有虚名而无实权，实际是闲职。青衫：唐朝八品、九品文官的服色。
因白居易此时为江州司马，故着青衫。

**思考题：**

1. 这是一首什么题材的诗歌？说一说本诗的主题。这首诗的体裁有
何特点？

2. 请描述一下诗中的琵琶女。

3. 诗中的音乐描写十分精彩，请说一说这首诗是怎样描写音乐的？

4. "同是天涯沦落人，相逢何必曾相识"一句写人、记事、抒情、
说理精妙绝伦，请说一说妙在何处？

# 赠　别[1]
## 杜　牧[2]

多情却似总无情，唯觉樽前笑不成[3]。蜡烛有心还惜别[4]，替人垂
泪到天明。

**注释：**［1］选自康熙御定《全唐诗》卷五百二十三，国际文化出版
公司 1993 年 1 月第一版。这是其《赠别二首》中的第二首。［2］杜牧
（803—852）：字牧之，京兆万年（今陕西西安）人。出身于豪门世族。
祖父杜佑曾任德宗、顺宗、宪宗三朝宰相。十岁时，祖父去世，父亲官
位低微而且早死，故家道中落。唐文宗太和二年（828）中进士，任弘文
馆校书郎。不久，任江西、宣歙（shè）、淮南等节度使幕僚，以后历任
监察御史、司勋员外郎及黄州、池州、睦州、湖州刺史，终中书舍人。
杜牧秉性刚直，博学多识。对政治、军事都有颇为卓著的见识，曾联系
时事研经读史，注《孙子兵法》。杜牧擅长诗文，力倡"文以意为主"之

论。诗风豪爽清丽，尤工绝句。后人为了区别于李白、杜甫，称杜牧与李商隐为"小李杜"。有《樊川文集》二十卷和《外集》《别集》各一卷。[3] 唯：一本作"但"。樽：酒杯。[4] 惜别：珍重离别。

**思考题：**

1. 这是一首什么题材的诗歌？

2. 说说这首诗的体裁特点。

3. 这首诗是怎样抒写别情的？

# 玉楼春[1]

## 欧阳修[2]

尊前拟把归期说[3]，未语春容先惨咽[4]，人生自是有情痴[5]，此恨不关风与月[6]。离歌且莫翻新阕[7]，一曲能教肠寸结[8]。直须看尽洛城花[9]，始共春风容易别[10]。

**注释：**[1] 选自抱犊山人《宋词一万首》上册第97页，花山文艺出版社1992年10月新1版。玉楼春：唐教坊曲名，后改为词牌名。因五代欧阳炯有"同在木兰花下醉"之句，遂名《木兰花令》。也有《西湖曲》等别名。[2] 欧阳修（1007—1072）：字永叔，号醉翁，晚年又号六一居士，吉州庐陵（今江西吉安市）人。四岁时父亲去世，家道中落，早年在贫寒中度过。欧阳修聪慧好学，母亲用芦秆画地教他识字。宋仁宗天圣八年（1030）登进士第，时年二十四岁。次年到洛阳任西京留守推官。任职三年期间，与钱惟演、苏舜钦等诗酒唱和，遂以文章名天下。宋仁宗景祐元年（1034）召试学士院，授宣德郎，试大理评事兼监察御史，充馆阁校勘。两年后，因支持范仲淹改革，直言为范仲淹辩护，贬夷陵（今湖北宜昌）县令。宋仁宗康定元年（1040）奉诏复职。宋仁宗庆历三年（1043）知谏院，以右正言知制诰，参与范仲淹等推行的新政变革。因守旧势力攻击，出知滁州（今安徽滁县）。后累得升迁，宋仁宗嘉祐二年（1057）以翰林学士知贡举。嘉祐五年（1060）官至枢密副使。嘉祐六年（1061）改任参知政事。宋神宗时，王安石变法，欧阳修上书指陈

"青苗法"之弊，因政见不和，改外任，出知亳州（今安徽亳县）、青州（今山东益都）、蔡州（今河南汝南）等地。宋神宗熙宁四年（1071）以太子太师致仕，居颍州。次年卒，谥文忠。欧阳修是北宋著名的政治家、学者、文学家和孝子。他善于发现人才和提拔后进，宋代的一些大政治家、大散文家、大诗人不少出自他的门下或相从游，如梅尧臣、苏舜钦、苏轼兄弟、王安石、曾巩，等等。曾主编《新唐书》，修编《新五代史》。欧阳修是北宋诗文革新运动的领袖，"唐宋八大家"之一。其诗文杂著合为《欧阳文忠公文集》一百五十三卷，集中有长短句三卷，别出单行称《近体乐府》，又有《醉翁琴趣外篇》六卷。[3] 尊：通"樽"，酒杯。拟：打算。[4] 春容：形容女子美丽的容貌。惨：面容凄凉惨淡。咽：抽泣。[5] 自是：从来就是。情痴：对感情特别执着坚贞的人。[6] 此恨：这种离别之恨。恨，遗憾。这里兼有忧愁、惆怅、幽怨之意。不关风与月：同清风和明月没有关系。风、月，古代常用来代指美景，也用来比喻男女情爱之事。[7] 且莫：暂且不要。这里是"千万不要"的意思。翻新阕：重新唱一遍。翻，通"返"，再，重新。阕，乐曲结束。故一曲也常称为一阕。[8] 寸结：寸寸纠结。结，打结。[9] 直须：语气副词，径须，尽管、应当。洛城：洛阳城。[10] 始共：才能同。始，连词，才。共，介词，同，与。春风：代指女主人公。

**思考题：**

1. 这首词是怎样抒写离愁别恨的？

2. 怎样理解"人生自是有情痴，此恨不关风与月"？

3. 为何说"离歌且莫翻新阕，一曲能教肠寸结"？

# 题西林壁[1]

## 苏　轼

横看成岭侧成峰，远近高低各[2]不同。不识庐山真面目，只缘身在此山中[3]。

**注释：**[1] 选自刘乃昌选注《苏轼选集》，齐鲁书社 1980 年 5 月第 1

版。西林：西林寺，又称乾明寺，在江西庐山上。宋神宗元丰七年（1084）四月，作者自九江往游庐山，写了几首关于庐山的诗。这首诗是题在寺里墙壁上的，最为著名。[2] 各：一作"总"。[3] 缘：因，因为。此山：指庐山。

**思考题：**

1. 说一说这首诗的体裁和题材特点。

2. 这首诗表现了怎样的哲理？对你有何启示？

# 鹊桥仙·七夕[1]

## 秦　观[2]

纤云弄巧[3]，飞星传恨[4]，银汉迢迢暗度[5]。金风玉露一相逢[6]，便胜却人间无数[7]。柔情似水[8]，佳期如梦[9]，忍顾鹊桥归路[10]。两情若是久长时，又岂在朝朝暮暮[11]。

**注释：**[1] 选自清舒梦兰选辑、韩楚原重编、胡山源校订《白香词谱》，世界书局中华民国二十五年七月初版，中华民国三十年五月新三版。鹊桥仙：词牌名。清王奕清、陈廷敬等《词谱》卷十二《鹊桥仙》说"此调有两体：五十六字者始自欧阳修。因词中有'鹊迎桥路接天津'句，取为调名。……八十八字者始自柳永"。此调专咏牛郎织女七夕相会故事。又名《金风玉露相逢曲》《广寒秋》等。双调，五十六字体和八十八字体均为仄韵。七夕：农历七月初七日。传说牛郎织女在这一天相会于由喜鹊搭成桥梁的天河之上。这里是题目。[2] 秦观（1049—1100）：字少游，一字太虚，号淮海居士，扬州高邮（今属江苏）人。年轻时在徐州拜见苏轼，苏轼认为秦观有屈原、宋玉之才，于是得列门墙，与黄庭坚、晁补之、张耒并称为苏门四学士。宋神宗元丰八年（1085）进士，授蔡州教授。宋哲宗元祐初年，司马光相国，经苏轼推举，历任太学博士、秘书省正字、国史院编修官。绍圣元年（1094），哲宗亲政，起用新党，章惇为相，复行新法。秦观因被视为司马光、苏轼同党，出为杭州通判，不久又远徙郴州（今湖南郴县）、雷州（今广东海康）等地。宋徽宗即位，诏许放还，死于道中。秦观诗、文兼擅，但词名更著。词集有《淮海居士长短句》（即《淮海词》）。[3] 纤云：轻云。纤，细。这里是"轻"的意思。弄巧：指云彩在空中幻化成各种巧妙的形状。一说这句写织女劳动的情形。传说织女精于纺织，能将天上的云织成锦缎。[4] 飞星：流星。一说指牵牛、织女二星。传：传递，传达。恨：遗憾和怨恨。[5] 银汉：银河。迢迢：遥远的样子。暗度：悄悄渡过。度，同"渡"。[6] 金风玉露：秋风白露。金风，因秋在五行中属金，故称秋风为金风，在古代诗文中常见。玉露，晶莹如玉的露珠，指秋露。梁萧统《七月启》："金风晓振，偏伤征客之心；玉露夜凝，真法仙人之掌。"唐太宗《秋日诗》："菊散金风起，荷疏玉露圆。"李商隐《辛未七夕》："由来碧落银河畔，可要金风玉露时。""金风玉露"均是诗意美化的写法。[7] 胜却：胜过，超过。人间无数：指人世间普通男女的聚合。[8] 柔情似水：指牛郎织女的柔婉深情像天河之水一样。[9] 佳期：美好的日期，指七夕。[10] 忍顾：不忍心回头看。忍，不忍、怎忍的省略说法。鹊桥：韩鄂《岁华纪丽·七夕》"鹊桥已成"注引《风俗通》："织女七夕当渡河，使鹊为桥。"这是关于牛郎织女鹊桥相会故事的最早出处。隋唐以后，七夕鹊桥相会便成为广泛传说。[11] 岂：疑问代词，何，怎，哪。朝朝暮暮：日日夜夜。指朝夕相聚。语出宋玉《高唐赋》："妾在巫山之阳，高丘之阻。旦为朝云，暮为行雨。朝朝暮暮，阳台之下。"

**思考题：**

1. 这首词描绘了怎样的情景？

2. 作者借这首词表达了怎样的情怀？

3. 请说一说你对"金风玉露一相逢，便胜却人间无数"和"两情若是久长时，又岂在朝朝暮暮"的理解。

# 迈陂塘[1]

## 元好问[2]

太和五年乙丑岁[3]，赴试并州[4]，道逢捕雁者云："今日获一雁[5]，杀之矣，其脱网者悲鸣不能去，竟自投于地而死[6]。"余因买得之[7]，葬之汾水之上<sup>[8]</sup>，累石为识<sup>[9]</sup>，号曰雁丘，并作雁丘词。

　　问世间情是何物<sup>[10]</sup>，直教生死相许<sup>[11]</sup>？天南地北双飞客<sup>[12]</sup>，老翅几回寒暑<sup>[13]</sup>。欢乐趣<sup>[14]</sup>，离别苦<sup>[15]</sup>，就中更有痴儿女<sup>[16]</sup>。君应有语<sup>[17]</sup>：渺万里层云<sup>[18]</sup>，千山暮雪，只影向谁去<sup>[19]</sup>？横汾路<sup>[20]</sup>，寂寞当年箫鼓<sup>[21]</sup>，荒烟依旧平楚<sup>[22]</sup>。招魂楚些何嗟及<sup>[23]</sup>，山鬼暗啼风雨<sup>[24]</sup>。天也妒，未信与，莺儿燕子俱黄土<sup>[25]</sup>。千秋万古，为留待骚人<sup>[26]</sup>，狂歌痛饮，来访雁丘处<sup>[27]</sup>。

　　**注释：**[1] 选自清朱彝尊、汪森编，李庆甲校点《词综》下，上海古籍出版社 1978 年 12 月第 1 版。迈陂塘：词牌名。又名《买陂塘》《陂塘柳》《摸鱼儿》《摸鱼子》。双调，一百一十六字，仄韵。[2] 元好问（1190—1257）：字裕之，号遗山，太原秀容（今山西忻县）人。祖系出自北魏拓跋氏，父元德明。七岁能诗。师从郝天挺，六年而业成。下太行，渡黄河，为赋箕山、琴台之诗。赵秉文以为近世所无，名震京师。金宣宗兴定五年（1221）进士，官至尚书省左司员外郎。金亡不仕，以故国文献自任，著述甚丰。又辑《中州集》《中州乐府》，金人诗词多赖以传，其诗多慷慨悲凉之作。词亦逼近苏、辛，为世所重。有《遗山集》四十卷。[3] 太和五年乙丑岁：即公元 1205 年。太和，金章宗（完颜璟）年号。乙丑岁，乙丑年。古代以干支纪年，金章宗太和五年属乙丑年。[4] 并州：古州名。唐宋时相当于今山西阳曲以南、文水以北的汾水中游地区。[5] 雁：鸟纲，鸭科，雁亚科各种类的统称。属于大型游禽。在中国，每年春分后飞往北方，秋分后飞往南方。据说雌雄配合后即厮守终生。[6] 竟：竟然，最终。[7] 余：我。因：因而，于是。[8] 汾水：即汾河。黄河第二大支流。源出宁武县管涔山，经太原南流到新绛县折而向西，在河津县西入黄河。全长 716 公里。[9] 累石为识（zhì）：堆积石块作为标记。识（zhì），通"帜"，标志，记号。[10] 问世间：一作"问人间"，一作"恨人间"。[11] 生死相许：立下誓言，生死相从。[12] 双飞客：指那对殉情的大雁。[13] 老翅几回寒暑：苍老的翅膀经历了多少岁月。老翅，喻指这对雁夫妇已双飞多年。几回：多少次。寒暑，冬夏。这里代指岁月、年头。[14] 欢乐趣：欢聚时的乐趣。[15] 离别苦：离别时的痛苦。[16] 就中：宋元时期口语，个中，其中。痴儿女：痴情男女。[17] 君：指殉情的大雁。应有语：应该有这样的话。[18] 渺：遥远迷茫的样子。[19] 只影：孤单的身影。[20] 横汾路：横渡汾水的路上。[21] 寂寞当年箫鼓："当年箫鼓寂寞"的倒置句，为了押韵而使用了倒文。寂寞，沉寂。箫鼓，音乐歌舞，代指繁华。汉武帝《秋风辞》："箫鼓鸣兮发棹歌，欢乐极兮哀情多。"[22] 荒烟：荒野的烟岚。平楚：平齐的荆棘林。因为楚林莽莽，连绵不断，从高处望去，显得平坦整齐。平，齐。楚，灌木名，即牡荆，丛生。[23] 招魂楚些何嗟及：《招魂》虽然凄楚但怎能比得上这对殉情大雁的事情让人感慨。招魂，《楚辞》篇名。王逸认为是宋玉"怜哀屈原忠而斥弃，愁懑山泽，魂魄放佚，厥命将落，故作《招魂》"。明代以后有学者认为是屈原所作。所招之魂，有人认为是楚怀王之魂，也有人认为是屈原自招其魂。楚，痛苦。些，调节语气的衬字，无实在意义。何，疑问代词，岂，怎么，哪里。嗟，感叹，嗟叹。及，比得上，赶得上。"招魂楚些"也可解作"楚招魂些"的倒文，即"《楚辞》的《招魂》等"。些，词尾，《招魂》中几乎句句都以"些"为词尾。[24] 山鬼暗啼风雨：化用《楚辞·九歌·山鬼》中："香冥冥兮羌昼晦，东风飘兮神灵雨"句。这里是双关语，一方面指大雁殉情的故事像《楚辞·九歌》中的《山鬼》一样充满了离忧哀怨之情；另一方面指这对殉情的大雁让山鬼在风雨之中为它们悲伤哀泣。山鬼，双关语。既指《楚辞·九歌》中的《山鬼》，也指山中之鬼魂。[25] 未信：不相信。俱黄土：都成为黄土。[26] 骚人：诗人。[27] 雁丘处：埋葬殉情大雁的地方。

**思考题：**

1. 这首词的主旨是什么？

2. 这首词表情达意的手段都有哪些？

3. 说说你对"问世间情是何物，直教生死相许"的理解。

# 水龙吟[1]·过南剑双溪楼[2]

## 辛弃疾[3]

举头西北浮云[4]，倚天万里须长剑[5]。人言此地，夜深长见，斗牛光焰[6]。我觉山高，潭空水冷，月明星淡。待燃犀下看，凭栏却怕，风雷怒，鱼龙惨[7]。峡束苍江对起[8]，过危楼欲飞还敛[9]。元龙老矣，不妨高卧[10]，冰壶凉簟[11]。千古兴亡，百年悲笑[12]，一时登览。问何人又卸片帆沙岸，系斜阳缆？

注释：[1]选自清朱彝尊、汪森编，李庆甲校点《词综》上，上海古籍出版社 1978 年 12 月第 1 版。水龙吟：词牌名。又名《小楼连苑》《水龙曲》等。双调，一百零二字，仄韵。[2]过南礛（jiàn）双溪楼：题目名。本词写于作者 52 岁任职福建提刑期间。过（guō），访。这里是"游览"的意思。南礛，一作"南剑"，南剑州的省称，即今福建南平县。双溪楼，即剑溪上的双溪阁。双溪，指剑溪和樵川。[3]辛弃疾（1140—1207）：原字坦夫，改字幼安，号稼轩，历城（今山东省济南）人。出身于仕宦家庭。他出生时，家乡已被金人占领十二年。祖父辛赞的民族意识和爱国教育对他影响巨大。宋高宗绍兴三十一年（1161），年仅 22 岁的辛弃疾组织了一支二千多人的队伍，参加了耿京领导的山东农民抗金起义军，掌书记。次年，受耿京委派，南下临安联系朝廷，得授右承务郎。返回途中，得知耿京被叛徒张安国杀害，兼程北上，约集起义军首领王世隆、马全福等人，率领五十名骑兵突入五万金军大营，活捉了张安国，并策动耿京旧部近万人反正，一路押解张安国到临安，交给朝廷，审明罪状后正法。这次壮举震动了大江南北。自 23 岁渡江南下到 42 岁被免职，先后出任过江阴签判、建康通判、滁州知州、江西提点刑狱、湖北与湖南转运副使等职。但因极力主张抗金，始终得不到朝廷的信任。从 42 岁到 64 岁期间，除在 52 岁那年一度出任福建提刑外，在江西上饶、铅山闲居了将近二十年。64 岁时起用为绍兴知府兼浙江东路安抚使，次年调任镇江知府。后因主张抗金又被免职回家。68 岁病逝于铅山。辛弃疾是中国历史上杰出的豪放派词人和爱国志士，与苏轼齐名，号称"苏辛"，与李清照一起并称"济南二安"。辛弃疾词作丰富，今存六百余首。有《稼轩长短句》。[4]西北：代指被金人占领的故土。[5]倚天：极言剑之长。宋玉·《大言赋》有"长剑耿耿倚天外"句。[6]斗牛光焰：典出《晋书卷三十六·张华传》："初，吴之未灭也，斗牛之间常有紫气，道术者皆以吴方强盛，未可图也，惟华以为不然。及吴平之后，紫气愈明。华闻豫章人雷焕妙达纬象，乃要焕宿，屏人曰：'可共寻天文，知将来吉凶。'因登楼仰观。焕曰：'仆察之久矣，惟斗牛之间颇有异气。'华曰：'是何祥也？'焕曰：'宝剑之精，上彻于天耳。'华曰：'君言得之。吾少时有相者言，吾年出六十，位登三事，当得宝剑佩之。斯言岂效与！'因问曰：'在何郡？'焕曰：'在豫章丰城。'华曰：'欲屈君为宰，密共寻之，可乎？'焕许之。华大喜，即补焕为丰城令。焕到县，掘狱屋基，入地四丈余，得一石函，光气非常，中有双剑，并刻题，一曰龙泉，一曰太阿。其夕，斗牛间气不复见焉。焕以南昌西山北岩下土以拭剑，光芒艳发。大盆盛水，置剑其上，视之者精芒炫目。遣使送一剑并土与华，留一自佩。或谓焕曰：'得两送一，张公岂可欺乎？'焕曰：'本朝将乱，张公当受其祸。此剑当系徐君墓树耳。灵异之物，终当化去，不永为人服也。'华得剑，宝爱之，常置坐侧。华以南昌土不如华阴赤土，报焕书曰：'详观剑文，乃干将也，莫邪何复不至？虽然，天生神物，终当合耳。'因以华阴土一斤致焕。焕更以拭剑，倍益精明。华诛，失剑所在。焕卒，子华为州从事，持剑行经延平津（即剑溪），剑忽于腰间跃出堕水。使人没水取之，不见剑，但见两龙各长数丈，蟠萦有文章，没者惧而反。须臾光彩照水，波浪惊沸，于是失剑。华叹曰：'先君化去之言，张公终合之论，此其验乎！'"辛弃疾借用这个典故暗喻江南意图收复失土的英雄义士们，同时暗批朝廷偏安江南。斗，南斗，星宿名。牛，牵牛，星宿名。[7] 燃犀下看：典出《晋书卷六十七·温峤传》："朝议将留辅政，峤以导先帝所任，固辞还藩。复以京邑荒残，资用不给，峤借资蓄，具器用，而后旋于武昌。至牛渚矶，水深不可测，世云其下多怪物，峤遂毁犀角而照之。须臾，见水族覆火，奇形异状，或乘马车着赤衣者。峤其夜梦人谓己曰：'与君幽明道别，何意相照也？'意甚恶之。峤先有齿疾，至是拔之，因中风，至镇未旬而卒，时年四十二。"后人遂多用"燃犀"指照妖，或用"犀照牛渚""犀燃烛照"等来比喻洞察幽微。风雷怒，鱼龙惨：明写担心风雷震怒使鱼龙惨遭殃及，暗写追求收复故土的主战派的处境恶劣，备受打击。"待燃犀下看"句既暗寓了作者希望像温峤那样匡扶国家、建功立业，也抒发了壮志难酬的忧愤。燃犀所照之妖则暗指朝中反对抗金、妥协投降派。[8] 束：约束。苍江：这里指剑溪。对起：相对耸起。[9] 过：访。危楼：高楼。[10] 元龙老矣，不妨高卧：《三国志·吕布传》："陈登者，字元龙，在广陵有威名。又掎角吕布有功，加伏波将军，年三十九卒。后许汜与刘备并在荆州牧刘表坐，表与备共论天下人，汜曰：'陈元龙湖海之士，豪气不除。'备谓表曰：'许君论是非？'表曰：'欲言非，此君为善士，不宜虚言；欲言是，元龙名重天下。'备问汜：'君言豪，宁有事邪？'汜曰：'昔遭乱过下邳，见元龙。元龙无客主之意，久不相与语，自上大床卧，使客卧下床。'备曰：'君有国士之名，今天下大乱，帝主失所，望君忧国忘家，有救世之意，而君求田问舍，言无可采，是元龙所讳也，何缘当与君语？如小人，欲卧百尺楼上，卧君于地，何但上下床之间邪？'表大笑。备因言曰：'若元龙文武胆志，当求之于古耳，造次难得比也。"辛弃疾借用这个典故，一方面以陈元龙自比，抒发"忧国忘家"的"救世之意"；另一方面又暗以许汜比斥当时的主政者均为"求田问舍"之徒。［11］簟（diàn）：供坐卧用的竹席。［12］百年：代指一生。

**思考题：**

1. 这首词表达了作者怎样的思想情怀？
2. 说说这首词的写作特点。

# 雨　巷[1]

## 戴望舒[2]

　　撑着油纸伞，独自彷徨在悠长、悠长又寂寥的雨巷，我希望逢着一个丁香一样的结着愁怨的姑娘。她是有丁香一样的颜色，丁香一样的芬芳，丁香一样的忧愁，在雨中哀怨，哀怨又彷徨；她彷徨在这寂寥的雨巷，撑着油纸伞，像我一样，像我一样地默默彳亍[3]着，冷漠，凄清，又惆怅。她静默地走近、走近，又投出太息一般的眼光，她飘过，像梦一般地、像梦一般地凄婉迷茫。像梦中飘过，一支丁香地，我身旁飘过这女郎；她静默地远了，远了，到了颓圮[4]的篱墙，走尽这雨巷。在雨的哀曲里，消了她的颜色，散了她的芬芳，消散了，甚至她的太息般的眼光，她丁香般的惆怅。撑着油纸伞，独自彷徨在悠长、悠长又寂寥的雨巷，我希望飘过一个丁香一样的结着愁怨的姑娘。

注释：［1］本诗转引自曹万生、靳彤编著《中国现当代诗歌精选》，云南出版集团公司、云南教育出版社 2009 年 12 月第 1 版。版式和标点符号有改动。［2］戴望舒（1905—1950）：原名戴朝安，又名戴梦鸥，笔名望舒等。浙江杭县（今杭州市余杭区）人。中国现代派象征主义诗歌的代表人物之一，诗歌创作上有唯美主义倾向。有"雨巷诗人"之称。诗集有《我的记忆》（1929）、《望舒草》（1933）、《望舒诗稿》（1937）、《灾难的岁月》（1937）等。［3］彳亍（chì chù）：小步，走走停停。［4］颓圮（tuí pǐ）：衰败、坍塌。

**思考题：**

1. 这首诗抒发了怎样的情感？表现了怎样的情调？
2. 诗中的姑娘象征着什么？为什么是"丁香一样的"？
3. 说说这首诗的抒情特点。

# 日子是什么[1]

## 梅绍静[2]

日子是散落着泥土的小蒜和野葱儿，是一根蘸着水搓好的麻绳。日子是四千个沉寂的黑夜，是驴驮上木桶中撞击的水声。日子是雨天吱吱响着的杨木门轴，忽明忽暗地转动着我疲惫的梦境。日子是含在嘴里止渴的青杏儿，是山塬上烈日下背麦人的剪影。日子是那密密的像把伞似的树荫，正从我酸痛的胳膊上爬向地垄。日子是储存着清甜思绪的水罐儿，正倒出汗水和泪水来哽塞我的喉咙。

注释：［1］选自 http：//blog. sina. com. cn/s/blog_659da6780100 hqoy. html——太行风《新诗经典三百首》。 ［2］梅绍静（1948—  ）：女，四川广安人。中共党员。1969 年赴延安地区宜川壶口公社插队务农，后历任延安无线电厂工人，陕西师范大学中文系学员，延安地区文艺创作室专业作家，延安地区作家协会副主席、《延安文学》副主编。鲁迅文学院学员，秦皇岛石油公司宣传科科员，廊坊《中国石油画报》编辑，

《诗刊》编辑、副编审，文学创作二级。1972 年开始发表作品。1985 年加入中国作家协会。1988 年毕业于北京大学中文系。著有诗集《兰岭子》《唢呐声声》《女娲的天空》《莫望落叶风天》，散文集《月露之台》《根》《内心的丘陵》等。《她就是那个梅》获全国第三届优秀新诗集奖，《唢呐声声》获 1984 年陕西省文联开拓奖。

**思考题：**

1. 这首诗表现了怎样的思想情感？

2. 这首诗有何特点？作者用了哪些意象来表现日子的？

※※※※※※※※※※※※※※※※※※※※※※※※※※※※※

# 项目二　散文阅读

※※※※※※※※※※※※※※※※※※※※※※※※※※※※※

**教学目标**

本项目是以散文为阅读对象，以培养和训练学生阅读能力为重点的教学项目。教学目标主要包括：（一）培养学生从书面语言材料获取信息的能力；（二）在自主或合作获取书面语言及其他知识信息的基础上，培养和提升学生对散文的理解能力以及分析问题、解决问题的能力；（三）增加学生的知识积累，培养和提升学生的思想、道德、情感、审美等综合素质；（四）强化学生对各类散文文体知识以及散文写作艺术的理解与把握。

**教学提示**

本项目所选择的课文既有文言散文也有白话散文，既有中国古今散文作品也有外国散文作品，内容较为丰富。教学中不必面面俱到，可以根据课文的特点和学生实际，有所选择、有所侧重地安排教学。比如，有的课文可重点从思想或道德或情感或审美或社会或知识的角度入手，有的则可从语言或艺术形式等方面入手。如课上教学时数不足，可选择其中的部分篇章重点学习和训练。

**基础知识**

散文是相对韵文、骈文而言的文章体式。广义散文是指诗、词、曲以及骈偶文以外以自由句式或散体语言写成的文章，包括经、史、传、论、书、表、跋、文赋、笔记、小说以及戏剧的道白，等等。狭义散文一般不包括小说。

古代散文，按照不同的划分标准可以有不同的分类。在这里，我们可以把诸子散文（历代学者或思想家、教育家等撰写的思想著作）、政论散文统称为哲理散文；把包括正史和野史在内的历史著作称为史传散文或历史散文；把人际交往中的书信、政务活动中的奏章、书表，朝廷的敕、令、诏、诰等统称为书诰散文；把社会活动中的著作序、跋，楼台馆舍宫观庙宇陵墓碑石的题、记等统称为题跋散文；把历代文人所记录的风土人情、趣闻逸事等文章和生活随笔等统称为杂记散文或笔记散文；把记录山川地理游历见闻以及游历感受的文章统称为游记散文或记游散文。赋（包括偏于散文的文赋和偏于骈文的骈赋或称律赋）和骈文（全篇以双句即俪句或称偶句为主，讲究对仗和声律）在古代原本是独立的文体，为方便，现当代也常把它们归入散文范畴之内。

现代散文是指与诗歌、小说、戏剧并称的一种文学体裁，通常分为抒情性散文、叙事性散文、议论性散文、说明性散文等。按其内容和形式的不同，也可分为杂文、小品、随笔和报告文学等。

※※※※※※※※※※※※※※※※※※※※※※※※※※※※※

# 齐桓公问管仲相[1]

管仲有疾，桓公往问之曰："仲父[2]之疾病矣，将何以[3]教寡人？"管仲曰："齐鄙人有谚曰：'居者无载，行者无埋[4]。'今臣将有远行，胡可以问？"桓公曰："愿仲父之无让也。"管仲对曰："愿君之远易牙[5]、竖刀[6]、常之巫[7]、卫公子启方[8]。"公曰："易牙烹其子[9]以慊[10]寡人，犹尚可疑邪？"管仲对曰："人之情，非不爱其子也。其子之忍[11]，又将何有于君[12]？"公又曰："竖刀自宫以近寡人，犹尚可疑邪？"管仲对曰："人之情，非不爱其身也。其身之忍，又将何有于君？"公又曰："常之巫审于死生[13]，能去苛病[14]，犹尚可疑邪？"管仲对曰："死生，命也。苟病，失[15]也。君不任其命、守其本，而恃常之巫，彼将以此无不为也[16]。"公又曰："卫公子启方事寡人十五年矣，其父死而不敢归哭[17]，犹尚可疑邪？"管仲对曰："人之情，非不爱其父也。其父之忍，又将何有于君？"公曰："诺。"管仲死，尽逐之。食不甘，宫不治，苛病起，朝不肃。居三年。公曰："仲父不亦过乎！孰谓仲父尽[18]之乎！"于是皆复召而反[19]。明年，公有病，常之巫从中出曰："公将以某日薨[20]。"易牙、竖刀、常之巫相与作乱，塞宫门，筑高墙，不通人，矫以公令。有一妇人踰垣[21]入，至公所。公曰："我欲食。"妇人曰："吾无所得。"公又曰："我欲饮。"妇人曰："吾无所得。"公曰："何故？"对曰："常之巫从中出：'公将以某日薨。'易牙、竖刀、常之巫相与作乱，塞宫门，筑高墙，不通人，故无所得。卫公子启方以书社四十下卫[22]。"公慨焉叹，涕出，曰："嗟乎！圣人之所见，岂不远哉！若死者有知，我将何面目以见仲父乎？"蒙衣袂[23]而绝乎寿宫。虫流出于户[24]，上盖以杨门之扇，三月不葬。此不卒听管仲之言也。

**注释：**[1] 节选自《诸子集成·吕氏春秋·先识览第四·观世》，上海书店出版社1986年7月第1版。题目为编者所加。齐桓公：春秋前期齐国国君。姜姓，名小白。公元前685—前643年在位。在位期间，任用管仲为相，力行改革，使国家富强。外交上则打着"尊王攘夷"的旗帜，九合诸侯，一匡天下，成为春秋首霸。管仲：春秋时期杰出政治家。又称管敬仲，字仲，名夷吾。颍上（颍水之滨）人。生年不详，卒于公元前645年。最初辅佐齐公子纠，后经好友齐国大夫鲍叔牙举荐，被齐桓公任为相国，在相位43年。任相期间，积极改革，励精图治，使齐国空前强盛，使齐桓公成为春秋五霸之首。[2] 仲父：齐桓公对管仲的敬称。仲，兄弟排行中的第二位。[3] 何以："以何"的倒置用法，用什么。[4] 居者无载，行者无埋：喜欢安居的人就不要把他载在车中，还能够行动的人就不能埋葬他。这句话一方面暗示择相之事是很明了的事情，用不着问；另一方面也表现了管仲对齐桓公在自己尚在时就考虑安排后事感到心存忌讳。[5] 易牙：一作狄牙，名巫，又称雍巫。擅长烹饪，喜欢逢迎。受到齐桓公爱姬卫共姬的宠爱，并因宦官竖刀引荐，得宠于齐桓公。[6] 竖刀：一作竖刁、竖貂，为了亲近齐桓公，自宫为宦者，成为齐桓公宠幸的内臣。[7] 常之巫：一作常巫，常山人，著名巫师，深得齐桓公宠信。[8] 启方：一作开方，卫国公子，即卫懿公之子。委身于齐桓公，深得齐桓公信任。[9] 易牙烹其子：易牙为了讨好齐桓公，把自己的儿子杀死并烹制成菜肴献给齐桓公。[10] 慊（qiè）：快意，满足。[11] 忍：残忍。[12] 又将何有于君：对于您又将会有怎样（对待）呢？[13] 审于死生：对于生死能够察知。[14] 苛病：鬼魅之类的病。[15] 失：《吕氏春秋》高诱注："精神失其守，魍魉鬼物乘以下人，故曰失。"[16] 以此无不为：因此没有不做的事情了。以，介词，因，因为。[17] 其父死而不敢归哭：卫公子启方（开方）在齐侍奉齐桓公期间，其父卫懿公薨，启方也未归国奔丧守孝。[18] 尽：完全（正确）。[19] 反：同"返"。[20] 薨：《礼记·曲礼下》："天子死曰崩，诸侯曰薨。"[21] 踰垣：翻墙，越过矮墙。垣，矮墙。[22] 以书社四十下卫：率领户籍上四十社的人口投降了卫国。以，动词，率领。书，户籍簿。社，二十五户为一社，四十社共千户。下，方位名词用为动词，这里是投降之意。[23] 袂（mèi）：衣袖。[24] 虫流出于户：《史记·齐太公世家第二》载："桓公病，五公子各树党争立。及桓公卒，遂相攻，以故宫中空，莫敢棺。桓公尸床上六十七日，尸虫出于户。"虫，蛆虫。

**思考题：**

1. 文中涉及的人物都是什么人？有何特点？
2. 齐桓公为什么没有听从管仲的建言，结果如何？
3. 这则史事给你哪些启示？

# 张中丞传后叙[1]

## 韩 愈[2]

元和二年四月十三日夜[3]，愈与吴郡张籍阅家中旧书，得李翰所为《张巡传》[4]。翰以文章自名[5]，为此传颇详密。然尚恨有阙者：不为许远立传[6]，又不载雷万春事首尾[7]。

远虽材若不及巡者，开门纳巡[8]，位本在巡上，授之柄而处其下[9]，无所疑忌，竟与巡俱守死，成功名，城陷而虏，与巡死先后异耳[10]。两家子弟材智下[11]，不能通知二父志[12]，以为巡死而远就虏，疑畏死而辞服于贼。远诚畏死，何苦守尺寸之地，食其所爱之肉[13]，以与贼抗而不降乎？当其围守时，外无蚍蜉蚁子之援[14]，所欲忠者，国与主耳，而贼语以国亡主灭[15]。远见救援不至，而贼来益众，必以其言为信；外无待而犹死守[16]，人相食且尽，虽愚人亦能数日而知死处矣。远之不畏死亦明矣！乌有城坏其徒俱死，独蒙愧耻求活？虽至愚者不忍为，呜呼！而谓远之贤而为之耶？

说者又谓远与巡分城而守，城之陷，自远所分始[17]。以此诟远，此又与儿童之见无异。人之将死，其藏腑必有先受其病者；引绳而绝之，其绝必有处。观者见其然，从而尤之，其亦不达于理矣！小人之好议论，不乐成人之美，如是哉！如巡、远之所成就，如此卓卓，犹不得免，其他则又何说！

当二公之初守也，宁能知人之卒不救，弃城而逆遁？苟此不能守，虽避之他处何益？及其无救而且穷也，将其创残饿羸之余[18]，虽欲去，必不达。二公之贤，其讲之精矣[19]！守一城，捍天下，以千百就尽之卒，战百万日滋之师，蔽遮江淮，沮遏其势[20]，天下之不亡，其谁之功也！当是时，弃城而图存者，不可一二数；擅强兵坐而观者，相环也。不追议此，而责二公以死守，亦见其自比于逆乱，设淫辞而助之攻也。

愈尝从事于汴徐二府[21]，屡道于两府间，亲祭于其所谓双庙者[22]。其老人往往说巡、远时事云：南霁云之乞救于贺兰也[23]，贺兰嫉巡、远之声威功绩出己上，不肯出师救；爱霁云之勇且壮，不听其语，强留之，具食与乐，延霁云坐。霁云慷慨语曰："云来时，睢阳之人，不食月余日矣！云虽欲独食，义不忍；虽食，且不下咽！"因拔所佩刀，断一指，血淋漓，以示贺兰。一座大惊，皆感激为云泣下。云知贺兰终无为云出师意，即驰去；将出城，抽矢射佛寺浮图，矢着其上砖半箭，曰："吾归破贼，必灭贺兰！此矢所以志也。"愈贞元中过泗州[24]，船上人犹指以相语。城陷，贼以刃胁降巡，巡不屈，即牵去，将斩之；又降霁云，云未应。巡呼云曰："南八[25]，男儿死耳，不可为不义屈！"云笑曰："欲将以有为也；公有言，云敢不死！"即不屈。

张籍曰："有于嵩者，少依于巡；及巡起事，嵩常在围中[26]。籍大历中于和州乌江县见嵩[27]，嵩时年六十余矣。以巡初尝得临涣县尉[28]，好学，无所不读。籍时尚小，粗问巡、远事，不能细也。云：巡长七尺余，须髯若神。尝见嵩读《汉书》，谓嵩曰：'何为久读此？'嵩曰：'未熟也。'巡曰：'吾于书读不过三遍，终身不忘也。'因诵嵩所读书，尽卷不错一字。嵩惊，以为巡偶熟此卷，因乱抽他帙以试[29]，无不尽然。嵩又取架上诸书试以问巡，巡应口诵无疑。嵩从巡久，亦不见巡常读书也。为文章，操纸笔立书，未尝起草。初守睢阳时，士卒仅万人[30]，城中居人户，亦且数万，巡因一见问姓名，其后无不识者。巡怒，须髯辄张。及城陷，贼缚巡等数十人坐，且将戮。巡起旋，其众见巡起，或起或泣。巡曰：'汝勿怖！死，命也。'众泣不能仰视。巡就戮时，颜色不乱，阳阳如平常。远宽厚长者，貌如其心；与巡同年生，月日后于巡，呼巡为兄，死时年四十九。"嵩贞元初死于亳、宋间[31]。或传嵩有田在亳、宋间，武人夺而有之，嵩将诣州讼理，为所杀。嵩无子。张籍云。

**注释：**[1] 选自郭预衡主编《唐宋八大家文集·韩愈文》，人民日报出版社 1997 年 3 月版。标点符号和段落划分有改动。[2] 韩愈（768—825）：字退之，河内河阳（今河南孟县）人，自称郡望为昌黎（今属河北），故世称韩昌黎。唐代著名的政治家、文学家。[3] 元和二年：公元807 年。元和，唐宪宗李纯的年号。[4] 张籍（约 767—约 830）：字文昌，吴郡（治所在今江苏省苏州市）人，唐代著名诗人，韩愈学生。李翰：字子羽，赵州赞皇（今河北省元氏县）人，官至翰林学士。与张巡友善，客居睢阳时，曾亲见张巡战守事迹。张巡死后，有人诬其降贼，因撰《张巡传》上肃宗，并有《进张中丞传表》（见《全唐文》卷四三）。[5] 以文章自名：《旧唐书·文苑传》载，李翰"为文精密，用思苦涩"。自名，自许。[6] 许远（709—757）：字令威，杭州盐官（今浙江省海宁县）人。安史之乱时，任睢阳太守，后与张巡合守孤城，城陷被掳往洛阳，至偃师被害。事见两唐书本传。[7] 雷万春：张巡部下勇将。[8] 开门纳巡：757 年（唐肃宗至德二年）正月，叛军安庆绪部将尹子奇带兵十三万围睢阳，许远向张巡告急，张巡自宁陵率军入睢阳城（见《资治通鉴》卷二一九）。[9] 柄：权柄。这里指权力。[10] 城陷而虏二句：此年十月，睢阳陷落，张巡、许远被俘。张巡与部将被斩，许远被送往洛阳邀功。[11] 两家句：据《新唐书·许远传》载，安史之乱平定后，大历年间（766—779），张巡之子张去疾轻信小人挑拨，上书唐代宗，说城破后张巡等被害，唯许远独存，是屈降叛军，请追夺许远官爵。诏令张去疾与许远之子许岘及百官议此事。两家子弟即指张去疾、许岘。[12] 通知：通晓，完全明白。[13] 食其句：尹子奇围睢阳时，城中粮尽，军民以雀鼠为食，最后只得以妇女与老弱男子充饥。当时，张巡曾杀爱妾、许远曾杀奴仆以充军粮。[14] 蚍蜉（pí fú）：黑色大蚁。蚁子：幼蚁。[15] 国亡主灭：安史之乱时，长安、洛阳陷落，玄宗逃往西蜀，唐室岌岌可危。[16] 外无待：睢阳被围后，河南节度使贺兰进明等皆拥兵观望，不来相救。[17] 说者句：张巡和许远分兵守城，张巡守东北，许远守西南。城破时叛军先从西南处攻入，故有此说。[18] 羸（léi）：瘦弱。[19] 二公二句：指两人的功绩前人已有精当的评价。此指李翰《进张中丞传表》所说："巡退军睢阳，扼其咽领，前后拒守，自春徂冬，大战数十，小战数百，以少击众，以弱击强，出奇无穷，制胜如神，杀其凶丑九十余万。贼所以不敢越睢阳而取江淮，江淮所以保全者，巡之力也。"[20] 沮（zǔ）遏：阻止。沮，通"阻"。[21] 愈尝句：韩愈曾先后在汴州（治所在今河南省开封市）、徐州（治所在今江苏省徐州市）任推官之职。唐代称幕僚为从事。[22] 双庙：张巡、许远死后，后人在睢阳立庙祭祀，称为双庙。[23] 南霁云（？—757）：魏州顿丘（今河南省清丰县西南）人。安禄山反叛，被遣至睢阳与张巡议事，为张巡所感，遂留为部将。贺兰：复姓，指贺兰进明。时为御史大夫、河南节度使，驻守临淮一带。[24] 贞元：唐德宗李适年号（785—805）。泗州：唐代属河南道，州治在临淮（今江苏省泗洪县东南），当年贺兰进明屯兵于此。[25] 南八：南霁云排行第八，故称。[26] 常：通"尝"，曾经。[27] 大历：唐代宗李豫年号（766—779）。和州乌江县：在今安徽省和县东北。[28] 以巡句：张巡死后，朝廷封赏他的亲戚、部下，于嵩因此得官。临涣：故城在今安徽省宿县西南。[29] 帙（zhì）：书套，也指书本。[30] 仅：通"近"。[31] 亳（bó）：亳州，治所在今安徽省亳县。宋：宋州，治所在睢阳。

**思考题：**

1. 文中体现了张巡与许远什么样的精神？

2. 文中哪一部分在驳斥"张巡、许远不应该死守睢阳"的谬论？

3. 请列举数个与张巡、许远有类似精神气节的历史名人。

4. 韩愈主张"文以载道"。这篇文章是怎样体现他的文学主张的？

# 前赤壁赋<sup>[1]</sup>
## 苏　轼

壬戌之秋<sup>[2]</sup>，七月既望<sup>[3]</sup>，苏子与客泛舟游于赤壁之下。清风徐<sup>[4]</sup>来，水波不兴<sup>[5]</sup>。举酒属<sup>[6]</sup>客，诵明月之诗<sup>[7]</sup>，歌窈窕之章<sup>[8]</sup>。少焉<sup>[9]</sup>，月出于东山之上，徘徊于斗牛<sup>[10]</sup>之间。白露<sup>[11]</sup>横江，水光接天。纵一苇之所如，凌万顷之茫然<sup>[12]</sup>。浩浩乎如冯虚御风<sup>[13]</sup>，而不知其所止；飘飘乎如遗世独立<sup>[14]</sup>，羽化<sup>[15]</sup>而登仙。

于是饮酒乐甚，扣舷<sup>[16]</sup>而歌之。歌曰："桂棹<sup>[17]</sup>兮兰桨，击空明<sup>[18]</sup>兮溯流光。渺渺<sup>[19]</sup>兮予怀，望美人<sup>[20]</sup>兮天一方。"客有吹洞箫者，倚歌<sup>[21]</sup>而和之。其声呜呜然，如怨<sup>[22]</sup>如慕，如泣如诉；余音<sup>[23]</sup>袅袅，不绝如缕<sup>[24]</sup>。舞幽壑<sup>[25]</sup>之潜蛟，泣孤舟之嫠妇<sup>[26]</sup>。

苏子愀然<sup>[27]</sup>，正襟危坐<sup>[28]</sup>，而问客曰："何为其然也<sup>[29]</sup>？"客曰："'月明星稀，乌鹊南飞<sup>[30]</sup>。'此非曹孟德之诗乎？西望夏口<sup>[31]</sup>，东望武昌<sup>[32]</sup>，山川相缪<sup>[33]</sup>，郁<sup>[34]</sup>乎苍苍，此非孟德之困于周郎者乎<sup>[35]</sup>？方其破荆州，下江陵，顺流而东也<sup>[36]</sup>，舳舻<sup>[37]</sup>千里，旌旗蔽空，酾酒<sup>[38]</sup>临江，横槊<sup>[39]</sup>赋诗，固一世之雄也，而今安在哉？况吾与子渔樵于江渚之上，侣<sup>[40]</sup>鱼虾而友麋鹿，驾一叶之扁舟<sup>[41]</sup>，举匏樽<sup>[42]</sup>以相属。寄蜉蝣<sup>[43]</sup>于天地，渺沧海<sup>[44]</sup>之一粟。哀吾生之须臾<sup>[45]</sup>，羡长江之无穷。挟飞仙以遨游，抱明月而长终<sup>[46]</sup>。知不可乎骤<sup>[47]</sup>得，托遗响<sup>[48]</sup>于悲风。"

苏子曰："客亦知夫水与月乎？逝者如斯<sup>[49]</sup>，而未尝往也；盈虚者如彼<sup>[50]</sup>，而卒莫消长也<sup>[51]</sup>。盖将自其变者而观之，则天地曾不能以一瞬<sup>[52]</sup>；自其不变者而观之，则物与我皆无尽也，而又何羡乎？且夫天地之间，物各有主，苟非吾之所有，虽一毫而莫取。惟江上之清风，与山间之明月，耳得之而为声，目遇之而成色，取之无禁，用之不竭。是造物者之无尽藏也<sup>[53]</sup>，而吾与子之所共适<sup>[54]</sup>。"

客喜而笑，洗盏更酌<sup>[55]</sup>。肴核<sup>[56]</sup>既尽，杯盘狼藉<sup>[57]</sup>。相与枕藉<sup>[58]</sup>

乎舟中，不知东方之既白。

　　**注释：**［1］选自郭预衡主编《唐宋八大家文集·苏轼文（上）》，人民日报出版社 1997 年 3 月版。这篇散文是宋神宗元丰五年（1082）苏轼贬谪黄州（今湖北黄冈）时所作。因后来还写过一篇同题的赋，故称此篇为《前赤壁赋》，十月十五日写的那篇为《后赤壁赋》。赤壁：实为黄州赤鼻矶，并不是三国时期赤壁之战的旧址，当地人因音近称之为赤壁，苏轼知道这一点，将错就错，借景以抒发自己的怀抱。［2］壬戌：宋神宗元丰五年，岁次壬戌。［3］既望：农历每月十五日为"望日"，十六日为"既望"。［4］徐：舒缓地。［5］兴：起，作。［6］属（zhǔ）：劝。［7］明月之诗：指《诗经·陈风·月出》，详见下注。一说指下文提到的曹操的《短歌行》。［8］窈窕之章：《月出》诗首章为："月出皎兮，佼人僚兮，舒窈纠兮，劳心悄兮。""窈纠"同"窈窕"。一说指《诗经·周南·关雎》。其中有"窈窕淑女，君子好逑"句。［9］少焉：一会儿。［10］斗牛：星座名，即斗宿（南斗）、牛宿。［11］白露：白茫茫的水气。横江：笼罩江面。［12］此二句意谓：任凭小船在宽广的江面上漂荡。纵：任凭。一苇：像一片苇叶一样的小船。《诗经·卫风·河广》："谁谓河广，一苇杭（航）之。"如：往。凌：越过。万顷：极为宽阔的江面。［13］冯虚御风：乘风腾空而遨游。冯，通"凭"。虚，空。御，驾御。［14］遗世：遗弃尘世。［15］羽化：道教把成仙叫作"羽化"，认为成仙后能够飞升。登仙：登上仙境。［16］扣舷：敲打着船边，指打节拍。［17］桂棹（zhào）、兰桨：用兰、桂香木制成的船桨。［18］空明：月亮倒映水中的澄明之色。溯：逆流而上。流光：在水波上闪动的月光。［19］渺渺：迷茫悠远的样子。［20］美人：比喻内心思慕的人。［21］倚歌：按照歌曲的声调节拍。［22］怨：哀怨。［23］余音：尾声。袅袅：形容声音婉转悠长。［24］缕：细丝。［25］幽壑：深谷，这里指深渊。此句意谓：潜藏在深渊里的蛟龙为之起舞。［26］嫠（lí）妇：寡妇。白居易《琵琶行》写孤居的商人妻云："去来江口守空船，绕舱明月江水寒。夜深忽梦少年事，梦啼妆泪红阑干。"这里化用其事。［27］愀（qiǎo）然：忧愁凄怆的样子。［28］正襟危坐：整理衣襟，（严肃地）端坐着。正，同"整"。危，同"跪"。［29］何为其然也：箫声为什么会这么悲凉呢？[30] 所引是曹操《短歌行》中的诗句。[31] 夏口：故城在今湖北武昌。[32] 武昌：今湖北鄂城县。[33] 缪（liáo）：通"缭"，盘绕。[34] 郁：茂盛的样子。[35] 孟德之困于周郎：指汉献帝建安十三年（208），吴将周瑜在赤壁之战中击溃曹操号称八十万大军一事。周郎：周瑜二十四岁为中郎将，吴中皆呼为周郎。[36] 以上三句指建安十三年刘琮率众向曹操投降，曹军不战而占领荆州、江陵。方：当。荆州：辖南阳、江夏、长沙等八郡，今湖南、湖北一带。江陵：当时的荆州首府，今湖北县名。[37] 舳舻（zhú lú）：战船。[38] 酾（shī）酒：斟酒。[39] 横槊（shuò）：横执长矛。[40] 侣：以……为伴侣，这里为意动用法。麋（mí）：鹿的一种。[41] 扁（piān）舟：小舟。[42] 匏：酒葫芦。樽：酒杯。[43] 寄：寓托。蜉蝣：一种朝生暮死的昆虫。此句比喻人生之短暂。[44] 渺：小。沧海：大海。此句比喻人类在天地之间极为渺小。[45] 须臾：片刻，形容生命之短。[46] 长终：长久存在。[47] 骤：突然，骤然。[48] 遗响：余音，指箫声。悲风：秋风。[49] 逝者如斯：语出《论语·子罕》："子在川上曰：'逝者如斯夫，不舍昼夜。'"逝，往。斯，此，指水。[50] 盈虚者如彼：指月亮的圆缺。[51] 卒：最终。消长：减增。[52] 曾（zēng）：几乎。一瞬：一眨眼的工夫。[53] 是：这。造物者：天地自然。无尽藏（zàng）：无穷无尽的宝藏。[54] 适：通"食"，享用。[55] 更酌：再次饮酒。[56] 肴核：荤菜和果品。既：已经。[57] 狼藉：凌乱。[58] 枕藉：相互枕着睡觉。

**思考题：**

1. 请概括文中所表现出的苏子的世界观和人生观。
2. 对比苏子和一同泛舟的友人之世界观，你从中体会到什么道理？

# 冬日漫步[1]

## 梭 罗[2]

微风缓缓地吹着百叶窗，吹在窗上，非常温柔，像羽毛似的；偶尔也会犹如几声叹息，听起来像夏日漫漫长夜里的风轻抚着树叶的声音。

在铺着草皮的地下，田鼠正在地洞里呼呼大睡，猫头鹰则在沼泽地深处的一个空心树里蹲着，兔子、松鼠、狐狸都待在家里。看门的狗静静地躺在暖炉旁，牛羊在栏圈里悄无声息。连大地都在沉睡——但这不是寿终正寝，而是忙碌一年后第一次美美地睡上一觉。夜已经深了，大自然还在忙碌着，只有街上一些招牌或小木屋的门轴不时嘎吱嘎吱地响着，给沉寂的大自然带来一点慰藉。也只有这些声音，预示着在茫茫宇宙中，在金星与火星之间，天地万物中还有一些清醒的。我们想起了看似遥远却也许近在心中的"温暖的感觉"，还有那些只有天神们在相聚时才能感受到的——一种神圣的鼓舞和难得的交情，而这些对于凡人是不胜苍凉的。大地此刻在酣睡，可是空气还很活跃，鹅毛大雪漫天飞舞，好像是一个北方的五谷女神，正在把她的银种子撒在我们的田野上。

我们也进入梦乡，等到醒来时，恰是冬季的早晨。世界静悄悄的，雪下了厚厚的一层。窗棂上像铺了柔软的棉花或羽绒；窗格子显得宽了些，玻璃上爬满了冰纹，看起来黯淡而神秘，使家里变得更加温馨舒适。早晨的寂静真令人难忘。我们踏着吱吱作响的地板来到窗口前，站在一块没有结冰的地方，眺望田野风景。屋顶被皑皑白雪覆盖着，雪冻成的冰条挂在屋檐下和栅栏上；院子里的雪柱像竹笋一样立着，雪柱里有没有藏着什么东西，就无从知晓了。树木和灌木向四面八方伸展着它们白色的枝干；原来是墙壁和篱笆的地方，形态更加奇妙，在昏暗的大地上，它们向左右延伸，似乎在跳跃，仿佛一夜的工夫，大自然就重新设计了一幅田野美境，供人类的艺术家来临摹。

我们静静地拔去了门闩，让飞雪飘进屋里；走出门外，寒风如刀割般迎面扑来。星星有点黯淡无光，地平线上笼罩了一层深色沉重的薄雾。东方露出一点耀眼的古铜色的光彩，预示着天就要亮了；可是西边的景物，还是很模糊，一片昏暗，无声无响，似乎是笼罩着地狱之光，鬼影扑现着，好像是非人间。耳边的声音也有点阴气森森——鸡鸣犬吠，木柴断裂的声音，牛群低沉的叫声——这一切好像来自阴阳河彼岸冥王星的农场；倒不是这些声音本身特别凄凉，只是天还没有亮，所以听起来很肃穆很神秘，不像是来自于人间。院子里，雪地上，狐狸所留下的印迹清晰可见，这些提醒我们：即使是在冬夜最寂静的时候，自然界的生物也在时时刻刻活动着，并在雪地里留下足迹。打开大门，我们迈着轻快的脚步，踏上偏僻的乡村小路，雪很干很脆，踩上去发出吱吱的响声；早起的农夫，驾着雪橇，到远处的市场上去赶集。这辆雪橇整个夏天都闲置在农夫的门口，如今稻梗做伴，可算是有了用武之地。它尖锐、清晰、刺耳的声音，可真能让早起赶路的人头脑清醒。透过堆满积雪的农舍，我们看见农夫早早的把蜡烛点亮了，就像一颗孤寂的星星，散发着稀落的光，宛如某种朴素的美德在作晨祷。接着，烟囱里冒出的炊烟从树丛和雪堆里袅袅升起。

我们能听见农夫劈砍柴火的声音，大地冰封，不时有鸡鸣狗叫的声音传出；稀薄而干寒的空气，只能把那些尖锐的声音传入我们的耳朵，那些声音听起来短促悦耳；凡是清醇轻盈的液体，稍有波动也很快停止，因为里面的晶体硬块很快沉到底下去了。声音从地平线的远处传来，像钟声一样清晰响亮，冬天的空气清新，不像夏天那样混合着许多杂质，因而声音听起来不像夏天那样刺耳模糊。在冰封的土地上，声音犹如敲击坚硬的木块那样洪亮，甚至是乡村里最平凡的声响，都听起来美妙动听，树上的冰条，互相撞击，听起来像铃声一样悦耳，乐在其中。空气里几乎没有水分，水蒸气不是干化，就是凝固成霜了。空气十分稀薄而且似乎还带弹性，人呼吸进去顿感心旷神怡。天空似乎被绷紧了，往后移动，从下向上望，感觉像置身于大教堂中，头上是一块块连在一起的弧形屋顶，空气被过滤得纯粹明净，好像有冰晶沉浮在中间，正如格陵兰的居民告诉我们的，当那里结冰的时候，"海就冒烟，像大火爆发的威力；而且伴有雾气升腾，称为烟雾；这烟雾能让人的手和脸起疱肿胀，并对人体有害"。但是我们这里的空气，虽然冰寒刺骨，但是质地清纯，可以滋养心肺，提神醒脑。我们不会把它当作冻霜，而会把它看作仲夏雾气的结晶，经过严寒的凝结，变得更加清纯了。

那边有一间樵夫的小屋。主人不在家，我们不妨进去看看，看看他怎么度过冬季漫长的黑夜和短暂而风雪连天的白日。这里的人住在山南的一个山腰里，在这空旷的原野中，那个地方经常人来客往，算得上是荒凉世界里一个有着文明和公众活动的场所。到叙利亚和波斯去的游客，站在巴尔米拉或海克通帕立斯的废墟面前抚今思古时，感受大概和我们现在差不多。花草总是在人迹密集的地方生长，这里有人来往，我想小鸟也会欢唱，花朵已经绽放。铁杉在樵夫的头上耳语，山核桃是他的燃料，还有松脂的松根供他点火，樵夫虽然去了远方，可平时他取水的小溪，还在山洼里忙碌地冒着气，那气依旧很稀薄，和空气差不多。房屋里有一块平台，上面铺着松枝稻草，这就是樵夫睡觉的床；一些破损的餐具，是他饮食时用的。但这个季节他不在这里，只有去年夏天筑在那里的京燕巢还在木架上。似乎主人离开没多久，屋子里还有一点柴火的干灰，那是他煮豆的地方；在他晚上抽烟的地方，一只缺了咬嘴的烟斗被放在灰里；和他唯一的伙伴（如果他有伙伴）聊聊明天的雪会堆多深（外面正飘着大雪），也可能是讨论刚才的怪响是猫头鹰在叫，还是树枝在颤动，或者只是他自己的错觉。冬天的夜已经很深了，他先到粗大的烟囱底下才看了一下，看看外面的风雪停了没有，却发现仙后座星星的光芒清晰的照在自己的身上，于是他很满意的回到干草堆上，舒展四肢，进入梦乡。

看，樵夫在家留下这么多的东西，让我们利用这些残留物猜测一下他生活的情况！这是一堆木垛，我们可以想象他的斧头有多锋利，我们研究他劈柴的角度，可以估计他伐木时站在哪一边；还有，当他把树木砍下时，身体有没有围着树转，斧头是否换过手。从木头碎片曲折的纹理看，我们大致了解它倒向哪一边。这么一块小木片，记录了那个樵夫的一生，也记载了世界的历史。这有一小片纸，是樵夫包糖或盐用的，要么是他坐在森林里的一段木桩上，用来填堵他的枪膛。从这张纸片上，我们饶有兴趣地读着许多城市里喋喋不休的无聊的话语，读着大街上和百老汇宽敞明亮的房子，它们正等着人租借——就像这座小屋。这座小屋朝南的一面，屋檐上的积雪正在融化滴落，树枝上山雀叽叽喳喳叫个不停，靠在门旁边，和煦的阳光照得人真舒服，极富人情味似的。

樵夫离家已经两个季节了，这座小屋却没有令周围的环境黯然失色。小鸟习惯的来这里安家。如果你追索许多动物的足迹，你会发现它们大都光顾过这里。人类损害了自然，可是自然并不计较。伐木声偶尔也还会听得到，森林仍然乐意而且毫无戒备地帮助斧头制造这种声音。只是这种声音不常听见了，由于它的衬托，这里的风景显得更加萧瑟，世界上所有的力量，似乎都在努力把这种声音变成自然界的一部分……

大自然在冬天是一架旧橱柜，各种干枯了的标本按照它们生长的次序，摆得井然有序。草原和树林成了一座"植物标本馆"。树叶和野草保持着完美的形态，在空气的压力下，不需要用螺丝钉或胶水来固定。巢不用挂在假树上，虽然树已经枯萎了，可那毕竟是真树，鸟儿在哪里建的，还保留在哪里。我们到草木干枯的沼泽地里去看看夏天残留的足迹，看看赤杨、柳树和枫树吸收了多少温暖的阳光，沐浴了多少雨露，现在有多高。看看它们的枝丫在经历酷夏后，是否长得又粗又长。过了不多久，这些沉睡的枝丫就要茁壮成长，总有一天，它们会"欲与天公试比高"。

有时我们穿越雪地，雪太深了，我们便无法找到河的踪迹。走了几十码远，才又看见河。可是它似乎改了道，忽左忽右，让人难以猜测。河水在冰雪的覆盖下仍然生生不息的流动着，发出模糊不清的声音，像在打鼾。大概河流也会像熊和土拨鼠一样冬眠。夏天气势磅礴的山川，如今难寻其迹，我们试着探寻过去，却见不到河，只有一片冻硬了的冰雪。我们原来以为，到了深冬的时候，河水就会断流，连底部都会被冻住，直到春天来临。实际上，水流并没有减弱，只是上面结了一层冰罢了。流入湖泊的上千条溪流，在冬季里仍然生机勃勃。只有少数的水流，由于太贴近地面，源头才会被冻住。但是它侵入了地下，充溢了大地深处的水库，自然界的源泉埋伏在冰霜下面。夏天溪水上涨，并非只靠融雪填充，割草的人渴了，也并不是只能喝融化了的雪水。春天泉水解冻，小溪涨水了，这是因为自然界的工作被拖延了，水变成不太光滑圆润的冰和雪，来不及找到它们的水平状态。

冰的那一边，在松林和雪掩盖下的小山里，站着一个钓梭鱼的渔夫，他把鱼线垂在一个静止不动的河湾里，像一个芬兰人那样，把胳膊插在厚大衣的口袋中。他的思想静谧，充溢着雪和鱼腥味，他自己就是一只无鳍鱼，之所以他是一只"异类的鱼"，是因为他在冰上，而他的朋友在冰下，他们之间的距离可以用英寸来计算。这个人伫立在那里，一声不吭，云和雪包围了他，使他看起来和岸上的树没什么区别。人待在这荒凉的地方，即使有所举动，也是迟缓而简单的，寂静和沉稳是自然界的本性，人身在其中，自然就剔除了城市中浮躁多动的秉性。不要认为这里有了人，就不再荒凉，实际上人就和蓝樱鸟和麝鼠一样，已经成为大自然的一部分。正如早期的航海家提出的那样，生活在努特卡海湾和美洲西北海岸一带的土著居民，全身裹着厚厚的毛皮衣服，从不和陌生人多说话，除非你用铁撬撬他的嘴，他才会变得健谈。这里的人，沉默得就和土著人差不多，他们和自然界水乳相融，已经扎根于自然，根基比城市里的人牢固得多。走到他面前，问他今天运气怎么样，你会发现他也崇拜着某些无形的东西。你听，他无比虔诚地用手势比画着，论说湖里的梭鱼。他与湖岸相连，钓鱼的线把他们连为一体，而且他还记得，他在湖面的冰洞钓鱼的这个季节，他家菜园子里的豌豆正在苗壮生长。

就在我们四处游荡的这会儿，天空又有阴云密布，雪花纷然而落。雪越下越大，远处的景物渐渐的脱离了我们的视线。雪花光顾了每一棵树和田野，无孔不入，痕迹遍布河边、湖畔、小山和低谷。四足动物都躲藏起来了，小鸟在这平和的时刻里也休息了，周围几乎听不到任何声音，比好天气的日子更加宁静。可是，渐渐地，山坡、灰墙、篱笆、光亮的冰还有枯叶，所有原来没有被白雪覆盖的，现在都被埋住了，人和动物的足迹也都消失了。大自然轻而易举地就实施了它的法规，把人类行为的痕迹抹擦得干干净净。听听荷马的诗："冬天里，雪花降落，又多又快。风停了，雪下个不停，覆盖了山顶和丘陵，覆盖了长着酸枣树的平原和耕地；在波澜壮阔的海湾海岸边，雪也纷纷地下着，只是雪花落在海里，就被海水悄无声息地融化了。"白雪充塞了所有的事物，使万物平等，把它们深深地裹在自然的怀抱里；就像漫漫夏季里的植被，爬上宇宙的柱顶，爬上堡垒的角楼，覆盖人类的艺术品。

替农夫干活的牛垂着头站在那里，身上全都是雪，索求报酬的时候到了。在普通的日历里，冬天总是一个老人的形象，身上裹着紧紧的大衣，直面风雪的样子。但我们猜想，他应该是一个幸福的樵夫，或者是一个热血青年，像夏天一样愉快。经历风雪使他具有一种从未被探索过的精神，这种精神支撑着游子的信念。冬天不拘小节，它有一种温和而真诚的态度。在冬天，我们更多的是探索自己的内心世界。我们的心温暖而喜悦，就像披着大雪的农舍：半掩的门窗，从烟囱里冒出的烟快乐地向上升腾。房屋本来就给人以舒服的感觉，在飘着大雪的日子里，待在屋内，会感到更加的温馨。最冷的时候，我们会在壁炉边取暖，透过烟囱顶看着外面的天空，心中十分愉悦。我们享受着炉边的温暖和宁静，倾听街上牛羊的沉吟和远处谷仓里整个下午都没有停歇的打谷的声音，甚至能感觉到自己脉搏的跳跃。一个医术高明的医生能通过这种声音对我们精神的影响来判定我们是否健康。我们享受着此时此刻，这种休闲不是东方式的，而是北方式的。大家就这样围坐在火炉边，凝视着空中的尘埃在阳光中飞舞。

有时候我们的生活太循规蹈矩，太安逸，因此我们的命运不会遭遇不幸。想想看，三个月以来，人的命运就这样被裹在毛皮大衣里。雪是多么令人欢欣鼓舞，只是希伯来人的《圣经》里并没有意识到这一点。莫非宗教不被生活在温带和寒带的人们所崇拜吗？在新英格兰的寒夜里，上天慷慨地把这一份恩惠施与人类，可奇怪的是居然没有一本书来记录。我们从不用歌声来赞美上天，我们只是抵制上天的愤怒。最完美的经文，记载的不过是顺从的信仰。那些生人的生活同样闭塞简洁，真正的勇士应该到寒冷的美国缅因州或加拿大拉布拉多半岛的森林里住上一年，让他体会从初冬到解冻这段日子的生活，回头在翻翻《圣经》，看看里面所阐述的是否足够深奥。

现在，漫长的冬夜降临在农夫的火炉边上。人的思想开始了无边无际的遐想。人性本善，此时，对天下性灵苍生更加怀着一颗怜悯之心。农民一想到庄稼都已收割，寒冬有备无患，就禁不住高兴起来。现在，他平静地透过闪着光亮的玻璃观看"北极熊的家园"，风暴已经停息了。

"饱满的天空，

无限的世界在我们眼前，

天色明亮刺眼，

从这个边际到那个边际，

都在闪亮发光。"

**注释：**［1］选自［美］梭罗著，夏志清译《美国名家散文选》，百花文艺出版社 1996 年版。有改动。［2］梭罗（1817—1862）：19 世纪美国最具世界影响力的作家、哲学家。

**思考题：**

1. 你觉得这篇文章表达了怎样的思想？

2. 谈谈你阅读本文的感受。

# 我的世界观[1]

## 爱因斯坦[2]

我们这些总有一死的人的命运是多么奇特呀！我们每个人在这个世界上都只作一个短暂的逗留；目的何在，却无所知，尽管有时自以为对此若有所感。但是，不必深思，只要从日常生活就可以明白：人是为别人而生存的——首先是为那样一些人，他们的喜悦和健康关系着我们自己的全部幸福；然后是为许多我们所不认识的人，他们的命运通过同情的纽带同我们密切结合在一起。我每天上百次地提醒自己：我的精神生活和物质生活都依靠别人（包括活着的人和死去的人）的劳动，我必须尽力以同样的分量来报偿我所领受了的和至今还在领受的东西。我强烈地向往着简朴的生活，我认为阶级的区分是不合理的，它最后所凭借的是以暴力为根据。我也相信，简单淳朴的生活，无论在身体上还是在精神上，对每个人都是有益的。

我完全不相信人类会有那种在哲学意义上的自由。每一个人的行为，不仅受着外界的强迫，而且还要适应内心的必然。叔本华（Schopenhauer）说，"人能够做他想做的，但不能要他所想要的"。这句话从我青年时代起，就对我是一个非常真实的启示；在自己和别人生活面临困难的时候，它总是使我得到安慰，并且永远是宽容的源泉。这种体会可以宽大为怀地减轻那种容易使人气馁的责任感，也可以防止我们过于严肃地对待自己和别人；它还导致一种特别给幽默以应有地位的人生观。

要追究一个人自己或一切生物生存的意义或目的，从客观的观点看来，我总觉得是愚蠢可笑的。可是每个人都有一定的理想，这种理想决定着他的努力和判断的方向。就在这个意义上，我从来不把安逸和快乐看作是生活目的本身——这种伦理基础，我叫它猪栏的理想。照亮我的道路，并且不断地给我新的勇气去愉快地正视生活的理想，是善、美和真。要是没有志同道合者之间的亲切感情，要不是全神贯注于客观世界——那个在科学与艺术工作领域永远达不到的对象，那么在我看来，生活就会是空虚的。人们所努力追求的庸俗的目标——财产、虚荣、奢侈的生活——我总觉得都是可鄙的。

　　我对社会正义和社会责任的强烈感觉，同我显然的对别人和社会直接接触的冷漠，两者总是形成古怪的对照。我实在是一个"孤独的旅客"，我未曾全心全意地属于我的国家、我的家庭、我的朋友，甚至我最接近的亲人；在所有这些关系面前，我总是感觉到有一定距离并且需要保持孤独——而这种感受正与年俱增。人们会清楚地发觉，同别人的相互了解和协调一致是有限度的，但这不足怅惜。这样的人无疑有点失去他的天真无邪和无忧无虑的心境；但另一方面，他却能够在很大程度上不为别人的意见、习惯和判断所左右，并且能够不受诱惑要去把他的内心平衡建立在这样一些不可靠的基础之上。

　　我的政治理想是民主主义。让每一个人都作为个人而受到尊重，而不让任何人成为崇拜的偶像。我自己受到了人们过分的赞扬和尊敬，这不是由于我自己的过错，也不是由于我自己的功劳，而实在是一种命运的嘲弄。其原因大概在于人们有一种愿望，想理解我以自己的微薄绵力通过不断的斗争所获得的少数几个观念，而这种愿望有很多人却未能实现。我完全明白，一个组织要实现它的目的，就必须有一个人去思考，去指挥，并且全面担负起责任来。但是被领导的人不应该受到强迫，他们必须有可能来选择自己的领袖。在我看来，强迫的专制制度很快就会腐化堕落。因为暴力所招引来的总是一些品德低劣的人，而且我相信，天才的暴君总是由无赖来继承，这是一条千古不易的规律。就是这个缘故，我总是强烈地反对今天我们在意大利和俄国所见到的那种制度[3]。像欧洲今天所存在的情况，使得民主形式受到了怀疑，这不能归咎于民主原则本身，而是由于政府的不稳定和选举中与个人无关的特征。我相信美国在这方面已经找到了正确的道路。他们选出一个任期足够长的总统，他有充分的权力来真正履行他的职责。另一方面在德国的政治制度[4]中，我所重视的是，它为救济患病或贫困的人作出了比较广泛的规定。在人生的丰富多彩的表演中，我觉得真正可贵的，不是政治上的国家，而是有创造性的、有感情的个人，是人格；只有个人才能创造出高尚的和卓越的东西，而群众本身在思想上总是迟钝的，在感觉上也总是迟钝的[5]。

　　讲到这里，我想起了群众生活中最坏的一种表现，那就是使我所厌恶的军事制度。一个人能够洋洋得意地随着军乐队在四列纵队里行进，单凭这一点就足以使我对他轻视。他所以长了一个大脑，只是出于误会；单单一根脊髓就可满足他的全部需要了。文明国家的这种罪恶渊薮，应当尽快加以消灭。由命令而产生的勇敢行为，毫无意义的暴行，以及在爱国主义名义下一切可恶的胡闹，所有这些都使我深恶痛绝！在我看来，战争是多么卑鄙、下流！我宁愿被千刀万剐，也不愿参与这种可憎的勾当[6]。尽管如此，我对人类的评价还是十分高的，我相信，要是人民的健康感情没有被那些通过学校和报纸而起作用的商业利益和政治利益蓄意进行破坏，那么战争这个妖魔早就该绝迹了。

我们所能有的最美好的经验是奥秘的经验。它是坚守在真正艺术和真正科学发源地上的基本感情。谁要是体验不到它，谁要是不再有好奇心也不再有惊讶的感觉，他就无异于行尸走肉，他的眼睛是迷糊不清的。就是这种奥秘的经验——虽然掺杂着恐怖——产生了宗教。我们认识到某种为我们所不能洞察的东西存在，感觉到那种只能以其最原始的形式为我们所感受到的最深奥的理性和最灿烂的美——正是这种认识和这种情感构成了真正的宗教感情；在这个意义上，而且也只是在这个意义上，我才是一个具有深挚的宗教感情的人。我无法想象一个会对自己的创造物加以赏罚的上帝，也无法想象它会有像在我们自己身上所体验到的那样一种意志。我不能也不愿去想象一个人在肉体死亡以后还会继续活着；让那些脆弱的灵魂，由于恐惧或者由于可笑的唯我论，去拿这种思想当宝贝吧！满足于觉察现存世界的神奇的结构，窥见它的一鳞半爪，并且以诚挚的努力去领悟在自然界中显示出来的那个理性的一部分，即使只是其中极小的一部分，我也就心满意足了。

**注释：**［1］此文最初发表在 1930 年出版的《论坛和世纪》（Forum and century），84 卷，第 193—194 页，"论坛"丛书第 13 种《当代哲学》上。当时用的标题是"我的信仰"（What I believe）。转引自《大学活页文库》第三辑。［2］爱因斯坦（1879—1955）：全名阿尔伯特·爱因斯坦。20 世纪最伟大的物理学家，现代物理学的开创者和奠基人，著名哲学家。［3］第二次世界大战期间，爱因斯坦承认他在战前很长一段时期受了反苏宣传的影响，以后他对这个问题的看法有一些改变。参见他 1942 年 10 月 25 日在美国"犹太人支援俄国战争公会"一次宴会上的演讲和 1950 年 3 月 16 日给美国反共"理论家"胡克的一封信。[4] 指 1918 年第一次世界大战结束时建立，1933 年被希特勒推翻的"魏玛（Wei mar）共和国"。本文最初发表时用的不是"德国的政治制度"，而是"我们的政治制度"。[5] 爱因斯坦由于目睹了德国军国主义的泛滥和法西斯瘟疫的蔓延，对群众和群众运动产生了非常错误的看法，这种错误看法也常在别的文章中流露出来。[6] 1933 年 7 月以后，爱因斯坦改变了这种绝对的反战态度，积极号召反法西斯力量武装起来，以打击法西斯的武装侵略。参见 1933 年 7 月 20 日给 A. 纳翁的信。

**思考题：**

1. 请谈谈你对爱因斯坦的世界观的认识。
2. 找出本文的中心论点、分论点和主要论据。
3. 结合自身生活实际，谈谈你对文中所说世界观的体会和认识。

# 苏州拾梦记[1]

## 柯　灵[2]

已经将近两年了，我心里埋着这题目，像泥土里埋着草根，时时萌长着钻出地面的欲望。

因为避难，母亲在战争爆发的前夜，回到了滨海一角的家乡，独自度着她的暮年。只要一想着她，我就仿佛清楚地看见了她孤独的身影，彷徨在那遭过火灾的破楼上。可是我不能去看她，给她一点温暖。

苦难的时代普遍地将不幸散给人们，母亲所得到的似乎是最厚实的一份。她今年已经七十三岁，这一连串悠悠的岁月中，却有近五十年的生涯伴着绝望和哀痛。在地老天荒的世界里，维系着她一线生机的，除却对生命的执着，也就是后来由大伯过继给她的一个孩子——那就是我。正如小说里面所写的，她的命运悲惨得近乎离奇。二十几岁时，她作为年轻待嫁的姑娘，因为跟一个陌生男子的婚约，从江南的繁华城市，独自被送向风沙弥天的、辽远的西北，把一生的幸福交托给我的叔父。叔父原只是个穷书生，那时候在潼关幕府里做点什么事情，大约已经算是较为得意，所以遣人远远地迎娶新妇去了；但主要原因，却是为着他的重病，想接了新妇来给自己冲喜。当时据说就有许多人劝她剪断了这根不吉利的红绳，她不愿意，不幸也就这样由自己亲手造成。她赶到潼关，重病的新郎由人搀扶着跟她行了婚礼，不过一个多月，就把她孤单单地撇下了。我的冷峻的父亲要求她为死者守节，因为这样才不致因她减损门第的光辉。那几千年来被认作女性的光荣的行为，也不许她有向命运反叛的勇气——这到后来她所获得的是一方题为"玉洁冰清"的宝蓝飞金匾额，几年前却跟着我家的旧厅堂一起火化了——就是这样，她依靠着大伯生活了许多年，也就在那些悲苦的日子里，我由她抚养着成长起来。

哦，我忘却提了，她的故乡就在那水软山温的苏州城里。

时光使红颜少女头白，母亲出嫁后却从此不再有机会踏上她出生的乡土。悠悠五十年，她在人海中浮荡。从陕西到四川，又到南国的广州。驴背的夕阳，渡头的晓月，雨雨风风都不打理这未亡人的哀乐。满清的封建王朝覆亡了，父亲丢了官，全家都回到浙东故乡，她照旧过着世代相沿的未亡人的生活。家庭逐渐堕入了困境，家里的人逐渐死去，流散了，最后是四五年前的一把火，烧毁了残破的老家，才把这受尽风浪的老人赶到了上海。

老天怜悯！越过千山万水，迷路的倦鸟如今无意中飞近了旧枝，她应当去重温一次故园风物！

可是一天的风云已经过去，她疲倦得连一片归帆也懒得挂起，"算了吧，家里人都完了，亲戚故旧也没有音讯了，满城陌生人，有什么意思！"她笑，那是饱蕴了人生的辛酸，像蓦然梦醒，回想起梦中险虐似的，庆幸平安的苦笑。接着吐出个轻轻的叹息："嗳，苏州城里我只惦记着一个人，那是我的小姊妹，苦苦劝我退婚的是她，（我当时怎么肯！）出嫁时送我上船，泪汪汪望着我的是她！听说而今还在呢，可不知道什么样儿了？有机会让我见她一面才好！"蹉跎间这愿望却也延宕了两年。

一直到前年春天，我才陪着她完成了这伤感的旅行。

是阴天，到苏州车站时已经飘着沾衣欲湿的微雨。雇一辆马车进城，得得的蹄声在石子路上散落。当车子驶过一条旅馆林立的街道，她看看夹道相迎的西式建筑，恰像是乡下孩子闯进了城市，满眼是迷离好奇的光。我对着这地上的天堂祝告：苏州城！你五十年前嫁出去的姑娘，今天第一次归宁了。那是你不幸的女儿，为着乡土的旧谊，人类的同情，你应当张开双臂，给她个含笑的欢迎！

但时间是冷酷的家伙，一经阔别便不再为谁留下旧时痕迹，每过一条街，我告诉母亲那街道的名字，每一次，她都禁不住惊讶得忽地失笑："哎哟，怎么！这是什么街？不认得了，一点也不认得了！"

在观前街找个旅馆，刚歇下脚，心头的愿望浮起。燕子归来照例是寻觅旧巢，她一踏上这城市，急着要见的是那少年的旧侣。可是我们向哪儿去找呢？这栉比的住房，这稠密的人海，白茫茫无边无岸，知是在谁家哪巷？纵使几十年风霜没有损伤了当年的佳人，也早该白发萧萧，见了面也不再相认了，但我哪有勇气回她个不字？

母亲在娘家时开得有一家烛铺，后来转让的主人就是那闺友的父亲，想着这些年来世事的兴替，皇室的江山也还给了百姓，一家烛铺的光景大约未必便别来无恙。但母亲忽然飞来的聪明记起了它。向旅馆的茶房打听得苏州还有着这个店号，我就陪着她向大海捞针。

烛铺子毕竟比人经得起风霜，虽然陈旧，却还在闹喧喧的街头兀立。母亲高兴地迎上去，便向那店伙问讯："对不起，从前这儿的店主人，姓金的，你知道他家小姐嫁在哪一家，如今住在哪里？"

我站在一旁怀着凭吊古迹似的心情，这老人天真的问话却几乎使我失笑。那店伙年轻呢，看年纪不过二十开外，懂得的历史未必多，"小姐"这名词在他心里岂不是一个娇媚的尤物？我只得替她补充：金小姐，那是几十年前的称呼，如今模样该像母亲似的一位老太太了。听着我的解释，那店伙禁不住笑了起来。

人生有时不缺乏意外的奇迹，这一问也居然问出了端倪。我们依着那烛铺的指点，又辗转访问了两处，薄暮时到了巷尾一家古旧的黑漆门前。

剥啄地叩了一阵，一位祥和的老太太把我们迎接了进去。可是她不认得这突兀的来客。

"找谁，你们是找房子的？"

"不，是找人，请问有一位金小姐可住在这里？"

主人呆了半天，仿佛没有听清意思。"哎哟！"母亲这一声却忽然惊破了小院黄昏的静寂，她惊喜地一把拖住了主人。

"哦，你是金妹！"

"哦，你是……三姐！"

夜已经无声地落在庭院里了，还是霏霏的雨。从一对老年人莹然欲涕的眼睛里，我看出比海还深的人世的欢喜与辛酸，体味着不能用语言表达的奥妙的意思。我的心沉重得很，也轻松得很。我像在一霎时间经历了半世纪。感谢幸运降临于我不幸的母亲！

把母亲安顿在她旧侣的家里，我自己仍然在旅舍里住着。

春快要阑珊了！天气正愁人，我在苏州城里连听了三天潺潺的春雨。冒着雨我爬过一次虎丘，到冷落的留园和狮子林徘徊了一阵。我爱这城市的苍茫景色，静的巷，河边的古树，冷街深闭的衰落的朱门。可是在这些雾似的情调里，有多少无辜的人们，在长久的岁月中度着悲剧生涯？

但我为母亲的奇遇高兴。五十年旧梦从头细数，说是愁苦也许是快乐。人类的聪明并不胜如春蚕，柔情的丝缕抽完了还愿意呕心沥血；一生的厄运积累得透气的空隙也没有，有时只要在一个——仅仅一个可以诉苦的人面前赢得一声同情和温慰，也可以把痛苦洗涤干净。我不能想象母亲的情怀，愿这次奇遇抖落她过去的一切……

第四天晚上离开苏州时，天却晴了，一钩新月挂在城头，天上鳞鳞的云片都镶着金边。——好会捉弄人的天！路畔一带婆娑的柳影显得幽深而宁静，却有蹄声得得，穿过柳荫，向那行色悾偬的车站上响去。别了，古旧的我的母乡苏州！明儿我们看得见的，是天上那终古不变的旧时明月！

别离的哀伤又在刺着衰老的心了。可是从母亲的脸上，我看见了一片从来没有的光辉。"嗳，总算看见她了！做梦也想不到。她约我秋天再来，到她家里多住一阵子。也好，大家都老了，多见一面是一面。"我知道，她在庆幸她还了多少年来的宿愿。

可是就在这一年的夏天，时局起了激变。

在上海暴风雨的前夜，母亲回到了残破的家乡，一年半来她就像被扔在一边似的生活着；而她的早已无家的母乡，落入魔掌也一年多了。在这风雪的冬天，破楼上摇曳着的煤油灯下，不会埋怨这年代的过于冷酷吗？我不禁时时想起我的母亲，和这场战争中一切母亲的命运。

可是母亲却惦记着苏州，惦记着苏州的旧侣，絮絮地从信里打听消息。可怜的母亲，我可以告诉您吗？您的母乡正遭着空前的浩劫。您的唯一的旧侣，我不敢想象她家里的光景。有一时我常常把一件事情引为自慰，那就是那一次苏州的旅行，我想如果把那机会放走了，怕也要永远无法挽回。但我如今倒有些失悔了，没有那一次坠梦的重拾，也许这不幸的消息给她的分量还要轻些？我又怀着一种隐忧："树高千丈，落叶归根。"母亲说过她愿意长眠在祖茔所在的乡土，她会不会再在晚年沦入奴隶的厄运，像她的旧侣一样，风前的残烛再使她作异乡的漂泊？

　　**注释：**[1] 本文写于抗战时期。选自柯灵著《柯灵散文选集》，百花文艺出版社 1993 年版。[2] 柯灵（1909—2006 年）：原名高季琳，原籍浙江绍兴，生于广州。少年时家贫，靠勤奋自学走上文学道路。1926 年在上海《妇女杂志》发表叙事诗《织布的妇人》，从此步入文坛。1941 年与师陀合作根据高尔基的话剧《底层》改编成话剧剧本《夜店》（后改编成电影），产生了广泛影响。1948 年到香港《文汇报》工作。1949 年回到上海，次年加入中国共产党。历任《文汇报》副社长兼副总编、上海电影艺术研究所所长、上海电影剧本创作所所长、《大众电影》主编、上海作协书记处书记、上海影协常务副主席、上海电影局顾问、国际笔会上海中心会长等职。

　　**思考题：**

　　1. 文中对母亲感恩之情的体现对全文有何作用？

　　2.《苏州拾梦记》不仅是怀缅故土的心声，同时也是一个时代的缩影，谈谈你的阅读感受。

# 三峡散记[1]

## 宗　璞[2]

　　物以稀为贵，我想三峡正是因为它的绝无仅有而让人在游过之后仍然梦系魂牵。然现在三峡的历史已然成为昨天，无数文人骚客笔下的三峡已成了记忆中昨日的风景。

　　当我随着涌动的人登上三峡风情 2 号的那一刻，我便知道我的此去必是和三峡最后的相依，会是诀别。

想起十三岁那一年游三峡的我，不谙世事，只知道游三峡是为了看两旁雄伟的大山，湍急的江水，和其他地方一样的苍翠及混沌，仅此而已。然如今，对于三峡有了别样的感情，我知道那种感情一旦成形便不会消失，会随着生命的延续而存在。

船驶进西陵峡的时候，已经是晚上了，那些苍翠的山已经被凝重的黑色包裹，看不见满山的绿，却能看见点点的灯光，看到这些灯光的时候我是那样的兴奋，那是峡江人家存在的记号，他们是真正的三峡的孩子，对于三峡有无比厚重的情感。

船在暗夜中行驶，一直地走着，没有抛锚。

睁开眼睛的时候船已经行走在巫峡之中了，广播中一直播着景点介绍，我撑着栏杆站在甲板上，目光没有随广播而游离于那些神女峰之间，只是长久地望着即将淹没的大山。曾经，这些大山经受了风雨的洗礼，孕育了有大山一般胸怀的三峡人，而当大山将沉如水底，大山般胸怀的人又宽容地让出了这一方赖以生存的土地，迁到远方。

船最终停靠在了巫山县，码头上仍然是轰鸣的马达声，和数年前一般模样。我用和曾经凝望巫山县一样的眼去看它，却发现曾经破落的小县已变了模样，我知道它即将拆迁，但相信拆迁后的县城也将传承它的古朴，也将带来兴荣的繁华。

换上小船，便进入了悠悠的大宁河。大宁河中有三峡的浓缩，小三峡，在一样的雄奇中多的是几分秀美。大宁河，宁静的名字，然而宁静美丽的大宁河仍然会有不安静的一天，水位的终将抬高将改写小三峡秀美的历史。

小三峡中时时会有滩，滩旁有村落人家，水边有嬉戏的少年。船来了，嬉戏的少年快乐地扬起手，船上有人将带的水果糖，扔进水中，嬉水的少年争抢着去捡；船走了，留下白花花的浪，一波推着一波，嬉水的少年退到滩岸上，我看到滩岸上竟堆着那么多的水果，原来年年月月终是如此，你来我往，你走我留。

船行渐远，我又听到了嬉水少年的欢呼声，我知道，又有船来了，我知道将又是一次的往来。

到小三峡终点的时候，我们有了机会上岸，要说是岸，其实只不过是一处滩，上面是细细密密的鹅卵石，这些石头，有一个美丽的名字，三峡石，本身没有什么不同，只是因为它在长三峡，便突出了它的金贵。

我蹲水边，和许多来了往了的人一样去捡在水中泡过、有精致痕纹的三峡石，这是三峡对我的礼赠，我理应好好收的。有船过，浪朝岸边涌，有水浸到我的鞋上，我的脚开始变凉，但有温暖在心里升腾，这是三峡的水在细细滑过我的身体，这是三峡的水在浅浅地潮湿我的心灵。

船回来的时候，再次经过那扇梦门，我适时按动快门，拍下了那座跨峡边两山的龙门桥，留下了永恒的一瞬，这也是我进小三峡拍下的唯一一张照片，我想纪念，只在于此。

三峡风情2号在停靠奉节白帝城的种种感叹已随游完之后的一梦消失殆尽。别人说做了梦若不记得，便是睡得熟了，那么我想，游玩之后的我一定有一个甜甜的梦，安稳的睡夜。船回航是在白天，是重有温习三峡美景的机会，开始那种沉重的心情悄悄变得释然，原来即将淹没的三峡没有那么多的不安，它只是安静地去接受属于土地的一种改变。

江面开始宽阔的时候，我开始注意两边的岸，时不时回看到一片一片的废墟，我知道这些废墟曾经繁华，有人告诉我快要经过的那一片废墟是归州镇，我尽量地去记下古老归州镇废墟里的每一片瓦块，老镇已成一片残痕，我想若是站立其中，一定听得到四周呼呼的风声，我想那些风声中一定有勤劳的归州人在告诉我为了大坝，我们无悔。

是的，为了大坝，我们无悔，迁走的又何止是一个归州镇，那无数的移民用行动告诉我们他们无悔，付出的又何止无数移民，三峡在告诉我，为了大坝，它无悔升高水位，无悔变为平湖。

当三峡不再是傲人的风景时，剩下的只是那些可以永恒的文字，而所有的对于三峡的眷念，亦只能寄予字中，靠它永存。

注释：[1] 选自《宗璞散文选集》，百花文艺出版社 1993 年版。[2] 宗璞（1928— ）：原名冯钟璞。原籍河南省唐河，生于北京，著名哲学家冯友兰之女，当代作家。主要作品有《宗璞散文小说选》，散文集《丁香结》，长篇小说《南渡记》，翻译《缪塞诗选》（合译）、《拉帕其尼的女儿》等。所作《弦上的梦》获1978 年全国优秀短篇小说奖，《三生石》获1977—1980 年全国优秀中篇小说奖，散文集《丁香结》获全国优秀散文（集）奖。她的作品多写知识阶层，文字优雅、富于学养、含蓄蕴藉。

**思考题：**

1. 通过写三峡，作者想要表达怎样的主题？
2. 作者是怎样描写三峡的？
3. 你怎么看三峡美景的消失？
4. 这篇散文的语言有何特点？

# 拣麦穗[1]
## 张　洁[2]

在农村长大的姑娘，谁不熟悉拣麦穗这回事呢？

我要说的，却是几十年前拣麦穗的那段往事。

或许可以这样说，拣麦穗的时节，也许是顶能引动姑娘们的幻想的时节。

在那月残星稀的清晨，挎着一空篮子，顺着田埂上的小路，走去拣麦穗的时候，她想的是什么呢？

等到田野上腾起一层薄雾，月亮，像是偷偷地睡过一觉，重又悄悄地回到天边，方才挎着装满麦穗的篮子，走回自家那孔破窑洞的时候，她又想的是什么呢？

唉，她能想什么呢！

假如你没有在那种日子里生活过，你永远不能想象，从这一颗颗丢在地里的麦穗上，会生出什么样的幻想。

她拼命地拣呐、拣呐，一个收麦子的时节，能拣上一斗？她把这麦子换来的钱积攒起来，等到赶集的时候，扯上花布，买上花线，然后，她剪呀，缝呀，绣呀……也不见她穿，也不见她戴，谁也没和谁合计过，谁也没找谁商量过，可是等到出嫁的那一天，她们全会把这些东西，装进新嫁娘的包裹里去。

不过当她们把拣麦穗时所伴着的幻想，一同包进包裹里去的时候，她们会突然感到那些幻想全都变了味儿。觉得多少年来，她们拣呀，缝呀，绣呀，实在是多么傻啊！她们要嫁的那个男人，和她们在拣麦穗、扯花布、绣花鞋的时候所幻想的那个男人，有着多么大的不同，又有着多么大的距离啊！但是她们还是依依顺顺地嫁了出去，只不过在穿戴那些衣物的时候，再也找不到做它、缝它时的那种心情了。

这算得了什么呢？谁也不会为她们叹一口气，表示同情。谁也不会关心她们还曾经有过幻想。连她们自己也甚至不会感到过分地悲伤。顶多不过像是丢失了一个美丽的梦。谁见过哪一个人会死乞白赖地寻找一个丢失的梦呢？

当我刚刚能够歪歪咧咧地提着一个篮子跑路的时候，我就跟在大姐姐的身后拣麦穗了。

那篮子显得太大，总是磕碰着我的腿和地面，闹得我老是跌跤。我也很少有拣满一个篮子的时候，我看不见田里的麦穗，却总是看见蚂蚱和蝴蝶，而当我追赶它们的时候，拣到的麦穗，还会从篮子里重新掉回地里去。

有一天，二姨看着我那盛着稀稀拉拉几个麦穗的篮子说："看看，我家大雁也会拣麦穗了。"然后，她又戏谑地问我："大雁，告诉二姨，你拣麦穗做啥？"

我大言不惭地说："我要备嫁妆哩！"

二姨贼眉贼眼地笑了，还向围在我们周围的姑娘、婆姨们眨了眨她那双不大的眼睛："你要嫁谁嘛！"

是呀，我要嫁谁呢？我忽然想起那个卖灶糖的老汉。我说："我要嫁那个卖灶糖的老汉！"

她们全都放声大笑，像一群鸭子一样嘎嘎地叫着。

笑啥嘛！我生气了。难道做我的男人，他有什么不体面的地方吗？

卖灶糖的老汉有多大年纪了？我不知道。他脸上的皱纹一道挨着一道，顺着眉毛弯向两个太阳穴，又顺着腮帮弯向嘴角。那些皱纹，给他的脸上增添了许多慈祥的笑意。当他挑着担子赶路的时候，他那剃得像半个葫芦样的后脑勺上的长长的白发，便随着颤悠悠的扁担一同忽闪着。

我的话，很快就传进了他的耳朵。

那天，他挑着担子来到我们村，见到我就乐了。说："娃呀，你要给我做媳妇吗？"

"对呀!"

他张着大嘴笑了,露出了一嘴的黄牙。他那长在半个葫芦样的头上的白发,也随着笑声一齐抖动着。

"你为啥要给我做媳妇呢?"

"我要天天吃灶糖哩!"

他把旱烟锅子朝鞋底上磕着:"娃呀,你太小哩。"

"你等我长大嘛!"

他摸着我的头顶说:"不等你长大,我可该进土啦。"

听了他的话,我着急了。他要是死了,那可咋办呢?我那淡淡的眉毛,在满是金黄色的茸毛的脑门上,拧成了疙瘩。我的脸也皱巴得像个核桃。他赶紧拿块灶糖塞进了我的手里。看着那块灶糖,我又咧着嘴笑了:"你别死啊,等着我长大。"

他又乐了。答应着我:"我等你长大。"

"你家住哪哒呢?"

"这担子就是我的家,走到哪哒,就歇在哪哒!"

我犯愁了:"等我长大,去哪哒寻你呀!"

"你莫愁,等你长大,我来接你!"

这以后,每逢经过我们这个村子,他总是带些小礼物给我。一块灶糖,一个甜瓜,一把红枣……还乐呵呵地对我说: "看看我的小媳妇来呀!"

我呢,也学着大姑娘的样子——我偷偷地瞧见过——要我娘找块碎布,给我剪了个烟荷包,还让我娘在布上描了花。我缝呀,绣呀……烟荷包缝好了,我娘笑得个前仰后合,说那不是烟荷包,皱皱巴巴,倒像个猪肚子。我让我娘给我收了起来,我说了,等我出嫁的时候,我要送给我男人。

我渐渐地长大了。到了知道认真地拣麦穗的年龄了。懂得了我说过的那些个话,都是让人害臊的话。卖灶糖的老汉也不再开那玩笑——叫我是他的小媳妇了。不过他还是常带些小礼物给我。我知道,他真疼我呢。

我不明白为什么,我倒真是越来越依恋他,每逢他经过我们村子,我都会送他好远。我站在土坎坎上，看着他的背影，渐渐地消失在山坳坳里。

年复一年，我看得出来，他的背更弯了，步履也更加蹒跚了。这时，我真的担心了，担心他早晚有一天会死去。

有一年，过腊八的前一天，我约莫着卖灶糖的老汉，那一天该会经过我们村。我站在村口上一棵已经落尽叶子的柿子树下，朝沟底下的那条大路上望着，等着。

那棵柿子树的顶梢梢上，还挂着一个小火柿子。小火柿子让冬日的太阳一照，更是红得透亮。那个柿子多半是因为长在太高的树梢上，才没有让人摘下来。真怪，可它也没让风刮下来，雨打下来，雪压下来。

路上来了一个挑担子的人。走近一看，担子上挑的也是灶糖，人可不是那个卖灶糖的老汉。我向他打听卖灶糖的老汉，他告诉我，卖灶糖的老汉老去了。

我仍旧站在那棵柿子树下，望着树梢上的那个孤零零的小火柿子。它那红得透亮的色泽，依然给人一种喜盈盈的感觉。可是我却哭了，哭得很伤心。哭那陌生的，但却疼爱我的卖灶糖的老汉。

后来，我常想，他为什么疼爱我呢？无非我是一个贪吃的，因为生得极其丑陋而又没人疼爱的小女孩吧？

等我长大以后，我总感到除了母亲以外，再也没有谁能够像他那样朴素地疼爱过我——没有任何希求，没有任何企望的。

真的，我常常想念他。也常常想要找到，我那个皱皱巴巴的，像猪肚子一样的烟荷包。可是，它早已不知被我丢到哪里去了。

**注释：** ［1］选自《光明日报》1979 年 12 月 16 日。 ［2］张洁（1937—　）：当代女作家。著有《张洁小说剧本选》，小说散文集《爱，是不能忘记的》《方舟》，小说集《祖母绿》，长篇小说《沉重的翅膀》（获全国第 2 届茅盾文学奖，曾被译成德、英、法、瑞典等多种文字出版），散文集《在那绿草地上》以及《张洁集》等。

**思考题：**

1. 文章主要写的是什么？

2. 为什么要在开头部分讲述农村姑娘拣麦穗时的梦呢？

3. 作者在作品中，渴望用自己的笔帮助读者走向充满同情、友爱、关怀、信任的纯净世界。试说说本文的主旨。

4. 结尾对小火柿子的描写有何作用？

5. 说一说本文心理描写的特点。

# 诗的理念[1]

## 叶知秋[2]

### 一

诗是什么？这首先得从"诗不是什么"谈起。

诗不是意见，从而你不能像理智地就某方面的问题提出自己的看法那样写诗，你不能把诗当作"我认为怎样怎样""我觉得怎样怎样"——当然在"世人皆醉我独醒"的情况下，诗人可以以帝王、将军的姿态充满激情地说"只能怎样怎样""必须怎样怎样"。诗也不是一种抽象思想的表达，不是那些具有普遍性、规律性的放之四海而皆准的真理的载体，否则以论文的形式写出则更为明白晓畅，更容易全面表达，更容易使意蕴完整。诗也不能是一种人与人、人与兽斗争的故事，不能是那种十分外在的人生经历，因此，你不能把诗写得像讲故事那样老实巴交、实实在在、面面俱到、笨拙持重，否则诗必须具备的空灵、飘逸就不存在了，就不再是诗了，与其这样去写诗，还不如直接采用小说、散文的形式去予以表现，这样做更容易做到整体、全面、生动、感人。

总之，诗与合乎物理的事实无关；诗与放之四海而皆准的真理无关。就"诗与合乎物理的事实无关"来说，诗不能是小说和散文，后者则必须与外在的、物理的事实相互一致。而就"诗与放之四海而皆准的真理无关"来说，一切所谓的哲理诗、论诗诗之类只不过是分行而押韵的理论文章而已，已经与作为一种艺术的诗毫无关联。

"诗不是什么"的回答只能给诗绘制一个关于诗的大致的轮廓，但不能明确地指出诗到底是什么。然而，要真正指出诗到底是什么，则是非常困难的，就像柏拉图说"美是难的"一样，诗也是"难"的。唯其是难的，所以就我的孤陋寡闻来说，还没有一个令人满意的关于诗的定义。

　　或许可以说，诗是黑色森林的宁寂，是少女轻轻气息的温馨，是春天那朴素草地的嫩绿，是鲜花那晶莹着水珠的娇嫩，是那充满草香的绿荫的静谧，是随风摇曳的满山野花的自在逍遥，是青碧柔滑而一泻千里的水流的浪漫。或许可以说，诗是天空晴朗的温柔，是大海平静的无垠，是秋空里满天飘荡的白云的悠闲，是春阳在草叶上流淌着的温暖，是北国大雪天的所有空灵和虚幻，是那半隐藏于宽大叶片下熠熠闪光的葡萄的丰满，是夜晚幽蓝幽蓝的伤感，是幽蓝幽蓝的夜里围着恋人们流转、飘动情人那秀发的风，是那可人儿瞳孔里闪烁着的温柔，是情人们心头缭绕着的依恋。这就是诗，这就是我所理解的诗。

　　当然，这样定义诗时，只不过是作了一点比喻而已，这不符合人们的理性精神。那么，如何理性地去解说诗呢？理性一点说来，诗或许是一种与人的生命之流一起流淌的一种难言的羞涩、寂寥的空旷、孤独的淡泊，一种唯有乡音才能表达的情趣，一种无法向他人直接诉说的微妙，一种纯个人性的神秘和玄奥，一种飘扬的欢乐，一种巨大的悲伤，一种难以抑制的愤怒，一种刻骨铭心的仇恨，一种像长江大河一样波涛汹涌的激情，一种壮烈的宣言，一种正义的檄文。总之，是一种对于与生命之流一起奔流的最微妙、最动人、最内在的情思意绪的形式化产物。

　　诗所表现的内容如果不是最内在、最微妙的，那么，完全可以直接言说，何必还要写什么诗呢！如果这种"最微妙、最动人、最内在的情思意绪"不是与生命之流一起奔流的，那么，完全可以用散文形式去表现，何必还非得要非常麻烦地作逐行排列呢！诗唯其不是可以直接言说的内在和微妙，是情和意的完美整体，唯有用诗的形式才可以完满地予以表现的动人的心灵内容，所以世界上才有诗，才会不断地产生诗。诗唯其是"对于与生命之流一起奔流的最微妙、最动人、最内在的情思意绪的形式化产物"，所以诗像音乐一样也不能缺少的旋律和节奏，它只有用语气的抑扬顿挫、意念的回环婉转、波浪起伏，把"微妙、内在、动人"的情思意绪与生命之流的连绵不绝、跌宕起伏以及生命运动的律动、振荡像音乐一样表现出来时，它才真正能够做到抒情达意，诗人的灵魂才能因此而获得暂时的解脱和平息。

　　——对于"生命"一词，文人们已经用得发腻发酸，在此需要作一点解释。所谓"生命之流"，我在这里是指人的生命在时空中的存在和延续。人的生命是在一定机体状态中的存在，如骨中磷的浓度、血液中的白细胞数目，血压、体温的高低，等等，都有一个允许变异的狭小范围或自稳态范围，生命只能在这个范围中存在，超过了这个自稳态范围，生命现象就结束。所谓"生命之流"，就是指生命在这个自稳态允许的变异范围中横向的、空间上的动荡过程和这个过程在时间上起落动荡的延续。而这样的"过程"和"延续"不仅因环境因素的变化而变化，而且还会因情思意绪的产生而发生变化，而这样的振荡、变化，就像时而湍急时而平缓，时而涩滞时而通畅的水流一样，从而称作"生命之流"。而引起生命状态振荡、变化的情思意绪，也就是我所说的融入到生命之流之中的、与生命之流一起奔流的最微妙、最动人、最内在的情思意绪。因此，我所理解的诗也就是对于已经影响了生命之流的运动状态，并与生命之流一起奔流的情思意绪的整体性表现的产物。

二

诗是"一种对于与生命之流一起奔流的最微妙、最动人、最内在的情思意绪的形式化产物"。诗如果真是这样的一种艺术，那么，对于我们评价诗，就有了第一个标准。这第一个标准是：一切试图表达一种普遍真理的作者不是诗人，他的作品不是艺术意义上的诗；一切用优美的语言平铺直叙一种故事、一种琐事的人不是诗人，他的作品不是艺术意义上的诗；其作品没有丝毫的节奏的作者不是诗人，其作品不是诗，而是分行的散文——因为缺少了对于"生命之流"的固有的韵律和节奏的表现。如无论如何，我们也不能把诸如《情感话题》这样的作品当作是诗。如：

> 他深爱自己的妻子
> 可见了英气逼人的姑娘
> 也一阵心热
> 是不是有些不道德
> 不　对美好的事物
> 人们总是怀着向往
> 诸位妻子们　如果在大街上

丈夫和你挽手相走时

他对迎面飘来的姑娘

看了一眼　不要紧

看了两眼　请不要责备

回头看了第三眼　你就用手指狠狠

掐他一下

他疼得叫唤　就让他记住什么是

永久伴侣与匆忙过客

而作为妻子也应多去美容店少唠叨

这样的作品——如果能称作诗的话，既没有任何诗所必需的节奏可言，更是在通过平铺直叙一种乏味的故事来给天下的妇女宣扬着一种"真理"。这完全是一位好事的妇女在对另一个醋意而愚蠢的妇女兜售"锦囊妙计"——规劝加教唆，是在拉扯一段无聊的家常，这样的作品怎么能算作是诗呢！

事实上，仅仅指出诗是"一种对于与生命之流一起奔流的最微妙、最动人、最内在的情思意绪的形式化产物"，并不能说真正理解了诗。因为，女人有女人的"情思意绪"，男人有男人的"情思意绪"，甚至高尚者有高尚者的"与生命之流一起奔流的最微妙、最动人、最内在的情思意绪"，卑鄙者有卑鄙者的"与生命之流一起奔流的最微妙、最动人、最内在的情思意绪"。灵魂是有档次的，有的人的灵魂特别卑琐渺小，有的人的灵魂却十分深广博大。可是当我们说诗是"一种对于与生命之流一起奔流的最微妙、最动人、最内在的情思意绪的形式化产物"时，我们只能把无论是卑鄙者还是高尚者，无论是灵魂特别卑琐渺小者还是灵魂特别深广博大者，只要他们表达了"与生命之流一起奔流的最微妙、最动人、最内在的情思意绪"，我们只能等而同之地统统称作优秀的诗篇。然而，诗人有大有小，诗的档次有高有低，在诗的王国里是不能讲平等、讲民主的，有的是国王，有的是大臣的话，有的则只能是庶民，甚至只能是奴隶，甚至不缺乏诲淫诲盗的罪犯。因此，我们仅仅认识到有些玩意儿不是诗，是不够的。我们还必须指出什么样的诗是高品位的，哪些诗只能是低档次的。

诗的档次问题，是评价诗的第二个方面。对于诗的档次问题，我们必须从人的自我或灵魂谈起。有的人经过千百次的体验、感受、思考，始终觉得他像卡夫卡笔下的格里高利一样是绝对孤立的，连亲情关系都是有条件的——以不能变成大甲虫为条件，从而从骨子里六亲不认，在人生的天平上永远以自己的肉体存在为衡量一切的砝码，这种人因此而切断了自己与这个世界的一切精神联系，从而只能拥有一种孤独自私、狭隘卑琐、乏味苍白的灵魂。这种人由于也可以产生"与生命之流一起奔流的最微妙、最动人、最内在的情思意绪"，从而也可以写出在语言与意绪的意义上十分精美的诗篇来，但由于其灵魂的平庸，所表达的将永远是一些细枝末节、无聊乏味的情思意绪，从而是最低档次的诗人。当然，对这种诗人称作是无聊诗人或诗癖，也许更确切一些。而不幸的是，这种无聊诗人或诗癖，在中国当代诗人中为数不少，而且还是时髦和潮流的领导者。这直接导致了诗的滑坡和诗人比诗的读者多的滑稽现象。

第二个档次的诗人是那些意识到人如果没有亲情和友情，生命则只能意味着痛苦和孤寂的人。由于他们意识到这一点，在一定程度上也就向世界打开了心灵的窗户，他们在与朋友、亲人的一体感中，在与他人的无所顾忌的交往和精神交流中，灵魂得到了丰富和充实。而任何一个丰富而充实的心灵，都意味着深刻而敏感，最容易产生丰富而深刻的情思意绪，从而他们的诗往往是内容坚实而充满温暖的，意蕴飞动而感情真挚的，是所谓人情味很浓的作品，他们的作品往往具有感人至深的力量。仅仅在这个档次上的诗人，在当下的中国已经为数不是很多。

第三个档次的诗人是那些把民族、国家的兴衰当作自己生命的浮沉，把民族、国家的荣辱当作自己尊严的屈伸，把自己与民族、国家当作是一体的，总是为民族、国家的兴旺发达而欢喜，为民族、国家的苦难和衰落而悲痛，而流泪，是所谓与民族、国家"同呼吸共命运"的人。由于他们在精神上把自己与民族、国家统一起来了，从而他们的胸怀是博大的，情感是深挚的，脉搏是强劲有力的。民族、国家的任何一个成败得失，欢欣哀伤，都逃不开他们敏锐的感觉。他的民族、国家的悲伤会整个地成为他们自己的悲伤；他的民族、国家的喜悦会整个地成为他们自己的喜悦。他们发出的声音是整个民族、国家的声音，与哺育他们的江河同波，与供养他们的大地共鸣，是千百万民众的声音，能震得山河动摇，日月无光，能激起千百万人的情的滔天浪潮，能化作排山倒海、无坚不摧、所向披靡的力量。这样的诗人，就是人们普遍所谓的大诗人。但在我看来，这还不是最高档次的诗人。

最高档次的诗人，是那些已经直觉和体验到宇宙精神存在的诗人，是已经将自己的心灵与宇宙精神相接通的诗人。对他们来说，已经是"宇宙即我，我即宇宙"。他们的心灵像宇宙一样博大，像宇宙一样邈远，像宇宙万有一样丰富多彩。他们忧伤起来比秋天还要忧伤，他们严厉肃杀起来比冬天还要严厉肃杀，他们的欢乐比春天还要绚丽多姿，他们的热情比夏天还要蓬勃旺盛，他们平静起来比古生物化石还要沉静，他们激动起来比飓风还要强劲。他们的每天都是一种盛宴和节日，他们每天都在宇宙奥秘的温馨、微妙、趣味中徜徉。他们是真正的博爱者，不仅爱整个人类，为整个人类而忧虑而充满希望，而且爱一草一木，一沙一石，为秋虫的寒唱而凄凉，为柳条的嫩黄而欢唱。他们的诗就是宇宙精神的歌唱，读他们的诗就是心灵在宇宙精神中的畅游，就是灵魂对逍遥和自由的享受，就是心灵对美的直接占有和细细品尝。他们已经不只是诗人，也不只是哲人，而是诗与哲学有机结合的妙体。

真正的诗人是这个世界身体力行的关怀者，可是，我们的诗人们已经习惯于窝在昏暗的书桌后面，用卑琐的灵魂吟唱琐屑乏味的歌曲，用苍白的诗行书写细枝末节的情绪。而最为可悲的是，不少所谓的诗人们则直接把诗的问题，当成了纯粹的技巧问题，总是津津乐道、眉飞色舞于无聊的文字游戏。

诗的冬天后面一定会有诗的春天吗？

**注释：**［1］选自叶知秋《精神主义》，敦煌文艺出版社 1999 年版。收入本教材时，作者对原文个别地方做了修正。［2］叶知秋：本名张宇鸿，1965 年生，祖籍甘肃，在精神主义哲学、美学、文艺学领域有独到建树。

**思考题：**

1. 在作者看来，什么是诗？诗的追求是什么？

2. 文中对诗人作了怎样的划分？为什么？你怎么看诗及诗歌创作？

※※※※※※※※※※※※※※※※※※※※※※※※※※※※※※

# 项目三　小说阅读

※※※※※※※※※※※※※※※※※※※※※※※※※※※※※※

## 教学目标

本项目选择古今中外小说名篇，以培养学生的语言感知能力、训练学生的阅读理解能力为重点。教学目标主要包括：（一）培养学生小说阅读的兴趣，提高文学素养；（二）培养小说阅读欣赏的能力，学生通过搜集和分析相关信息，能对小说的人物形象、主题思想、语言艺术等方面有所体认，并能形成自己的观点和评价；（三）了解不同时代、不同社会的面貌，提高人文素养和立身处世的能力，以更好地适应社会发展的需要。

## 教学提示

本项目所选择的小说，既有文言小说，也有白话小说。考虑到教学实际及教材篇幅所限，所选小说皆为中短篇。选文尽可能地兼顾到时代、国别和风格，内容丰富。在教学中，可以根据学生的兴趣及文章特点，选择部分篇目或者选取小说的部分内容进行重点讲解。小说内容较多，篇幅较长，可充分调动学生的主动性，引导学生自主学习、自主分析，培养学生小说阅读的兴趣，提高学生小说阅读和鉴赏的能力。

## 基础知识

小说是以塑造人物形象为中心，通过故事情节的叙述和环境的描写来反映社会生活、表达思想的一种文学体裁。

小说有着庞大的体系，从不同角度可划分为不同的类别。例如，按篇幅可分为微型小说、短篇小说、中篇小说、长篇小说；按流派可分为现实主义小说、表现主义小说、意识流小说、魔幻现实主义小说等；按题材可分为武侠小说、历史小说、言情小说、科幻小说、玄幻小说等。

小说有三个要素：人物、故事情节和环境（自然环境和社会环境）。小说反映社会生活的主要手段是塑造人物形象。人物基本可以说是小说不可缺少的因素，阅读小说时读者印象最深的也是人物。人物塑造是否成功，往往决定了一部小说的成败。小说中的人物不同于现实生活中的真实人物，是作者在现实生活的基础上创作出来的。小说主要通过故事情节来展现人物性格。故事来源于生活，但经过整理、提炼和设计，比现实中的真实事件更集中、更完整，也更具代表性。小说的环境描写以社会环境为重点，能揭示种种复杂的社会关系，如人物的身份、地位、生活的社会历史背景等。自然环境包括自然景物以及人物活动的地点、时间、季节、气候等，自然环境描写能起到表达人物心情、渲染气氛等作用。优秀的作家，往往能够将自然环境描写与人物活动及情节发展完美交融。

小说的阅读欣赏，可以从以下几个方面入手：一是要理清环境与人物的关系。阅读小说，必须首先了解小说故事发生的时代背景、具体环境和人物生活的社会环境。这样，才能理解作品描写的生活、风俗和习惯，理解人物的行为、思想，判断事件的性质。二是要理清情节与人物的关系。大多数小说都以塑造人物为主，而情节是展示人物性格的重要方面。因此，阅读小说时需要随时注意人物在故事情节发展中的各种表现，以及情节的发展与人物的关系。三是要理清人物与人物之间的关系。阅读小说时，要特别注意重大事件里人物的各种表现，从中发现人物与人物之间的微妙关系，进而认识各个人物的不同性格和思想特征，理解故事情节的深层意蕴。此外，揣摩小说刻画人物、铺叙故事和结构布局的各种艺术技巧，如肖像描写、心理刻画、细节点睛、对话妙语、伏笔安排和匠心构思等，都可以从不同角度，程度不同地感受到小说的独特魅力。

※※※※※※※※※※※※※※※※※※※※※※※※※※※※※※

# 世说新语五则[1]

## 刘义庆[2]

《世说新语》是一部按内容分类的笔记小说。全书分为德行、言语、政事、文学、方正、雅量等三十六门，共一千多则。其内容主要是记载东汉后期到晋宋间一些名士的言行与逸事，也可以说是一部记录魏晋风流的故事集，反映了魏晋士族阶层的精神面貌和生活情趣。文笔朴素、简练、生动，善于选用富有典型性的言行来刻画人物，对后代的笔记文学有较大影响。书中所载均为历史上实有的人物，但他们的言论或故事则有一部分出于传闻，不尽符合史实。

**注释：**[1]选自（南朝宋）刘义庆著《世说新语》，浙江古籍出版社 2011 年版。各则篇名为编者所加。[2]刘义庆（403—444）：南朝宋彭城（今江苏徐州）人，刘宋宗室，袭封临川王。刘义庆自幼喜好文学、聪敏过人。"性简素，寡嗜欲，爱好文义。……招集文学之士，近远必至。"《世说新语》一书乃是他组织文人编写而成。

# 东厢坦腹

郗太傅[1]在京口，遣门生[2]与王丞相[3]书，求女婿。丞相语郗信："君往东厢任意选之。"门生归白郗曰："王家诸郎，亦有可嘉。闻来觅婿，咸自矜持[4]。唯有一郎在床上坦腹卧，如不闻。"郗公曰："此正好。"访之，乃是逸少[5]，因嫁女与焉。（《世说新语·雅量》）

**注释：**[1]郗太傅：即郗鉴。[2]门生：指投靠士族之门客。[3]王丞相：王导。[4]矜持：故作庄重，不自然。[5]逸少：即书圣王羲之。

# 蓝田性急

王蓝田[1]性急。尝食鸡子，以箸刺之[2]，不得，便大怒，举以掷地。鸡子于地圆转未止，仍下地以屐齿蹍之[3]，又不得，瞋甚[4]，复于地取内口中[5]，啮破[6]即吐之。（《世说新语·忿狷》）

**注释：**[1]王蓝田：即王述，字怀祖，东晋人，袭封蓝田侯。官至散骑常侍、尚书令。[2]箸（zhù）：筷子。刺：探取，夹取。[3]仍：乃，于是。屐：古人穿的一种木制鞋，鞋底由木齿支撑。蹍（zhǎn）：

踏，踩。[4] 瞋（chēn）：眼睛圆睁。[5] 内：同"纳"，放入。[6] 啮破：嚼破。

# 步兵丧母

阮步兵[1]丧母，裴令公[2]往吊之。阮方醉，散发坐床[3]，箕踞不哭。裴至，下席于地，哭，吊唁毕便去。或问裴："凡吊，主人哭，客乃为礼。阮既不哭，君何为哭？"裴曰："阮方外[4]之人，故不崇礼制。我辈俗中人，故以仪轨[5]自居。"时人叹为两得其中[6]。（《世说新语·任诞》）

**注释**：[1] 阮步兵：阮籍，魏晋"竹林七贤"之一，曾任步兵校尉，故称"阮步兵"。[2] 裴令公：即裴楷，字叔则，官至中书令。[3] 方：刚刚，正。床：古时的坐具。[4] 方外：世俗之外。[5] 仪轨：礼仪规范。[6] 中：事情得当为中。

# 刘伶病酒

刘伶[1]病酒，渴甚，从妇求酒。妇捐[2]酒毁器，涕泣谏曰："君饮太甚，非摄生[3]之道，必宜断之！"伶曰："甚善。我不能自禁，唯当祝鬼神自誓断之耳。便可具酒肉。"妇曰："敬闻命。"供酒肉于神前，请伶祝[4]誓。伶跪而祝曰："天生刘伶，以酒为名，一饮一斛[5]，五斗解酲[6]。妇人之言，慎不可听！"便引酒进肉，隗然[7]已醉矣。（《世说新语·任诞》）

**注释**：[1] 刘伶：字伯伦，魏晋"竹林七贤"之一，不拘礼法，以嗜酒闻名。[2] 捐：倒掉。[3] 摄生：养生。[4] 祝：祷告。[5] 斛（hú）：量器名，一斛为十斗。[6] 酲（chéng）：因饮酒过量而导致疾病。[7] 隗（wěi）然：醉倒的样子。

# 石崇燕集

石崇每要客燕集[1]，常令美人行酒[2]，客饮酒不尽者，使黄门交[3]斩美人。王丞相[4]与大将军尝共诣崇。丞相素[5]不能饮，辄自勉强，至于沉醉[6]。每至大将军，固[7]不饮，以观其变。已斩三人，颜色如故，尚不肯饮。丞相让[8]之，大将军曰："自杀伊家[9]人，何预卿事[10]！"（《世说新语·汰侈》）

**注释：**[1] 石崇：字季伦，西晋渤海南皮（今属河南）人。因伐吴有功，封安阳乡侯。惠帝时，出任荆州刺史，因劫掠官商，巨富。后因谋诛赵王伦，事泄被杀。要，通"邀"。燕，通"宴"，燕集，设宴集会。[2] 行酒：斟酒劝饮。[3] 黄门：贴身侍卫。交：更，更换。[4] 王丞相：王导，字茂弘，东晋元帝时任丞相。大将军：指王敦，字处仲。元帝时任征南大将军。[5] 素：平时。[6] 沉醉：大醉。[7] 固：坚持。[8] 让：责备。[9] 伊家：他家。[10] "何预"句：关您什么事。预，关涉。

**思考题：**

1. 概括各则短文中人物的性格特征。
2. 各则短文在语言运用上有什么特点？
3. 课外阅读《世说新语》，谈谈你所了解的"魏晋风度"。

# 韩凭妻[1]
## 干　宝[2]

宋康王舍人韩凭[3]，娶妻何氏，美。康王夺之。凭怨，王囚之，论为城旦[4]。妻密遗凭书，缪其辞曰[5]："其雨淫淫[6]，河大水深，日出当心[7]。"既而，王得其书，以示左右，左右莫解其意。臣苏贺对曰："其雨淫淫，言愁且思也；河大水深，不得往来也；日出当心，心有死志也。"俄而凭乃自杀。

其妻乃阴腐其衣[8]。王与之登台，妻遂自投台[9]；左右揽之衣[10]，不中手[11]而死。遗书于带曰[12]："王利其生，妾利其死，愿以尸骨，赐凭合葬！"

王怒，弗听，使里人埋之[13]，冢相望也。王曰："尔夫妇相爱不已，若能使冢合则吾弗阻也。"宿昔之间，便有大梓木生于二冢之端，旬日而大盈抱[14]。屈体相就[15]，根交于下，枝错[16]于上。又有鸳鸯雌雄各一，恒栖树上，晨夕不去，交颈悲鸣，音声感人。宋人哀之，遂号其木曰想思树。想思之名，起于此也。南人谓此禽即韩凭夫妇之精魂。

今睢阳[17]有韩凭城。其歌谣[18]至今犹存。

**注释：**[1] 选自马银琴、周广荣注译《搜神记》，中华书局2009年版。《搜神记》为东晋初年史学家干宝编撰，记录了许多神灵怪异之事，也有不少民间传说和神话故事。所录故事大多篇幅短小，情节简单，设想奇幻，极富浪漫主义色彩，开创了我国古代神话小说的先河。《搜神记》对后世影响深远，唐代传奇故事，蒲松龄的《聊斋志异》，神话戏《天仙配》及后世的许多小说、戏曲，都直接从中吸收了养料。[2] 干宝（生卒年不详）：字令升，新蔡（在今河南）人。东晋史学家、文学家。出身世家，少即勤学，博览群书。曾任著作郎、散骑常侍等职。著有历史著作《晋纪》二十卷（已佚）、志怪小说《搜神记》二十卷。[3] 宋康王：名偃，战国末年宋国国君，好酒色。舍人：官职名。[4] 论：定罪。城旦：一种苦刑，受刑者白天防备敌寇，夜晚筑城。[5] 缪：同"缭"。缪其辞：使语句的含义隐晦曲折。[6] 淫淫：久雨不止的样子。这里比喻愁思的深长。[7] 当：正照着。此句说对着太阳发誓，表示决心自杀。[8] 阴腐其衣：暗地里腐蚀自己的衣服。[9] 投台：从高台跳下。[10] 揽：拉。[11] 不中手：经不住手拉。因衣服已被腐蚀。[12] 遗书：留言。带：衣带。[13] 里人：与韩凭夫妇同里之人。[14] 盈抱：双臂满抱。盈，满。[15] 屈体相就：树的枝干弯曲靠拢。就，靠近。[16] 错：交错。[17] 睢阳：宋国都城，今河南省商丘市。[18] 歌谣：《彤管集》："韩凭为宋康王舍人，妻何氏美，王欲之，捕舍人筑青陵之台。何氏作《乌鹊歌》以见志：'南山有乌，北山张罗，乌自高飞，罗当奈何！''乌鹊双飞，不乐凤凰；妾是庶人，不乐宋王。'遂自缢。"

**思考题：**

1. 小说的主题是什么？

2. 小说从哪些方面体现出了韩凭夫妻的恩爱？

3. 小说结局极富传奇色彩，这对于增强小说的艺术效果有什么作用？

# 南柯太守传[1]

## 李公佐[2]

东平淳于棼，吴、楚游侠之士。嗜酒使气，不守细行。累巨产，养豪客。曾以武艺补淮南军裨将[3]，因使酒忤帅，斥逐落魄，纵诞饮酒为事。家住广陵郡[4]东十里。所居宅南有大古槐一株，枝干修密，清阴数亩。淳于生日，与群豪大饮其下。

贞元[5]七年九月，因沉醉致疾。时二友人于坐扶生归家，卧于堂东庑之下。二友谓生曰："子其寝矣！余将秣马濯足，俟子小愈而去。"生解巾就枕，昏然忽忽，仿佛若梦。见二紫衣使者，跪拜生曰："槐安国王遣小臣致命奉邀。"生不觉下榻整衣，随二使至门。见青油小车，驾以四牡[6]，左右从者七八，扶生上车，出大户，指古槐穴而去。使者即驱入穴中。生意颇甚异之，不敢致问。忽见山川、风候、草木、道路，与人世甚殊。前行数十里，有郛郭城堞。车舆人物，不绝于路。生左右传车者传呼甚严[7]，行者亦争辟于左右。又入大城，朱门重楼，楼上有金书，题曰"大槐安国"。执门者趋拜奔走。旋有一骑传呼曰："王以驸马远降[8]，令且息东华馆。"因前导而去。俄见一门洞开，生降车而入。彩槛雕楹，华木珍果，列植于庭下；几案、茵褥、帘帏、肴膳，陈设于庭上。生心甚自悦。复有呼曰："右相且至。"生降阶祗奉。有一人紫衣象简前趋[9]，宾主之仪敬尽焉。右相曰："寡君不以弊国远僻，奉迎君子，托以姻亲。"生曰："某以贱劣之躯，岂敢是望。"右相因请生同诣其所。行可百步，入朱门。矛戟斧钺，布列左右，军吏数百，辟易道侧。生有平生酒徒周弁者，亦趋其中。生私心悦之，不敢前问。右相引生升广殿，御卫严肃，若至尊之所。见一人长大端严，居王位，衣素练服，簪朱华冠。生战栗，不敢仰视。左右侍者令生拜。王曰："前奉贤尊命，不弃小国，许令次女瑶芳，奉事君子。"生但俯伏而已，不敢致词。王曰："且就宾宇，续造仪式。"有旨，右相亦与生偕还馆舍。生思念之，意以为父在边将，因殁虏中，不知存亡。将谓父北蕃交通[10]，而致兹事。心甚迷惑，不知其由。

是夕，羔雁币帛[11]，威容仪度，妓乐丝竹，肴膳灯烛，车骑礼物之用，无不咸备。有群女，或称华阳姑，或称青溪姑，或称上仙子，或称下仙子，若是者数辈。皆侍从数十，冠翠凤冠，衣金霞帔，彩碧金钿，目不可视。遨游戏乐，往来其门，争以淳于郎为戏弄。风态妖丽，言词巧艳，生莫能对。复有一女谓生曰："昨上巳日[12]，吾从灵芝夫人过禅智寺[13]，于天竺院观石延舞'婆罗门'[14]。吾与诸女坐北牖石榻上，时君少年，亦解骑来看。君独强来亲洽，言调笑谑。吾与穷英妹结绛巾，挂于竹枝上，君独不忆念之乎？又七月十六日，吾于孝感寺侍上真子，听契玄法师讲《观音经》[15]。吾于讲下舍金凤钗两只[16]，上真子舍水犀合[17]子一枚。时君亦讲筵中于师处请钗合视之。赏叹再三，嗟异良久。顾余辈曰：'人之与物，皆非世间所有。'或问吾氏，或访吾里。吾亦不答。情意恋恋，瞩盼不舍。君岂不思念之乎？"生曰："中心藏之，何日忘之[18]。"群女曰："不意今日与君为眷属。"复有三人，冠带甚伟，前拜生曰："奉命为驸马相者。"中一人与生且故。生指曰："子非冯翊[19]田子华乎？"田曰："然。"生前，执手叙旧久之。生谓曰："子何以居此？"子华曰："吾放游，获受知于右相武成侯段公，因以栖托。"生复问曰："周弁在此，知之乎？"子华曰："周生，贵人也。职为司隶[20]，权势甚盛。吾数蒙庇护。"言笑甚欢。俄传声曰："驸马可进矣。"三子取剑佩冕服，更衣之。子华曰："不意今日获睹盛礼，无以相忘也。"有仙姬数十，奏诸异乐，婉转清亮，曲调凄悲，非人间之所闻听。有执烛引导者，亦数十。左右见金翠步障[21]，彩碧玲珑，不断数里。生端坐车中，心意恍惚，甚不自安。田子华数言笑以解之。向者群女姑姊，各乘凤翼辇，亦往来其间。至一门，号"修仪宫"。群仙姑姊亦纷然在侧，令生降车辇拜，揖让升降，一如人间。彻障去扇[22]，见一女子，云号"金枝公主"。年可十四五，俨若神仙。交欢之礼，颇亦明显。生自尔情义日洽，荣曜日盛。出入车服、游宴宾御，次于王者。

王命生与群寮备武卫，大猎于国[23]西灵龟山。山阜峻秀，川泽广远，林树丰茂，飞禽走兽，无不蓄之。师徒[24]大获，竟夕而还。生因他日，启王曰："臣顷结好之日，大王云奉臣父之命。臣父顷佐边将，用兵失利，陷没胡中。尔来绝书信十七八岁矣。王既知所在，臣请一往拜观。"王遽谓曰："亲家翁职守北土，信问不绝。卿但具书状知闻，未用便去。"遂命妻致馈贺之礼，一以遣之。数夕还答。生验书本意，皆父平生之迹。书中忆念教诲，情意委曲，皆如昔年。复问生亲戚存亡，闾里兴废。复言路道乖远，风烟阻绝。词意悲苦，言语哀伤。又不令生来觐，云："岁在丁丑，当与女[25]相见。"生捧书悲咽，情不自堪。他日，妻谓生曰："子岂不思为政乎？"生曰："我放荡不习政事。"妻曰："卿但为之，余当奉赞。"妻遂白于王。累日，谓生曰："吾南柯政事不理，太守黜废。欲借卿才，可曲屈之。便与小女同行。"生敦授教命。王遂敕有司备太守行李。因出金玉、锦绣、箱奁、仆妾、车马，列于广衢，以饯公主之行。生少游侠，曾不敢有望，至是甚悦。因上表曰："臣将门余子[26]，素无艺术[27]，猥当[28]大任，必败朝章[29]。自悲负乘[30]，坐致覆𫗧[31]。今欲广求贤哲，以赞不逮。伏见司隶颍川[32]周弁，忠亮刚直，守法不回，有毗佐之器。处士[33]冯翊田子华，清慎通变，达政化之源。二人与臣有十年之旧，备知才用，可托政事。周请署南柯司宪[34]，田请署司农[35]。庶使臣政绩有闻，宪章不紊也。"王并依表以遣之。其夕，王与夫人饯于国南。王谓生曰："南柯，国之大郡，土地丰壤，人物豪盛，非惠政不能以治之。况有周、田二赞[36]，卿其勉之，以副国念[36]。"夫人戒公主曰："淳于郎性刚好酒，加之少年，为妇之道，贵乎柔顺。尔善事之，吾无忧矣。南柯虽封境[37]不遥，晨昏有间[38]。今日暌别，宁不沾巾！"

生与妻拜首南去，登车拥骑，言笑甚欢。累夕达郡。郡有官吏、僧道、耆老[39]、音乐、车舆、武卫、銮铃，争来迎奉。人物阗咽，钟鼓喧哗，不绝十数里。见雉堞台观，佳气郁郁。入大城门，——门亦有大榜，题以金字，曰"南柯郡城"。——见朱轩棨户[40]，森然深邃。生下车，省风俗，疗病苦，政事委以周、田，郡中大理。自守郡二十载，风化广被，百姓歌谣，建功德碑，立生祠宇。王甚重之。赐食邑[41]，锡爵位，居台辅[42]。周、田皆以政治著闻，递迁大位。生有五男二女。男以门荫[43]授官，女亦娉[44]于王族。荣耀显赫，一时之盛，代莫比之。

是岁，有檀萝国者，来伐是郡。王命生练将训师以征之。乃表周弁将兵三万，以拒贼之众于瑶台城。弁刚勇轻敌，师徒败绩。弁单骑裸身潜遁，夜归城。贼亦收辎重铠甲而还。生因囚弁以请罪，王并舍之。是月，司宪周弁疽发背，卒。生妻公主遘疾，旬日又薨。生因请罢郡，护丧赴国。王许之。便以司农田子华行南柯太守事。生哀恸发引，威仪在途，男女叫号，人吏奠馔，攀辕遮道者不可胜数。遂达于国。王与夫人素衣哭于郊，候灵舆之至。谥[45]公主曰"顺仪公主"，备仪仗羽葆鼓吹[46]，葬于国东十里盘龙冈。是月，故司宪子荣信，亦护丧赴国。

生久镇外藩[47]，结好中国[48]，贵门豪族，靡不是洽。自罢郡还国，出入无恒，交游宾从，威福日盛。王意疑惮之。时有国人上表云："玄象谪见[49]，国有大恐。都邑迁徙，宗庙崩坏。衅起他族，事在萧墙[50]。"时议以生侈僭之应也[51]。遂夺生侍卫，禁生游从，处之私第。生自恃守郡多年，曾无败政，流言怨悖，郁郁不乐。王亦知之，因命生曰："姻亲二十余年，不幸小女夭枉，不得与君子偕老，良用痛伤。"夫人因留孙自鞠育之。又谓生曰："卿离家多时，可暂归本里，一见亲族。诸孙留此，无以为念。后三年，当令迎卿。"生曰："此乃家矣，何更归焉？"王笑曰："卿本人间，家非在此。"生忽若惛[52]睡，瞢然久之，方乃发悟前事，遂流涕请还。王顾左右以送生。生再拜而去，复见前二紫衣使者从焉。至大户外，见所乘车甚劣，左右亲使御仆，遂无一人，心甚叹异。

生上车，行可数里，复出大城。宛是昔年东来之途，山川原野，依然如旧。所送二使者，甚无威势。生逾怏怏。生问使者曰："广陵郡何时可到？"二使讴歌自若，久乃答曰："少顷即至。"俄出一穴，见本里闾巷，不改往日，潸然自悲，不觉流涕。二使者引生下车，入其门，升自阶，已身卧于堂东庑之下。生甚惊畏，不敢前近。二使因大呼生之姓名数声，生遂发寤[53]如初。见家之童仆拥篲[54]于庭，二客濯足于榻，斜日未隐于西垣，余樽尚湛于东牖。梦中倏忽，若度一世矣。

生感念嗟叹，遂呼二客而语之。惊骇，因与生出外，寻槐下穴。生指曰："此即梦中所经入处。"二客将谓狐狸木媚[55]之所为祟。遂命仆夫荷斤斧，断拥肿，折查枿[56]，寻穴究源。旁可袤丈，有大穴，根洞然明朗，可容一榻。上有积土壤，以为城郭台殿之状。有蚁数斛，隐聚其中。中有小台，其色若丹。二大蚁处之，素翼朱首，长可三寸，左右大蚁数十辅之，诸蚁不敢近：此其王矣。即槐安国都也。又穷一穴，直上南枝，可四丈，宛转方中，亦有土城小楼，群蚁亦处其中，即生所领南柯郡也。又一穴，西去二丈，磅礴空圬，嵌窞[57]异状。中有一腐龟壳，大如斗。积雨浸润，小草丛生，繁茂翳荟[58]，掩映振壳，即生所猎灵龟山也。又穷一穴，东去丈余，古根盘屈，若龙虺[59]之状。中有小土壤，高尺余，即生所葬妻盘龙冈之墓也。追想前事，感叹于怀，披阅穷迹，皆符所梦。不欲二客坏之，遽令掩塞如旧。是夕，风雨暴发。旦视其穴，遂失群蚁，莫知所去。故先言"国有大恐，都邑迁徙"，此其验矣。复念檀萝征伐之事又请二客访迹于外。宅东一里有古涸涧，侧有大檀树一株，藤萝拥织，上不见日。旁有小穴，亦有群蚁隐聚其间。檀萝之国，岂非此耶？嗟乎！蚁之灵异，犹不可穷，况山藏木伏之大者所变化乎？

时生酒徒周弁、田子华并居六合县[60]，不与生过从旬日矣。生遽遣家童疾往候之。周生暴疾已逝，田子华亦寝疾于床。生感南柯之浮虚，悟人世之倏忽，遂栖心道门，绝弃酒色。后三年，岁在丁丑，亦终于家。时年四十七，将符宿契之限矣[61]。

公佐贞元十八年秋八月，自吴之洛，暂泊淮浦，偶觌淳于生儿楚，询访遗迹，翻覆再三，事皆摭实，辄编录成传，以资好事。虽稽神语怪，事涉非经，而窃位著生，冀将为戒[62]。后之君子，幸以南柯为偶然，无以名位骄于天壤间云。

前华州参军李肇赞曰[63]：贵极禄位，权倾国都，达人视此，蚁聚何殊！

**注释：**[1] 载于《太平广记》卷四百七十五，原题为《淳于棼》，注云出自《异闻集》。[2] 李公佐（770？—850？）：字颛蒙，陇西（今甘肃东南）人，有《古岳渎经》等。[3] 补：补授。封建时代称补充官员缺额为"补"。淮南军：淮南节度使所统领的军队。淮南为唐行政区划十道之一的淮南道，约辖今湖北境内长江以北、汉水以东和江苏、安徽境内长江以北、淮河以南地区。道大都督府设在扬州。唐肃宗乾元元年改置节度使。裨（pí）将：副将。[4] 广陵郡：唐郡名，在今江苏扬州一带，为唐代繁荣的商业都会。[5] 贞元：唐德宗李适的年号。贞元七年，即公元791年。[6] 牡：公马。古代贵族乘坐四匹马拉的车子。[7] 传车：古代驿站为出行官员提供车马服务的人。这里泛指左右跟从人员。传呼：即喝道。古代官僚出行，由侍卫人员在前面高喝，使行人避让，叫"喝道"。这是一种兼有警戒性质的威仪。[8] 驸马：汉代置驸马都尉，为皇帝近侍之官，自魏晋以后专指皇帝的女婿。[9] 紫衣：唐代三品以上官员衣紫服。象简：象牙制成的朝笏，是大臣朝见皇帝时用作礼仪或记事的手板。[10] 北蕃：北方的蕃属国，指唐代北边的奚、契丹等。交通：暗中往来。[11] 羔雁：羔羊和雁，古代用作隆重的贽见之礼。币帛：指金钱、绢帛等物品。这里都是指结婚用的丰盛礼品。[12] 上巳日：农历三月上旬的巳日，为我国古代风俗节日。旧俗于上巳日郊游，到河里洗浴洁身，传说可以驱除灾病和不祥。在汉代已成为普遍的风俗，魏晋以后规定三月三日为上巳节，不再用巳日。[13] 禅智寺：唐代扬州著名的佛寺。[14] 石延：大约是当时西域国舞蹈家。婆罗门：由西方传入的婆罗门舞蹈，据杜佑《理道要诀》说，即唐代盛行的"霓裳羽衣舞"。[i5] 法师：本指精通经典、善于说法的高僧，后成为世俗对和尚的尊称。观音经：《观世音经》，即《法华经》里的《观世音菩萨普门品》（佛经称篇章为"品"）。[16] 讲下：即讲经席下，即下文的"讲筵"，也称"俗讲"。唐代佛教盛行，寺庙定期由高僧讲解佛经故事，往往采取说唱形式，称为"变文"。舍：施舍，布施。[17] 水犀合：犀牛角做的首饰盒。合，同"盒"。[18] 中心藏之，何日忘之：是引自《诗·小雅·隰桑》的两句诗。[19] 冯翊（píng yì）：唐改同州为冯翊郡，郡治在今陕西大荔县。[20] 司隶：古代负责巡察京畿治安的官，汉代有司隶校尉，唐代为京畿采访使。此用古称。[21] 步障：古代贵族出行时所设的一种行幕屏风，用来遮风挡尘。[22] 扇：即障扇，又称"掌扇"，用雉羽做成的长柄扇，古代仪仗的一种，为王后夫人及诸王乘舆所用，遮护于车的两旁以障风尘。[23] 国：国都。[24] 师徒：兵士。这里指参加围猎的僚属武卫。[25] 女：通"汝"。你。[26] 余子：古代指嫡长子以外的儿子。[27] 艺术：才干学问。[28] 猥（wěi）：猥琐、鄙陋。这里是谦词。猥当，即辱承，勉强承担的意思。[29] 朝章：朝廷典章，此指朝政、国家政务。[30] 负乘：语出于《周易·解卦》："负且乘，致寇至。贞吝。"意思说带着财物乘车而行，是自己招来强盗，其结果将会带来麻烦。这是淳于棼自谦才不胜任，将会给国家带来麻烦。[31] 覆餗（sù）：语出于《周易·鼎卦》："鼎折足，覆公餗。"意思是打翻了鼎里的食物，比喻力不胜任反而把事情搞糟。[32] 颍（yǐng）川：唐郡名，郡治在今河南许昌县。[33] 处（chǔ）士：品学优而不做官的人。[34] 署：署理，指代理或试任官职。司宪：朝廷派驻地方掌管监察和司法的官员。唐代称御史台为宪台，御史大夫为司宪。[35] 司农：掌管钱谷的官员。汉代有大司农，唐代无此官，这里是称古制。[36] 副：相称，符合，这里有"满足""达到"的意思。国念：国家的期望。[37] 封境：疆界，这里指南柯郡境所属地面。[38] 晨昏有间（jiàn）：指和父母隔离。古礼：儿女早晚要向父母铺床问安，叫"昏定晨省"。"晨昏"即"昏定晨省"的略语。间，即隔离。[39] 耆（qí）：古代称六十岁的老人。耆老，指年高望重的人。[40] 棨（qǐ）户：立有棨戟的门户。棨戟，是古代官吏出行作为前导的仪仗或列于官宅门前的木戟。[41] 食邑：封建时代，最高统治者把某一地域或城镇封给功臣贵族，封地内赋税归其征收使用，叫"食邑"。[42] 台辅：指宰相，因其位列三台，身居宰辅。古代以三台星（泰阶）比喻朝廷执政柄的大臣。[43] 门荫：封建贵族子弟可以凭父、祖的功劳爵衔，按等级得到官职，叫"门荫"。[44] 娉：同"聘"。[45] 谥（shì）：古代贵族、大臣死后，根据其生前行为立一个称号，以示褒贬，叫"谥"。[46] 羽葆：用羽毛装饰像伞一样的华盖，是皇族大臣出行的仪仗。鼓吹：各种吹打乐器。[47] 外藩：古代称有封地的王侯为"外藩"。淳于棼有食邑封地，故有此称。[48] 中国：都城中。国，指都城。[49] 玄象：天象。谪见：即谪现，责罚显现。意为上天显现出谴责下方的征象。[50] 萧墙：作为屏障的挡门小墙。萧，是肃静的意思，《论语》注云："君臣相见之礼，至屏而加肃静焉，是以谓之萧墙。"《论语·季氏》说"季孙之忧"在萧墙之内，意谓忧患在其内部。后遂称从内部引起事端为"祸起萧墙"。"事在萧墙"即此意。[51] 侈僭（chǐ jiàn）：过分豪奢和超越本分。僭，指下级冒用上级的名分，即非分用权。这里指淳于棼权势太重。[52] 惛（mǐn）：糊涂，这里是昏沉的意思。[53] 发寤（wù）：睡醒。[54] 彗（huì）：扫帚。[55] 木媚：即木魅，树妖。[56] 查枿（niè）：此指砍后复生的树枝。查同"槎"，枿同"蘖"。[57] 嵌窞（qiàn dàn）：凹陷的深坑。[58] 翳荟（yì huì）：遮蔽繁茂。[59] 虺（huī）：一种大蛇。[60] 六合：今江苏六合县。[61] 宿契之限：以前约定的日期。指上文槐安国王所说"后三年当令迎卿"的话。[62] 窃位：窃取官位，指无才而居官。著生：贪生。冀：希望。 [63] 华州：治所在今陕西华县。参军：唐代为军府参议或州府分管各司的僚属。赞：论赞，多是用在传记文章末尾的评论或赞语。

**思考题：**

1. 小说在构思上有什么特点？
2. 小说的结尾在写作上有何巧妙之处？
3. 小说批判、讽刺了哪些社会现象？

# 老字号[1]

## 老　舍[2]

钱掌柜走后，辛德治——三合祥的大徒弟，现在很拿点事——好几天没正经吃饭。钱掌柜是绸缎行公认的老手，正如三合祥是公认的老字号。辛德治是钱掌柜手下教练出来的人。可是他并不专因私人的感情而这样难过，也不是自己有什么野心。他说不上来为什么这样怕，好像钱掌柜带走了一些永难恢复的东西。

周掌柜到任。辛德治明白了，他的恐怖不是虚的；"难过"几乎要改成咒骂了。周掌柜是个"野鸡"，三合祥——多少年的老字号！——要满街拉客了！辛德治的嘴撇得像个煮破了的饺子。老手，老字号，老规矩——都随着钱掌柜的走了，或者永远不再回来。钱掌柜，那样正直，那样规矩，把买卖作赔了。东家不管别的，只求年底下多分红。

多少年了，三合祥是永远那么官样大气：金匾黑字，绿装修，黑柜蓝布围子，大机凳[3]包着蓝呢子套，茶几上永远放着鲜花。多少年了，三合祥除了在灯节才挂上四只宫灯，垂着大红穗子没有任何不合规矩的胡闹八光。多少年了，三合祥没打过价钱，抹过零儿，或是贴张广告，或者减价半月；三合祥卖的是字号。多少年了，柜上没有吸烟卷的，没有大声说话的；有点响声只是老掌柜的咕噜水烟与咳嗽。

这些，还有许许多多可宝贵的老气度，老规矩，由周掌柜一进门，辛德治看出来，全要完！周掌柜的眼睛就不规矩，他不低着眼皮，而是满世界扫，好像找贼呢。人家钱掌柜，老坐在大机凳上合着眼，可是哪个伙计出错了口气，他也晓得。

果然，周掌柜——来了还没有两天——要把三合祥改成蹦蹦戏[4]的棚子：门前扎起血丝胡拉的一座彩牌，"大减价"每个字有五尺见方，两盏煤气灯，把人们照得脸上发绿。这还不够，门口一档子洋鼓洋号，从天亮吹到三更；四个徒弟，都戴上红帽子，在门口，在马路上，见人就给传单。这还不够，他派定两个徒弟专管给客人送烟递茶，哪怕是买半尺白布，也往后柜让，也递香烟：大兵，清道夫，女招待，都烧着烟卷，把屋里烧得像个佛堂。这还不够，买一尺还饶上一尺，还赠送洋娃娃，伙计们还要和客人随便说笑；客人要买的，假如柜上没有，不告诉人家没有，而拿出别种东西硬叫人家看；买过十元钱的东西，还打发徒弟送了去，柜上买了两辆一走三歪的自行车！

辛德治要找个地方哭一大场去！在柜上十五六年了，没想到过——更不用说见过了——三合祥会落到这步天地！怎么见人呢？合街上有谁不敬重三合祥的？伙计们晚上出来，提着三合祥的大灯笼，连巡警们都另眼看待。那年兵变，三合祥虽然也被抢一空，可是没像左右的铺户那样连门板和"言无二价"的牌子都被摘了走——三合祥的金匾有种尊严！他到城里已经二十来年了，其中的十五六年是在三合祥，三合祥是他第二家庭，他的说话、咳嗽与蓝布大衫的样式，全是三合祥给他的。他因三合祥、也为三合祥而骄傲。他给铺子去索债，都被人请进去喝碗茶；三合祥虽是个买卖，可是和照顾主儿们似乎是朋友。钱掌柜是常给照顾主儿行红白人情的。三合祥是"君子之风"的买卖：门凳上常坐着附近最体面的人；遇到街上有热闹的时候，照顾主儿的女眷们到这里向老掌柜借个座儿。这个光荣的历史，是长在辛德治的心里的。可是现在？

辛德治也并不是不晓得，年头是变了。拿三合祥的左右铺户说，多少家已经把老规矩舍弃，而那些新开的更是提不得的，因为根本就没有过规矩。他知道这个。可是因此他更爱三合祥，更替它骄傲。假如三合祥也下了桥，世界就没了！哼，现在三合祥和别人家一样了，假如不是更坏！

他最恨的是对门那家正香村：掌柜的趿拉着鞋，叼着烟卷，镶着金门牙。老板娘背着抱着，好像兜儿里还带着，几个男女小孩，成天出来进去，进去出来，唧唧喳喳，不知喊些什么。老板和老板娘吵架也在柜上，打孩子，给孩子吃奶，也在柜上。摸不清他们是作买卖呢，还是干什么玩呢，只有老板娘的胸口老在柜前陈列着是件无可疑的事儿。那群伙计，不知是从哪儿找来的，全穿着破鞋，可是衣服多半是绸缎的。有的贴着太阳膏，有的头发梳得像漆杓，有的戴着金丝眼镜。再说那份儿厌气：一年到头老是大减价，老悬着煤气灯，老转动着留声机。买过两元钱的东西，老板便亲自让客人吃块酥糖；不吃，他能往人家嘴里送！什么东西也没有一定的价钱，洋钱也没有一定的行市。辛德治永远不正眼看"正香村"那三个字，也永不到那边买点东西。他想不到世上会有这样的买卖，而且和三合祥正对门！

更奇怪的，正香村发财，而三合祥一天比一天衰微。他不明白这是什么道理。难道买卖必定得不按着规矩作才行吗？果然如此，何必学徒呢？是个人就可以作生意了！不能是这样，不能；三合祥到底是不会那样的！谁知道竟自来了个周掌柜，三合祥的与正香村的煤气灯把街道照青了一大截，它们是一对儿！三合祥与正香村成了一对?！这莫非是做梦么？不是梦，辛德治也得按着周掌柜的办法走。他得和客人瞎扯，他得让人吸烟，他得把人诓到后柜，他得拿着假货当真货卖，他得等客人争竞才多放二寸，他得用手术量布——手指一捻就抽回来一块！他不能受这个！

可是多数的伙计似乎愿意这么作。有个女客进来，他们恨不能把她围上，恨不能把全铺子的东西都搬来给她瞧，等她买完——哪怕是买了二尺搘布[5]——他们恨不能把她送回家去。周掌柜喜爱这个，他愿意伙计们折跟头、打把式，更好是能在空中飞。

周掌柜和正香村的老板成了好朋友。有时候还凑上天成的人们打打"麻将"。天成也是本街上的绸缎店，开张也有四五年了，可是钱掌柜就始终没招呼过他们。天成故意和三合祥打对仗，并且吹出风来，非把三合祥顶趴下不可。钱掌柜一声也不出，只偶尔说一句：咱们作的是字号。天成一年倒有三百六十五天是纪念日，大减价。现在天成的人们也过来打牌了。辛德治不能答理他们。他有点空闲，便坐在柜里发愣，面对着货架子——原先架上的布匹都用白布包着，现在用整幅的通天扯地地作装饰，看着都眼晕，那么花红柳绿的！三合祥已经完了，他心里说。

但是，过了一节，他不能不佩服周掌柜了。节下报账，虽然没赚什么，可是没赔。周掌柜笑着给大家解释："你们得记住，这是我的头一节呀！我还有好些没施展出来的本事呢。还有一层，扎牌楼，赁煤气灯……哪个不花钱呢？所以呀！"他到说上劲来的时节总这么"所以呀"一下。"日后无须扎牌楼了，咱会用更新的，更省钱的办法，那可就有了赚头，所以呀！"辛德治看出来，钱掌柜是回不来了；世界的确是变了。周掌柜和天成、正香村的人们说得来，他们都是发财的。

过了节，检查日货嚷嚷动了。周掌柜疯了似的上东洋货。检查队已经出动，周掌柜把东洋货全摆在大面上，而且下了命令："进来买主，先拿日本布；别处不敢卖，咱们正好作一批生意。看见乡下人，明说这是东洋布，他们认这个；对城里的人，说德国货。"

检查队到了。周掌柜脸上要笑出几个蝴蝶儿来，让吸烟，让喝茶。"三合祥，冲这三个字，不是卖东洋货的地方，所以呀！诸位看吧！门口那些有德国布，也有土布；内柜都是国货绸缎，小号在南方有联号，自办自运。"

大家疑心那些花布。周掌柜笑了："张福来，把后边剩下的那匹东洋布拿来。"

布拿来了。他扯住检查队的队长："先生，不屈心，只剩下这么一匹东洋布，跟先生穿的这件大衫一样的材料，所以呀！"他回过头来，"福来，把这匹料子扔到街上去！"

队长看着自己的大衫，头也没抬，便走出去了。

这批随时可以变成德国货、国货、英国货的日本布赚了一大笔钱。有识货的人，当着周掌柜的面，把布扔在地上，周掌柜会笑着命令徒弟："拿真正西洋货去，难道就看不出先生是懂眼的人吗？"然后对买主："什么人要什么货，白给你这个，你也不要，所以呀！"于是又作了一号买卖。客人临走，好像怪舍不得周掌柜。辛德治看透了，作买卖打算要赚钱的话，得会变戏法、说相声。周掌柜是个人物。可是辛德治不想再在这儿干，他越佩服周掌柜，心里越难过。他的饭由脊梁骨下去。打算睡得安稳一些，他得离开这样的三合祥。

可是，没等到他在别处找好位置，周掌柜上天成领东去了。天成需要这样的人，而周掌柜也愿意去，因为三合祥的老规矩太深了，仿佛是长了根，他不能充分施展他的才能。

辛德治送出周掌柜去，好像是送走了一块心病。

对于东家们，辛德治以十五六年老伙计的资格，是可以说几句话的，虽然不一定发生什么效力。他知道哪些位东家是更老派一些，他知道怎样打动他们。他去给钱掌柜运动，也托出钱掌柜的老朋友们来帮忙。他不说钱掌柜的一切都好，而是说钱与周二位各有所长，应当折中一下，不能死守旧法，也别改变的太过火。老字号是值得保存的，新办法也得学着用。字号与利益两顾着——他知道这必能打动了东家们。

他心里，可是，另有个主意。钱掌柜回来，一切就都回来，三合祥必定是"老"三合祥，要不然便什么也不是。他想好了：减去煤气灯、洋鼓洋号、广告、传单、烟卷；至必不得已的时候，还可以减人，大概可以省去一大笔开销。况且，不出声而贱卖，尺大而货物地道。难道人们就都是傻子吗？

钱掌柜果然回来了。街上只剩了正香村的煤气灯，三合祥恢复了昔日的肃静，虽然因为欢迎钱掌柜而悬挂上那四个宫灯，垂着大红穗子。

三合祥挂上宫灯那天，天成号门口放了两只骆驼，骆驼身上披满了各色的缎条，驼峰上安着一明一灭的五彩电灯。骆驼的左右辟了抓彩部，一人一毛钱，凑足了十个人就开彩，一毛钱有得一匹摩登绸的希望。天成门外成了庙会，挤不动的人。真有笑嘻嘻夹走一匹摩登绸的嘛！

三合祥的门凳上又罩上蓝呢套，钱掌柜眼皮也不抬，在那里坐着。伙计们安静地坐在柜里，有的轻轻拨弄算盘珠儿，有的徐缓地打着哈欠，辛德治口里不说什么，心中可是着急。半天儿能不进来一个买主。偶尔有人在外边打一眼，似乎是要进来，可是看看金匾，往天成那边走去。有时候已经进来，看了货，因不打价钱，又空手走了。只有几位老主顾，时常来买点东西；可也有时候只和钱掌柜说会儿话，慨叹着年月这样穷，喝两碗茶就走，什么也不买。辛德治喜欢听他们说话，这使他想起昔年的光景，可是他也晓得，昔年的光景，大概不会回来了；这条街只有天成"是"个买卖！

过了一节，三合祥非减人不可了。辛德治含着泪和钱掌柜说："我一人干五个人的活，咱们不怕！"老掌柜也说："咱们不怕！"辛德治那晚睡得非常香甜，准备次日干五个人的活。

可是过了一年，三合祥倒给天成了。

**注释：**[1] 选自傅光明主编《断魂枪——感悟名家经典小说》，京华出版社 2006 年版。[2] 老舍（1899—1966）：原名舒庆春，字舍予，满族正红旗人，中国现代小说家、文学家、戏剧家。1951 年，被北京市人民政府授予"人民艺术家"称号。后曾任全国文联副主席、全国作协副主席、北京文联主席、中国民间文学研究会副理事长等职。老舍是一位多产作家，作品大多取材于市民生活，善于描绘城市贫民的生活和命运。是现代中国文坛上杰出的风俗、世态（尤其是北京的风土人情）画家。其作品具有鲜明的民族风格和浓郁的北京味，语言简洁传神，富有表现力，艺术成就很高。新中国成立前，老舍的创作以小说为主，新中国成立后，以戏剧为主。代表作有长篇小说《骆驼祥子》《四世同堂》《离婚》，中短篇小说《月牙儿》《断魂枪》，剧本《龙须沟》《茶馆》等。[3] 大机凳：大的方凳。[4] 蹦蹦戏：北京以前对评剧的称呼。[5] 搪布：一种粗线织的稀疏的窄幅布，旧时用来做手巾。

**思考题：**

1. 小说表现了什么样的思想主题？
2. 小说的语言有什么特点？
3. "三合祥"老字号倒闭的原因有哪些？

# 期　待[1]

## 师　陀[2]

我忽然想起徐立刚的父亲徐大爷同徐立刚的母亲徐大娘。徐立刚就是人家叫他大头的徐立刚，我小时候的游伴，据说早已在外面一个无人知道的地方被枪杀了；并且当我问起的时候，只有极少几个人能想起他的名字，这个小城的居民几乎完全把他给忘了。那么这两个丧失了自己独养子的老人，两棵站立在旷野上的最后的老芦草，他们是怎样在风中摇曳，怎样彼此照顾，而又怎样度着他们的晚境的呢？

这一天我站在他们门前，快近黄昏时分，许多年前的情景又油然回到我心里来。徐大爷是个中年人，高大，庄严，有一条腿稍微有点瘸。徐大娘跟她丈夫相反，圆圆的大脸盘儿，相当喜欢说话，常把到他们家里去的年轻人当干儿子看。徐立刚自己由他们调和起来，高大像他父亲，善良像他母亲。徐立刚的妹妹，用红绒绳扎双道髻，是个淘气的小女孩。这家人跟我多亲切，过去跟我多熟！——我想着，我踌躇着，好几回我伸出手又缩回来，忍不住去看街上。

在街上，时间更加晚了，照在对面墙上的云霞的反光逐渐淡下去了。一只猪哼哼着在低头寻觅食物；一个孩子从大街上跑过来；一个卖煤油的尽力敲着木鱼。

"砰，砰！"终于我敲门，随后，一阵更深的静寂。

我于是从新回头观望街景，云霞的反光更淡下去；猪仍旧在寻觅食物；孩子早已跑过；卖煤油的木鱼声越来越急，越响越远。街上没有人了。

"这条街多凄凉！"我心里说，在旁边站着。

有人走出来。

"谁呀？"一个女人在里头大声问。

门闩响着，门呻吟着开了。一条小花狗想朝我扑上来，在那女人背后狂吠。院子里空荡荡的，墙角有棵枣树——我吃过它结的枣的枣树，开始上宿的母鸡蹲在鸡笼顶上，一只红公鸡咕咕着预备往上跳。

我正要问主人在不在家，一个老人在堂屋当门现出来，接着，差不多同时，一个老太太也现出来。他们站在门口向外望着，好像一对从巢里探出头来的小燕。

老人——徐大爷。

"矶矶矶！"他吆喝住狗，一面高声说："别教它咬，外甥女。是谁在外面哪？"

给我开门的那个三十多岁的妇女，也就是徐大爷的外甥女，先是惊异地向我打量着，回答说"不认识"，然后躲到厨房里去了。

老太太——徐大娘，她分明比她的丈夫更不安。

"谁在外面？站在外面的是谁？"她焦躁地频频转过头问徐大爷，声音很低，但一直送到大门外。

"我看不大清楚，"徐大爷用力朝我这边瞅着。停了一会儿，他又说，

"真想不到——我看是马，马叔敖吧。"

"马，马，马叔敖……"

徐大娘想着，慌乱地念叨着，突然她发出欢呼。

"哦，马叔敖！真的是你吗?"两个老人同时喊。"进来，进来，别站在外面。你怎么不先捎个信来?"

我没有方法说明他们多快活。他们说着同时奔出来，徐大爷替我赶开狗，徐大娘忙得不知该怎么办——他们好像什么都忘掉了，鸡被惊吓得满院子跑，他们也顾不得管了。

我们于是走进堂屋。屋子里陈设仍旧跟好几年前一样，迎面仍旧供着熏黑了的观音神像，两边挂着的仍旧是当初徐大爷娶亲时人家送的喜联，在条几上——神像前面，仍是香筒、磬和香炉。所有的东西几乎全不曾变动，全在老地方。唯一多出来的是对喜联顶上簪的纸花，少女出阁时插在男家送来的喜匾上的装饰品。

"有茶吗，外甥女?快拿茶来。"徐大爷关照说，一颠一颠走进来。

徐大娘完全忙糊涂了。这难道是梦吗?她笑着，不住向我上下打量，嘴唇动弹，泪涌出来，在她的老眼里转。

"可不是么，真的是你，叔敖。"她重复说。她问我几时来的，问我中间隔了多少年，我跟他们立刚同时离开的这个小城。然后，一句老太太永不会忘记的老话，她说我比先前高多了。

徐大爷在旁边站着，直到这时才插进嘴。他对徐大娘嚷:

"有话停会也能讲!你就不教人家歇歇，喘口气?"

我们全坐下来。

那位徐大爷的外甥女端来两碗茶，随后走出去。

徐大娘坐在下面网凳上。徐大娘的确老得多了，她的原是极强壮的身体衰驼了;她的眼睛看起来很迟钝，脸上的皱纹比先前更深，皱褶更大;她的包着黑绉纱的头顶，前面一部分分明是秃了的，而其余的几乎也全白了。

"你在外边好吗?"她用袖子擦眼睛，没有留心我望着她时候的惊异。"听说你也一直没在家——这些年你都在什么地方?你看见过立刚没有?"

一阵莫大的恐慌，我对老太太怎么讲呢?我跟她说她的好立刚死了吗?早就被人家杀害了吗?幸喜她的注意并不在这里。人们说老年人就是长老了的小孩，这指的正是徐大娘。徐大娘正在一种天真的兴奋中，你心里会说："什么念头在她心里转哪，她这么忙？"

"你接到过他的信没有？"她的老眼游移不定地转动着，随即加上一句。说着她站起来，一件别的事情分明又引动她了。

徐大爷，像罪人般一直在旁边被煎熬的徐大爷，在他们遭遇的不幸中，长期的悲苦绝望中，他显然学会了体谅忍耐。

"你又？……"徐大爷可怜地瞧着他的老伴，从他的神色上，你又很容易看出他在向她乞求。

徐大娘干脆回答他："你别管！"

"可你这是干什么呀？你这是？"在绝望中，老头子的声音差不多变成了呜咽。徐大娘可不理他。徐大娘一直朝里边去了。

现在我仔细地观察徐大爷。徐大爷也老得多了，比起徐大娘，我要说你更老了。因为打击对你来得更重，你心上的负担更大，你的痛苦更深。因此你的眼睛也就更加下陷，在昏暗中看去像两个洞；你的头发更少更白，皱纹同样在你脸上生了根，可是你比你的老伴徐大娘更瘦，更干枯，更惨淡；你的衣服是破旧的，要不是徐大娘催逼，你穿上后决不会想到换的；你的纽扣——自然是早晨你忘记了，上面的两颗你没有扣上。精神上的负担给人的影响有多大呀，徐大爷？你在我对面几乎始终没有作声，眼睛茫然向空中瞅着，慢吞吞地吸着烟。烟早就灭了，可是你没有注意。你的眼里弥漫着泪。看了你的可怜的软弱老态，人决想不到你能忍受这么大的痛苦；而事实上，要不是你的一把年纪支持着你，你会忽然倒下去，用头撞着地或是桌子，你会哀伤得像孩子般痛哭着说："让我说出来吧，我受不住。让我全说出来吧！"你不会吗？你会的，即使在一个后辈面前你也会的啊！

那么，试想现在我能讲什么呢？面对这个老人。

"这城里变得真厉害。"我说。我们于是从这里开始，从这里谈到城隍庙，谈到地方上的奇闻，谈到最近两年来的收成，慢慢地，最后我们谈到他的女儿，徐立刚的妹妹。

这些自然是无聊话，敷衍话。当我们谈着的时候，我深信徐大爷大概正跟我同样——我们心里同样回荡着另一件事。为了害怕，为了避免触到它，我们才提出这些问题。但是除此之外，对着这个可怜老人我又能讲什么呢？一切正如料想，他们的生活很困难；至于他们的小女，那个我最后一次看见她还用红绒绳扎着双道髻的淘气小女孩，她也早在两年前出嫁了。

接着我们又不得不静默下来。在我们谈话中间，柜子在卧房里响着，徐大娘终于走出来了。

"怎么还不点上灯？"她精神很充足地问。

徐大爷将灯点上。

徐大娘回到网凳上。徐大娘手里拿个布包，一个一层一层用布严密包起来的包裹。

"这是立刚的信，"她说，一面把布包打开。

徐大娘小心翼翼地将布包打开，剥开一层又是一层。最后有几封被弄污被摸破的旧信从里头露出来了，人很容易看出好几年来她都谨慎地保存着，郑重地锁在柜子里，每遇见识字的，她就拿出来，它们曾经被无数的手摸过，无数次被打开过。

"你看这一封，"她从其中拣出一封顶龌龊的。"他怎么说？"

我忍着苦痛把信接过来。这一封是从一个煤矿上寄来的，虽然我很不情愿，也只得存着为了满足一个孩子的心情从信封里抽出信纸。

父亲大人：来信敬悉。我在这边差称平顺，以后最好少写信来。妹妹年纪还轻，似不必急于订婚；不过你跟母亲既然主意已定，事情原委我不清楚，很难参加意见。总之只要她本人将来满意就好。说到回家，恐怕对大家都不方便，只有将来再说了……

这些信的内容徐大娘大概早已记熟了，只要看信封上的记号她就准知道里面说什么了，但是她的老眼仍旧毫不瞬转地盯着我，留心听每一个字，好像要把它们捉住。很可能，这些字在她听去很可能一遍比一遍新鲜。

"他说他身子壮吗？"看见我停下来，她唠叨着问。

"是的，"我把信交还她。"他说他身子很壮。"

于是第二封，从湖北一所监狱里寄来的。

"好几年前头，"她叹息说，"他蓦地里写了这封信，教家里给他兑钱。"

第三封，最后的没有发信地址的一封——

我考虑好多遍，每次我都想到将来你们总会明白，把写成的信撕了。但是最后我仍旧决定写，我不能教你们白白想念我。请跟母亲说吧，父亲，硬起心肠（心肠硬有时是有好处的），请跟她说以后别等我了。现在我很平静。只有想到你们的时候我心里才乱……父亲，以后全家都放在你身上，妹妹跟母亲都系在你身上，你要保重自己。要想开一点，千万别抛开她们。要留心母亲。要好好看待妹妹。我知道你不会责备我。最好忘记我，权当根本没有我这个儿子……

我念着，手不住地抖着。

"他为什么说不回来了呢？"徐大娘怀疑地问我。"一千个好不如一个好，外面再好总没有家里好！"

大家都不作声。她的目光转到别处，望着空中，泪源源滚到老皱的脸上来。

"男孩子心肠真狠，不想想做娘的怎么过的，出门就不回来了！"她哽咽着，颤巍巍地举起手去擦眼泪。"好几年不往家里打信，我常常想，不知道他是胖或是瘦，也不知道受不受苦……我连模样都猜不出——本来家里有他一张照相，后来人家说要来搜查，徐大爷给他烧了。"

难言的悲怆，强迫我走开。我小时候的游伴，高大像他父亲，善良又像他母亲的大头徐立刚在我心头活动，在我面前和我相对的，是他身后遗留给这个世界的两位孤苦无助的老人，我的眼泪同样要流出来了。我的眼睛转向旁边，看见桌子在我进来之前已经抹光，桌面上整齐地摆着四双筷子，先前我没有注意。这当然不是给我摆的。

"你们有客吗，徐大爷？"我低声问，打算作为告辞的理由。

徐大爷始终沉浸在他自己的哀愁中，不可知的思想中，或幻梦中。

"没有，没有客。"

老人抬起头来懵懂地瞅着我，后来终于明白我的意思，翘翘下巴指着筷子，用几乎听不见的干哑声音说：

"那一双是我外甥女的，她来住几天。这一双是——是她给他放的！"

天下事还有比这更令人痛心并令人永远难忘？这筷子是给"他"预备的，给好儿子徐立刚的！他死了好几年，从人世上湮灭好几年，还一年一年被等待，被想念，他的母亲还担心他胖了瘦了，每天吃饭她还觉得跟平常一样，跟他在家时候一样，照例坐在她旁边。难道当真还有比这更令人绝望的吗？还有他们怎么想呢？那些谋杀徐立刚的人，当他们杀害他的时候，他们可曾想到母亲的心多仁慈，多广大，她的爱情多深吗？不，这些杀人的魔鬼是绝对不会想到的。

请想想两个老人的惊慌吧，当我终于硬着头皮站起来向他们告辞的时候。

"怎么，你要走吗？叔敖？你不在这里用饭？"徐大爷在后面大声呼喊。

徐大娘——她更加惊慌，跟小鸟一样，并且脸上还挂着泪呢。

"别走，叔敖，在这里吃饭！……你明天还来吗？"她用更大的声音向我呼喊。

我尽可能赶快走出去，或是说逃出去——不来了，徐大娘；还有你，徐大爷！让我们以河水发誓，除非城墙夷为平地，除非这个世界翻转来，永远不来了！

天不知几时黑下来了。我穿过天井，热泪突然滚到脸上，两个老人从后面追上来，直把我送出大门。街上没有灯火。所有的居民都已回到他们自己家里，他们的温暖的或不温暖的老巢里了。在上面，满天星斗正耿耿望着人间，望着这个平静的住着两个可怜老人的小城，照耀着寂无行人的街道。我摸索着沿街走下去，风迎面吹过来，一个"叫街"[3]的正远远地不知在何处哀呼。两个老人继续留在门口，许久许久，他们中间的一个——徐大爷在暗中叹了口气；他们中间的另一个——徐大娘说城门这时候大概落了锁。

一九四一年十月四日

注释：[1] 选自《中国现代短篇小说选》第四卷，人民文学出版社1980年版。[2] 师陀（1910—1988），原名王长简，河南杞县人。1946年以前用笔名芦焚。1921年高中毕业后赴北平谋生。"九一八"事变发生，即参加反帝大同盟，进行救亡宣传工作。师陀生长在一个闭塞的农村，但他凭着对世俗人生的领悟，在对人生出路的不断探寻中成长为著名作家。新中国成立后，历任上海出版公司总编辑、上海电影剧本创作所编剧。后在中国作协上海分会专门从事创作。著有短篇小说集《谷》，长篇小说《结婚》《马兰》。[3] "叫街"：旧社会北方小城里一种专门在夜间出来高声乞讨的行为。

**思考题：**

1. 小说在抒情上有什么特点？

2. "我"去看望两位老人，走时又发誓"永远不来了"，为什么？

3. 请用简要的语言概括徐大娘、徐大爷两位老人的性格特征。

# 最后的常春藤叶[1]

## 欧·亨利[2]

在华盛顿广场西面的一个小区里，街道仿佛发了狂似地，分成了许多叫作"巷子"的小胡同。这些"巷子"形成许多奇特的角度和曲线。一条街本身往往交叉一两回。有一次，一个艺术家发现这条街有它可贵之处。如果一个商人去收颜料、纸张和画布的账款，在这条街上转弯抹角、大兜圈子的时候，突然碰上一文钱也没收到、空手而回的他自己，那才有意思呢！

因此，搞艺术的人不久都到这个古色古香的格林威治村[3]来了。他们逛来逛去，寻找朝北的窗户，十八世纪的三角墙，荷兰式的阁楼，以及低廉的房租。接着，他们又从六马路买来了一些锡蜡杯子和一两只烘锅，组成了一个"艺术区"。

苏艾和琼珊在一座矮墩墩的三层砖屋的顶楼设立了她们的画室。"琼珊"是琼娜的昵称。两人一个是从缅因州来的；另一个的家乡是加利福尼亚州。她们是在八马路上一家"德尔蒙尼戈饭馆"里吃客饭时碰到的，彼此一谈，发现她们对于艺术、饮食、衣着的口味十分相投，结果便联合租下了那间画室。

那是五月间的事。到了十一月，一个冷酷无情，肉眼看不见，医生管他叫"肺炎"的不速之客，在艺术区里潜蹑着，用他的冰冷的手指这儿碰碰那儿摸摸。在广场的东面，这个坏家伙明目张胆地走动着，每闯一次祸，受害的人总有几十个。但是，在这错综复杂、狭窄而苔藓遍地的"巷子"里，他的脚步却放慢了。

"肺炎先生"并不是你们所谓的扶弱济困的老绅士。一个弱小的女人，已经被加利福尼亚的西风吹得没有什么血色了，当然经不起那个有着红拳头、气吁吁的老家伙的赏识。但他竟然打击了琼珊：她躺在那张漆过的铁床上，一动也不动，望着荷兰式小窗外对面砖屋的墙壁。

一天早晨，那位忙碌的医生扬扬他那蓬松的灰眉毛，招呼苏艾到过道上去。

"依我看，她的病只有一成希望。"他说，一面把体温表里的水银甩下去。"那一成希望在于她自己要不要活下去。人们不想活，情愿照顾殡仪馆的生意，这种精神状态使医药一筹莫展。你的这位小姐满肚子以为自己不会好了。她有什么心事吗？"

"她——她希望有一天能去画那不勒斯海湾。"苏艾说。

"绘画？——别扯淡了！她心里有没有值得想两次的事情——比如说，男人？"

"男人？"苏艾像吹小口琴似地哼了一声说。"难道男人值得——别说啦，不，大夫；根本没有那种事。"

"那么，一定是身体虚弱的关系。"医生说。"我一定尽我所知，用科学所能达到的一切方法来治疗她。可是每逢我的病人开始盘算有多少辆马车送他出殡的时候，我就得把医药的治疗力量减去百分之五十。要是你能使她对冬季大衣的袖子式样发生兴趣，提出一个问题，我就可以保证，她恢复的机会准能从十分之一提高到五分之一。"

医生离去之后，苏艾到工作室里哭了一场，把一张日本纸餐巾擦得一团糟。然后，她拿起画板，吹着拉格泰姆[4]音乐调子，昂首阔步地走进琼珊的房间。

琼珊躺在被窝里，脸朝着窗口，一点儿动静也没有。苏艾以为她睡着了，赶紧不吹口哨。

她架好画板，开始替杂志社画一幅短篇小说的钢笔画插图。青年画家不得不以杂志小说的插图来铺平通向艺术的道路，而这些小说则是青年作家为了铺平文学道路而创作的。

苏艾正为小说里的主角，一个爱达荷州的牧人，画上一条在马匹展览会里穿的漂亮的马裤和一片单眼镜，忽然听到一个微弱的声音重复了几遍。她赶紧走到床边。

琼珊的眼睛睁得大大的。她望着窗外，在计数——倒数上来。

"十二，"她说，过了一会儿，又说"十一"；接着是"十""九"；再接着是几乎连在一起的"八"和"七"。

苏艾关切地向窗外望去。有什么可数的呢？外面见到的只是一个空荡荡、阴沉沉的院子，和二十英尺外的一幢砖屋的墙壁。一株极老极老的常春藤，纠结的根已经枯萎，攀在半墙上。秋季的寒风把藤上的叶子差不多全吹落了，只剩下几根几乎是光秃秃的藤枝依附在那堵松动残缺的砖墙上。

"怎么回事，亲爱的？"苏艾问道。

"六。"琼珊说，声音低得像是耳语。"它们现在掉得快些了。三天前差不多有一百片。数得我头昏眼花。现在可容易了。喏，又掉了一片。只剩下五片了。"

"五片什么，亲爱的？告诉你的苏艾。"

"叶子。常春藤上的叶子。等最后一片掉落下来，我也得去了。三天前我就知道了。难道大夫没有告诉你吗？"

"哟，我从没听到这样荒唐的话。"苏艾装出满不在乎的样子数落她说。"老藤叶同你的病有什么相干？你一向很喜欢那株常春藤，得啦，你这淘气的姑娘。别发傻啦。我倒忘了，大夫今早晨告诉我，你很快康复的机会是——让我想想，他是怎么说的——他说你好的希望是十比一！哟，那几乎跟我们在纽约搭街车或者走过一幢新房子的工地一样，碰到意外的时候很少。现在喝一点儿汤吧。让苏艾继续画图，好卖给编辑先生，换了钱给她的病孩子买点儿红葡萄酒，也买些猪排填填她自己的馋嘴。"

"你不用再买什么酒啦。"琼珊说，仍然凝视着窗外。"又掉了一片。不，我不要喝汤。只剩四片了。我希望在天黑之前看到最后的藤叶飘落下来。那时候我也该去了。"

"琼珊，亲爱的，"苏艾弯着身子对她说，"你能不能答应我，在我画完之前，别睁开眼睛，别瞧窗外？那些图画我明天得交。我需要光线，不然我早就把窗帘拉下来了。"

"你不能到另一间屋子里去画吗？"琼珊冷冷地问道。

"我要待在这儿，跟你在一起。"苏艾说。"而且我不喜欢你老盯着那些莫名其妙的藤叶。"

"你一画完就告诉我，"琼珊闭上眼睛说，她脸色惨白，静静地躺着，活像一尊倒塌下来的塑像，"因为我要看那最后的藤叶掉下来。我等得不耐烦了。也想得不耐烦了。我想摆脱一切，像一片可怜的、厌倦的藤叶，悠悠地往下飘，往下飘。"

"你争取睡一会儿。"苏艾说。"我要去叫贝尔曼上来，替我做那个隐居的老矿工的模特儿。我去不了一分钟。在我回来之前，千万别动。"

老贝尔曼是住在楼下底层的一个画家。他年纪六十开外，有一把像米开朗琪罗[5]的摩西雕像上的胡子，从萨蒂尔[6]似的脑袋上顺着小鬼般的身体卷垂下来。贝尔曼在艺术界是个失意的人。他要了四十年的画笔，还是同艺术女神隔有相当距离，连她的长袍的边缘都没有摸到。他老是说就要画一幅杰作，可是始终没有动手。除了偶尔涂抹一些商业画或广告画之外，几年来没有画过什么。他替"艺术区"里那些雇不起职业模特儿的青年艺术家充当模特儿，挣几个小钱。他喝杜松子酒总是过量，老是唠唠叨叨地谈着他未来的杰作。此外，他还是个暴躁的小老头儿，极端瞧不起别人的温情，却认为自己是保护楼上两个青年艺术家的看家凶狗。

苏艾在楼下那间灯光黯淡的小屋子里找到了酒气扑人的贝尔曼。角落里的画架上绷着一幅空白的画布，它在那儿静候杰作的落笔，已经有了二十五年。她把琼珊的想法告诉了他，又说她多么担心，唯恐那个虚弱得像枯叶一般的琼珊抓不住她同世界的微弱牵连，真会撒手去世。

老贝尔曼的充血的眼睛老是迎风流泪，他对这种白痴般的想法大不以为然，连讽带刺地咆哮了一阵子。

"什么话！"他嚷道。"难道世界上竟有这种傻子，因为可恶的藤叶落掉而想死？我活了一辈子也没有听到过这种怪事。不，我没有心思替你当那无聊的隐士模特儿。你怎么能让她脑袋里有这种傻念头呢？唉，可怜的小琼珊小姐。"

"她病得很厉害，很虚弱，"苏艾说，"高烧烧得她疑神疑鬼，满脑袋都是希奇古怪的念头。好吧，贝尔曼先生，既然你不愿意替我当模特儿，我也不勉强了。我认得你这个可恶的老——老贫嘴。"

"你真女人气！"贝尔曼嚷道。"谁说我不愿意？走吧。我跟你一起去。我已经说了半天，愿意替你效劳。天哪！像琼珊小姐那样好的人实在不应该在这种地方害病。总有一天，我要画一幅杰作，那么我们都可以离开这里啦。天哪！是啊。"

他们上楼时，琼珊已经睡着了。苏艾把窗帘拉到窗槛上，做手势让贝尔曼到另一间屋子里去。他们在那儿担心地瞥着窗外的常春藤。接着，他们默默无言地对瞅了一会儿。寒雨夹着雪花下个不停。贝尔曼穿着一件蓝色的旧衬衫，坐在一口翻转过来的权充岩石的铁锅上，扮作隐居的矿工。

第二天早晨，苏艾睡了一个小时醒来的时候，看到琼珊睁着无神的眼睛，凝视着放下来的绿窗帘。

"把窗帘拉上去，我要看。"她用微弱的声音命令着。

苏艾困倦地照着做了。

可是，看哪！经过了漫漫长夜的风吹雨打，仍旧有一片常春藤的叶子贴在墙上。它是藤上最后的一叶了。靠近叶柄的颜色还是深绿的，但那锯齿形的边缘已染上了枯败的黄色，它傲然挂在离地面二十来英尺的一根藤枝上面。

"那是最后的一片叶子。"琼珊说。"我以为昨夜它一定会掉落的。我听到刮风的声音。它今天会脱落的，同时我也要死了。"

"哎呀，哎呀！"苏艾把她困倦的脸凑到枕边说，"如果你不为自己着想，也得替我想想呀。我可怎么办呢？"

但是琼珊没有回答。一个准备走上神秘遥远的死亡道路的心灵，是全世界最寂寞、最悲凉的了。当她与尘世和友情之间的联系一片片地脱离时，那个玄想似乎更有力地掌握了她。

那一天总算熬了过去。黄昏时，她们看到墙上那片孤零零的藤叶仍旧依附在茎上。随夜晚同来的是北风的怒号，雨点不住地打在窗上，从荷兰式的低屋檐上倾泻下来。

天色刚明的时候，狠心的琼珊又吩咐把窗帘拉上去。

那片常春藤叶仍在墙上。

琼珊躺着对它看了很久。然后她喊苏艾，苏艾正在煤气炉上搅动给琼珊喝的鸡汤。

"我真是一个坏姑娘，苏艾，"琼珊说，"冥冥中有什么使那最后的一片叶子不掉下来，启示了我过去是多么邪恶。不想活下去是个罪恶。现在请你拿些汤来，再弄一点掺葡萄酒的牛奶，再——等一下；先拿一面小镜子给我，用枕头替我垫垫高，我要坐起来看你煮东西。"

一小时后，她说：

"苏艾，我希望有朝一日能去那不勒斯海湾写生。"

下午，医生来了，他离去时，苏艾找了个借口，跑到过道上。

"好的希望有了五成。"医生抓住苏艾瘦小的、颤抖的手说。"只要好好护理，你会胜利的。现在我得去楼下看看另一个病人。他姓贝尔曼——据我所知，也是搞艺术的。也是肺炎。他上了年纪，身体虚弱，病势来得很猛。他可没有希望了，不过今天还是要把他送进医院，让他舒服些。"

第二天，医生对苏艾说："她现在脱离危险了。你赢啦。现在只要营养和调理就行啦。"

那天下午，苏艾跑到床边，琼珊靠在那儿，心满意足地在织一条毫无用处的深蓝色肩巾，苏艾连枕头把她一把抱住。

"我有些话要告诉你，小东西。"她说。"贝尔曼先生今天在医院里去世了。他害肺炎，只病了两天。头天早上，看门人在楼下的房间里发现他痛苦得要命。他的鞋子和衣服都湿透了，冰凉冰凉的。他们想不出，在那种凄风苦雨的夜里，他究竟是到什么地方去的。后来，他们找到了一盏还燃着的灯笼，一把从原来地方挪动过的梯子，还有几支散落的画笔，一块调色板，上面和了绿色和黄色的颜料，末了——看看窗外，亲爱的，看看墙上最后的一片叶子。你不是觉得纳闷，它为什么在风中不飘不动吗？啊，亲爱的，那是贝尔曼的杰作——那晚最后的一片叶子掉落时，他画在墙上的。"

**注释：**[1]选自王仲年译《欧·亨利短篇小说选》，人民文学出版社1986年版。[2]欧·亨利（1862—1910）：20世纪初美国著名短篇小说家，与法国的莫泊桑、俄国的契诃夫并称为"世界三大短篇小说大师"。其作品描写了众多的人物，富于生活情趣，被誉为"美国生活的幽默百科全书"。他善于戏剧性地设计情节，埋下伏笔，做好铺垫，最后在结尾处出现一个出人意料的结局，既在意料之外，又在情理之中，令人称奇。处理小说的结尾，成为欧·亨利最具创造性的贡献，被称为"欧·亨利式结尾"。[3] 格林威治村：当时美国纽约市西区的一个地方，住在这里的多半是作家、艺术家。[4] 拉格泰姆（ragtime）：美国流行音乐形式之一，产生于 1900 年前后。当时美国经济繁荣，芝加哥、圣路易斯等地都纷纷举办世界博览会。一些从美国南部和中西部来的乐师，在公共场所弹奏娱乐宾客的钢琴曲，这种乐曲只注重节奏变化而不注重旋律，情绪欢快，类似于令人发笑的节拍，被称为"拉格泰姆"。[5] 米开朗琪罗（1475—1564）：意大利著名画家、雕塑家、建筑师。他曾在罗马教皇朱利二世的墓上雕刻了摩西的像。摩西，《圣经》中犹太人的领袖，他带领在埃及为奴的犹太人逃回了迦南（今巴勒斯坦一带）。[6] 萨蒂尔：古希腊神话中半人半兽的森林之神。

**思考题：**

1. 小说的主人公是谁？小说反映了主人公什么样的品质？

2. 小说是如何刻画和展现人物性格的？

3. 结合课文分析，小说到结尾处才说明事实真相，这能够起到什么样的表达效果？

# 第三单元

# 繁体字识记与文言翻译能力单元

※※※※※※※※※※※※※※※※※※※※※※※※※※※※

**单元教学目标**

本单元主要通过选定内容的学练,在增长知识的基础上,重点训练学生的繁体字识记和文言文翻译能力,使学生具备一定程度的古代典籍阅读能力,为学生了解中国传统文化、培养民族自信心和自豪感提供基础支持。

**单元教学提示**

本单元共设置繁体字识记和文言文译白话文两个训练项目。教学中可根据课时、学生需要等灵活掌握。

※※※※※※※※※※※※※※※※※※※※※※※※※※※※

## 项目一　繁体字识记

※※※※※※※※※※※※※※※※※※※※※※※※※※※※

**教学目标**

本项目主要通过繁体字作品阅读,重点培养学生对繁体字的识记能力,为学生阅读繁体字印刷读物特别是古代典籍打基础,为文言文翻译能力养成作准备,同时夯实学生的汉字知识基础,培养学生的美好情感,陶冶学生的道德情操,升华学生的思想境界。

**教学提示**

本项目选择的是以繁体字为印刷载体的文学作品。在教学过程中,应把重点放在繁体字的识认、书写和理解上。在此基础上兼及作品的思想内容和艺术形式等方面的教学。

**基础知识**

汉字是承载、表现汉语信息的语言符号，距今已有六千年以上的历史，是世界上最古老的文字之一。汉字是一种表意文字，但也有表音成分。一个字代表一个音节。

笔画是汉字的最小构成单位，按照先横后竖，先撇后捺，从上到下，从左到右，先外后内再封口，先中间后两边的书写规则而构成汉字。汉字可分为独体字和合体字两大类。独体字不能分割，如"日""月"等；合体字则由两个或两个以上的字根组合而成，常见组合方式有：上下结构，如"旦""思""美"等；左右结构，如"汉""语""朝"等；半包围结构，如"同""近""超"等；全包围结构，如"园""回""国"等；复合结构，如"赢""辨""籍"等。合体字占到了汉字的90%以上。

汉字的造字法，古人总结为"六书"。最早提到"六书"的是《周礼》，但《周礼》没有说明"六书"的具体内容。到了东汉，许慎在《说文解字》中明确指出"六书"即象形、指事、会意、形声、转注、假借六种造字法。象形是一种描摹实物形状的造字法，如山、马、木等。指事也称象事、处事，是以象征性符号表示意义的造字法，通常分为两种情况：一种是由纯符号组成指事字，如"上"（上）、"下"（下）等；另一种是在一个汉字的基础上加上指事符号组成指事字，如"本""末"等。会意是利用已有的字依据事理加以组合而表示新意义的造字法，如日、月为"明"，双"火"为"炎"等。形声也叫象声、谐声，是一种由意符与声符组合成字的造字法，如"开""关"，其中"门"表意，"开""关"表音。汉字中的80%以上是形声字。转注是后世解读争议较大的一种造字法。许慎的说法是："转注者，建类一首，同意相受，考、老是也。"就是在一个意义相同、相近或相通的部首基础上创造新字的造字法，如以"木"为部首，可以创造出若干与"木"意相关的汉字。后人形成形转说、音转说和义转说的不同解读。"假借者，本无其字，依声托事"，即假借是一种在有音无形或有事物而无汉字标示时借用已有同音汉字进行表示的造字法，如"来"，本指小麦，借以表示"往来"之"来"；再如"又"，本指右手，假用为连词。

　　汉字的形体大体上经历了甲骨文、金文（钟鼎文）、大篆、小篆、隶书、楷书、简化字等演化过程，并有行书、草书等变体。是一种艺术性很强的语言符号系统。

　　在古代汉语的诠释中，古今字、异体字、繁简字通常用"同"标示，如"内"同"纳"（古今字）、"桮"同"杯"（异体字）、"歲"同"岁"（繁简字）。假借字通常用"通"标示，如因字形相近而通假——学而时习之不亦说乎——"说"通"悦"；因音同或音近而通假——不闻耶娘唤女声——"耶"通"爷"；因传抄刊刻错误而通假——溯洄从之，道阻且右——"右"通"石"。

　　关于汉字的数量，汉朝许慎的《说文解字》共收录9353字，是最早的汉字集成数据。唐代封演《闻见记》说，南朝梁武帝大同九年（543），太学博士顾野王所撰的《玉篇》"凡一万六千九百一十七字"。宋真宗大中祥符六年（1013），陈彭年、丘雍、余锐等在《玉篇》基础上奉敕重修的《大广益会玉篇》则有22726字。北宋丁度、司马光等奉敕修撰的《类篇》收录31319个汉字。宋仁宗景祐四年（1037）丁度、宋祁等受命开始修纂到英宗治平四年由司马光编定成书的《集韵》收录53525字。清代，由文华殿大学士兼户部尚书张玉书及经筵讲官、文渊阁大学士兼吏部尚书陈廷敬主编并成书于康熙五十五年（1716）的《康熙字典》收字47035个，虽比《集韵》收录字数少，但应用广泛，影响很大。近代以来，中国台湾的《中文大字典》收字49905个；四川辞书出版社、湖北辞书出版社1993年联合出版的《汉语大字典》收字约56000个；中华书局、中国友谊出版公司1994年出版的《中华字海》收字85568个。在汉字计算机编码标准中，中华人民共和国GB18030、GBK收录简体、繁体及日语、韩语汉字20912个；CJK扩充字符集B收录汉字42710个；方正超大字符集收录汉字65531个；中国台湾CNS11643（4.0），收录可考证的繁体字、简体字以及日语、韩语中的汉字共76067个；北京国安咨询设备公司汉字字库收入有出处汉字91251个。2009年1月《新概念五笔2009》字海版，收录《中华字海》全部汉语单字并制作配套增补字体（TrueType），共有12万2千多简繁体汉字。

　　据统计，现代汉语常用字2500个，次常用字1000个，现代汉语通用字7000个。统计结果表明，2500个常用字覆盖率达97.97%，1000个次

常用字覆盖率达 1.51%，合计 3500 字覆盖率达 99.48%。简体与繁体的
统计结果相差不大。

目前，中国台湾、香港、澳门和北美地区的华人社会使用繁体字，
简体字则流行于中国大陆、新加坡以及东南亚的华人社区；日语中的汉
字也进行了简化。繁简两种汉字书写系统虽然有差异，但常用汉字的个
体差异不到 25%。

※※※※※※※※※※※※※※※※※※※※※※※※※※※※※※

# 神龜之辯[1]

## 司馬遷[2]

宋元王[3]二年，江使神龜使於河[4]，至於泉陽[5]，漁者豫且[6]舉網
得而囚之。置之籠中。夜半，龜來見夢[7]於宋元王曰：“我為江使於河，
而幕網當[8]吾路。泉陽豫且得我，我不能去。身在患[9]中，莫可告
語[10]。王有德義，故來告訴。”元王惕然而悟[11]。乃召博士衛平[12]而問
之曰：“今寡人夢見一丈夫，延頸[13]而長頭，衣玄繡之衣而乘輜車[14]，
來見夢於寡人曰：‘我為江使於河，而幕網當吾路。泉陽豫且得我，我不
能去。身在患中，莫可告語。王有德義，故來告訴。’是何物也？”衛平
乃援式[15]而起，仰天而視月之光，觀斗所指[16]，定日處鄉[17]。規矩為
輔[18]，副以權衡[19]。四維[20]已定，八卦[21]相望。視其吉凶，介蟲先
見[22]。乃對元王曰：“今昔壬子[23]，宿在牽牛[24]。河水大會[25]，鬼神
相謀[26]。漢[27]正南北，江河固期[28]，南風新至，江使先來。白雲壅
漢[29]，萬物盡留。斗柄指日，使者當囚。玄服而乘輜車，其名為龜。王
急使人問而求之。”王曰：“善。”

於是王乃使人馳而往問泉陽令曰：“漁者幾何家？名誰為豫且？豫且
得龜，見夢於王，王故使我求之。”泉陽令乃使吏案籍視圖[30]，水上漁
者五十五家，上流之廬，名為豫且。泉陽令曰：“諾。”乃與使者馳而問
豫且曰：“今昔汝漁何得？”豫且曰：“夜半時舉網得龜[31]。”使者曰：
“今龜安在[32]？”曰：“在籠中。”使者曰：“王知子得龜，故使我求之。”
豫且曰：“諾。”即系龜而出之籠中，獻使者。

使者載行，出於泉陽之門。正晝無見[33]，風雨晦冥。雲蓋其上，五

采[34]青黄；雷雨並起，風將[35]而行。入於端門[36]，見於東箱[37]。身如流水，潤澤有光。望見元王，延頸而前，三步而止，縮頸而卻[38]，複其故處。元王見而怪之，問衛平曰：“龜見寡人，延頸而前，以何望[39]也？縮頸而複，是何當[40]也？”衛平對曰：“龜在患中，而終昔囚[41]，王有德義，使人活之。今延頸而前，以當謝也，縮頸而卻，欲亟去[42]也。”元王曰：“善哉！神至如此乎，不可久留；趣[43]駕送龜，勿令失期[44]。”

　　衛平對曰：“龜者是天下之寶也，先得此龜者為天子，且十言十當[45]，十戰十勝。生於深淵，長於黃土。知天之道，明於上古。遊三千歲，不出其域。安平靜正，動不用力。壽蔽[46]天地，莫知其極。與物變化，四時變色。居而自匿，伏而不食。春倉[47]夏黃，秋白冬黑。明於陰陽，審於刑德[48]。先知利害，察於禍福，以言而當[49]，以戰而勝，王能寶之，諸侯盡服。王勿遣也，以安社稷。”

　　元王曰：“龜甚神靈，降於上天，陷於深淵。在患難中。以我為賢。德厚而忠信，故來告寡人。寡人若不遣也，是漁者也。漁者利其肉，寡人貪其力，下為不仁，上為無德。君臣無禮，何從有福[50]？寡人不忍，奈何[51]勿遣！”

　　衛平對曰：“不然。臣聞盛德不報[52]，重寄不歸[53]；天與[54]不受，天奪之寶。今龜周流天下，還複其所，上至蒼天，下薄泥塗[55]。還[56]遍九州島，未嘗愧辱，無所稽留[57]。今至泉陽，漁者辱而囚之。王雖遣之，江河必怒，務求報仇。自以為侵，因神與謀。淫雨不霽[58]，水不可治。若為枯旱，風而揚埃，蝗蟲暴生，百姓失時。王行仁義，其罰必來。此無佗[59]故，其祟[60]在龜。後雖悔之，豈有及哉！王勿遣也。”

　　元王慨然而歎曰：“夫逆[61]人之使，絕[62]人之謀，是不暴[63]乎？取人之有，以自為寶，是不強[64]乎？寡人聞之，暴得者必暴亡，強取者必後無功。桀紂[65]暴強，身死國亡。今我聽子，是無仁義之名而有暴強之道。江河為湯武[66]，我為桀紂。未見其利，恐離其咎[67]。寡人狐疑[68]，安事此寶[69]，趣駕送龜，勿令久留。”衛平對曰：“不然，王其無患[70]。天地之間，累石為山。高而不壞，地得為安。故雲物或危而顧安[71]，或輕而不可遷[72]；人或忠信而不如誕謾[73]，或醜惡而宜大官[74]，或美好佳麗而為眾人患[75]。非神聖人，莫能盡言。春秋冬夏，或暑或寒。寒暑不和，賊氣相奸[76]。同歲異節[77]，其時使然。故令春生夏長，秋收冬藏。或為仁義，或為暴強。暴強有鄉[78]，仁義有時。萬物盡然，不可勝治[79]。大王聽臣，臣請悉[80]言之。天出五色，以辨白黑。地生五穀，以知善惡。人民莫知辨也，與禽獸相若。穀居而穴處，不知田作。天下禍亂，陰陽相錯。匆匆疾疾[81]，通而不相擇[82]。妖孽數見[83]，傳為單薄[84]。聖人別其生[85]，使無相獲[86]。禽獸有牝牡[87]，置之山原；鳥有雌雄，布之林澤；有介之蟲，置之溪穀。故牧[88]人民，為之城郭[89]，內經閭術[90]，外為阡陌[91]。夫妻男女，賦[92]之田宅，列其室屋。為之圖籍，別其名族。立官置吏，勸以爵祿。衣以桑麻，養以五穀。耕之耰[93]之，鉏之耨之[94]。口得所嗜，目得所美，身受其利。以是觀之，非強不至。故曰田者不強，困倉不盈[95]；商賈不強，不得其贏；婦女不強，布帛不精；官禦不強，其勢不成；大將不強，卒不使令；侯王不強，沒世無名。故雲強者，事之始也，分之理也，物之紀也。所求於強，無不有也。王以為不然，王獨不聞玉櫝只雉[96]，出於昆山；明月之珠，出於四海；鐫石拌蚌[97]，傳賣於市；聖人得之，以為大寶。大寶所在，乃為天子。今王自以為暴，不如拌蚌於海也；自以為強，不過鐫石於昆山也。取者無咎，寶者無患。今龜使來抵網，而遭漁者得之，見夢自言，是國之寶也，王何憂焉。”

元王曰：“不然。寡人聞之，諫者福也，諛者賊也。人主聽諛，是愚惑也。雖然，禍不妄至[98]，福不徒來[99]。天地合氣，以生百財。陰陽有分，不離四時，十有二月，日至為期。聖人徹焉[100]，身乃無災。明王用之，人莫敢欺。故雲福之至也，人自生之；禍之至也，人自成之。禍與福同，刑與德雙。聖人察之，以知吉凶。桀紂之時，與天爭功，擁遏[101]鬼神，使不得通。是固[102]已無道矣，諛臣有[103]眾。桀有諛臣，名曰趙梁。教為無道，勸以貪狼[104]。系湯夏臺[105]，殺關龍逢[106]。左右恐死，偷諛於傍。國危於累卵，皆曰無傷[107]。稱樂萬歲，或曰未央[108]。蔽其耳目，與之詐狂。湯卒[109]伐桀，身死國亡。聽其諛臣，身獨受殃。春秋著之[110]，至今不忘。紂有諛臣，名為左強。誇而目巧[111]，教為象郎[112]。將至於天，又有玉床。犀玉之器，象箸而羹。聖人剖其心[113]，壯士斬其胻[114]。箕子[115]恐死，被發佯狂[116]。殺周太子曆[117]，囚文王昌[118]。投之石室，將以昔[119]至明。陰兢活之[120]，與之俱亡。入於周地，得太公望[121]。興卒聚兵，與紂相攻。文王病死，載屍以行。太子發[122]代將，號為武王。戰於牧野[123]，破之華山之陽。紂不勝，敗而還走，圍之象郎。自殺宣室[124]，身死不葬。頭懸車軨[125]，四馬曳行。寡人念其如此，腸如涫湯[126]。是人[127]皆富有天下而貴至天子，然而大傲。欲無厭[128]時，舉事而喜高，貪很[129]而驕。不用忠信，聽其諛臣，而為天下笑。今寡人之邦，居諸侯之間，曾[130]不如秋毫。舉事不當，又安亡逃！"衛平對曰："不然。河雖神賢，不如昆侖之山；江之源理[131]，不如四海，而人尚奪取其寶，諸侯爭之，兵革為起。小國見[132]亡，大國危殆[133]，殺人父兄，虜人妻子，殘國滅廟[134]，以爭此寶。戰攻分爭，是暴強也。故雲取之以暴強而治以文理[135]，無逆四時，必親賢士；與陰陽化[136]，鬼神為使；通於天地，與之為友。諸侯賓服[137]，民眾殷[138]喜。邦家安寧，與世更始[139]。湯武行之，乃取天子；春秋著之，以為經紀[140]。王不自稱湯武，而自比桀紂。桀紂為暴強也，固以為常。桀為瓦室[141]，紂為象郎。征絲灼之[142]，務以費氓[143]。賦斂無度，殺戮無方[144]。殺人六畜，以韋為囊[145]。囊盛其血，與人縣[146]而射之，與天帝爭強。逆亂四時，先百鬼嘗[147]。諫者輒[148]死，諛者在傍。聖人伏匿，百姓莫行。天數枯旱，國多妖祥[149]。螟蟲歲生[150]，五穀不成。民不安其處，鬼神不享。飄風[151]日起，正晝晦冥。日月並蝕，滅息無光。列星奔亂，皆絕紀綱[152]。以是觀之，安得久長！雖無湯武，時固當亡。故湯伐桀，武王克紂，其時使然。乃為天子，子孫續世；終身無咎，後世稱[153]之，至今不已[154]。是皆當時而行，見事而強，乃能成其帝王。今龜，大寶也，為聖人使，傳之賢。不用手足，雷電將之；風雨送之，流水行之。侯王有德，乃得當之。今王有德而當此寶，恐不敢受；王若遣之，宋必有咎。後雖悔之，亦無及已。"

元王大悅而喜。於是元王向日而謝，再拜而受。擇日齋戒，甲乙最良[155]。乃刑[156]白雉，及與驪羊[157]；以血灌龜，於壇中央。以刀剝之，身全不傷。脯酒禮之[158]，橫其腹腸。荊支[159]卜之，必制其創[160]。理達於理[161]，文相錯迎[162]。使工占之，所言盡當。邦福重寶，聞於傍鄉[163]。殺牛取革，被[164]鄭之桐。草木畢分[165]，化為甲兵。戰勝攻取，莫如元王。元王之時，衛平相宋，宋國最強，龜之力也。

故雲神至能見夢於元王，而不能自出漁者之籠。身能十言盡當，不能通使於河，還報於江。賢能令人戰勝攻取，不能自解[166]於刀鋒，免剝

刺之患。聖能先知亟見[167]，而不能令衛平無言。言事百全，至身而
攣[168]。當時不利，又焉[169]事賢！賢者有恆常[170]，士有適然[171]。是故
明有所不見，聽有所不聞；人雖賢，不能左畫方，右畫圓；日月之明，
而時蔽於浮雲。羿[172]名善射，不如雄渠、蠭門[173]；禹名為辯智，而不
能勝鬼神。地柱折，天故毋椽[174]，又奈何責人於全？孔子聞之曰："神
龜知吉凶，而骨直空枯[175]。日為德而君於天下，辱於三足之烏[176]。月
為刑而相佐[177]，見食於蝦蟆[178]。蝟辱於鵲[179]，騰蛇之神而殆於即
且[180]。竹外有節理，中直空虛；松柏為百木長，而守門閭。日辰不全，
故有孤虛[181]。黃金有疵，白玉有瑕。事有所疾，亦有所徐。物有所拘，
亦有所據。罔有所數[182]，亦有所疏。人有所貴，亦有所不如。何可而適
乎[183]？物安可全乎[184]？天尚不全，故世為屋[185]，不成三瓦而陳
之[186]，以應之天。天下有階，物不全乃生也。"

　　褚先生[187]曰：漁者舉網而得神龜，龜自見夢宋元王，元王召博士衛
平告以夢龜狀，平運式，定日月，分衡度，視吉凶，占龜與物色同，平
諫王留神龜以為國重寶，美矣。古者筮必稱龜者，以其令[188]名，所從來
久矣。餘述而為傳[189]。

　　**注釋**：[1] 節選自《史記·龜策列傳》。題目為編者所加。[2] 司
馬遷：字子長，夏陽（今陝西韓城）人。約生於前 145 年或前 135 年，
卒年不詳。西漢史學家、文學家、思想家。作《史記》。[3] 宋元王
（？—前 517）：即宋元公，《莊子·外物篇》作"宋元君"，春秋時期宋
國國君。前 531 年至前 517 年在位。[4] 江使神龜使於河：江神派遣神
龜到黃河出使。江，長江，這裏指長江之神。第一個"使"讀作 shì，
派，派遣。第二個"使"讀作 shǐ，出使。河，黃河，這裏指黃河之神。
[5] 泉陽：古縣名。[6] 豫且（jū）：漁民。[7] 見（xiàn）夢：托夢。
見，同"現"。[8] 羃網：漁網。偏義複合詞。當：同"擋"。[9] 患：
難（nàn），患難。[10] 莫可告語：無人可以求告。莫，無，沒有。告
語，報告訴說，這裏是告求之意。[11] 惕然而悟：猛然驚醒。惕然，驚
懼貌。[12] 博士：官名，始置於戰國，主掌史事、書籍、典守及待問；
秦漢沿用，實為學官。春秋時尚無博士之官，這裏是借用漢時稱謂，實
際上當為太史一類的官員。衛平：宋元公之臣，根據文中對其學術能力

的記載，當為太史。[13] 延頸：伸著脖子。[14] 衣玄繡之衣而乘輜車：穿著黑色繡衣，坐著帷蓋車子。衣（yì），名詞動用，穿，著。玄，黑色。輜車，有帷蓋的車。[15] 乃：連詞，就，於是。援：引，拉，這裏是拿的意思。式：同"軾"，蕳具。[16] 觀鬥所指：觀看北斗星鬥柄所指的方向。[17] 定日處鄉：確定太陽所處的區域和方向。鄉，通"向"，讀作 xiàng。[18] 規矩：圓規和矩尺。規，畫圓的工具。矩，畫方或直線的工具。[19] 副：輔助，加上。權：秤砣。衡：秤桿。[20] 四維：四方，即東南西北四個方向。一說指東南、西南、西北、東北四隅。[21] 八卦：《周易》中的八種基本圖形。用陽爻"—"和陰爻"--"組合而成，分別是乾、坤、震、巽、坎、離、艮、兌。分別象徵天、地、雷、風、水、火、山、澤以及同類屬性的若干事物。[22] 介蟲：有甲之蟲，這裏指龜。古人把動物統稱為蟲，如有甲類的稱為介蟲，人稱為裸蟲等。見：同"現"，顯現，出現。[23] 壬子：天干地支計時法中的日期。一說指壬子日，一說指壬日子時。[24] 宿（xiù）在牽牛：太陽處在牛宿方外。宿，中國古代對星體在天空中位次的稱謂，通常分為二十八宿。牽牛，牛宿的別稱。[25] 河水大會：黃河水系的水神大規模聚會。河水，這裏指黃河水系的諸神。[26] 相謀：相聚議事。[27] 漢正南北：銀河處於正南正北方向。漢，銀漢，天河。[28] 江河固期：長江之神、黃河之神約定的日期。固，原本，本來。[29] 壅漢：阻塞了天河。[30] 案籍視圖：查找戶籍，觀看地圖。案，名詞用為動詞，這裏是"查找""查看"之意。[31] 得龜：《史記會注考證》引《莊子·外物篇》："得白龜焉，其圓五尺。"與本文所記玄龜有異。[32] 安在：在哪里。介賓倒置。[33] 正晝無見：大白天什麼也看不見。[34] 五采：指赤、黃、白、青、黑五種色彩。采，同"彩"。[35] 將：帶，攜帶。[36] 端門：宮殿的正門。端，正。[37] 東箱：東側殿。箱，通"廂"，廂房，側房。[38] 卻：退。[39] 以何望：為什麼看（我）。以，介詞，因，因為。[40] 是何當：這是什麼意思。當（dàng），應對。[41] 終昔囚：整夜被囚。[42] 亟（jí）：急，急切，急迫。去：離開。[43] 趣（cù）：促。[44] 勿令失期：不要讓（它）耽誤約定的日期。[45] 十言十當（dàng）：猶百言百中。當，適合，適宜。這裏是正確、準確之意。古時用龜甲占卜以定吉凶，應驗者為"當"或"中"。[46] 蔽：蓋，遮蓋。[47] 倉: 通"蒼", 青色。[48] 審: 視, 察。知曉、明白之意。刑德: 法律和道德。[49] 以言而當: 憑藉 (它的) 預言 (行事) 就適宜。以, 介詞, 憑, 靠, 用。當, 合適, 適宜。[50] 何從有福: 從哪里看有福。何從, 從何, 介賓倒置。[51] 奈何: 怎麼, 為什麼。[52] 盛德不報: 對大德無须報答。[53] 重 (zhòng) 寄不歸: 對貴重的禮物不必回贈。[54] 與: 給, 給予, 賜予。[55] 薄: 通"迫", 近, 接近。這裏是行走的意思。塗: 通"途", 道路。[56] 還: 通"環", 環行, 遍遊。[57] 稽留: 滯留。稽, 通"羈", 栓系, 這裏是阻滯的意思。[58] 淫雨: 連綿不斷的雨。霽 (jì): 晴。[59] 佗: 通"他", 別的。[60] 祟 (suì): 鬼怪害人, 這裏指妖異現象。[61] 逆: 阻逆, 阻礙。[62] 絕: 斷。[63] 暴: 兇惡, 暴虐。[64] 強: 強橫。[65] 桀紂: 夏桀和商紂。分別是夏朝和商朝最後一位君王, 均為歷史上著名的荒淫殘暴君王。[66] 湯武: 商湯和周武王。商湯滅掉夏桀建立了商朝, 周武王繼承其父周文王之業滅掉了商紂王。二人均為歷史上著名的賢君之一。[67] 離: 通"罹" (lí), 遭遇不幸。咎: 凶咎, 災禍。[68] 狐疑: 疑惑, 這裏是疑慮之意。因狐性多疑, 故以狐疑形容疑惑。[69] 安事此寶: 怎麼能侍奉這個寶物。安, 疑問代詞, 怎麼, 哪里。事, 侍奉, 對待。[70] 患: 擔憂, 擔心。[71] 危而顧安: 危險時反而安全。顧, 連詞, 卻, 反而。[72] 輕而不可遷: 物體輕卻不能移動。遷, 移, 移動。[73] 誕謾: 荒誕欺詐。[74] 宜: 適宜, 適合。[75] 患: 禍害。[76] 賊氣相奸:邪氣侵犯。賊氣, 邪氣, 惡氣。奸, 侵犯; 一說通"幹" (gān), 干擾, 擾亂。[77] 節: 節氣, 季節。[78] 有鄉: 有時。鄉, 通"晌", 時; 一說指處所, 地方。[79] 勝治: 盡治, 完全研究明白。勝, 盡, 全部。治, 這裏是研究、探究之意。[80] 悉: 全, 俱, 這裏是詳細之意。[81] 匆匆疾疾: 急急忙忙, 忙忙碌碌。[82] 通而不相擇: 男女通婚卻不互相選擇。通, 通婚。不相擇, 指亂婚。[83] 數見 (shuòxiàn): 屢屢出現。數, 屢屢, 屢次, 經常。見, 同"現", 出現, 顯現。[84] 傳為單薄: 後代稀少。傳為, 傳宗接代的事情, 指繁衍後代。[85] 別: 區分, 區別。生: 生命。[86] 獲: 獲得, 這裏是獵取之意。[87] 牝牡 (pìnmǔ): 雌雄。牝, 動物的雌性。牡, 動物的雄性。[88] 牧: 管理, 統治。[89] 城: 內城。郭: 外城。[90] 經: 設置。

閭術：均為戶籍單位。《史記會注考證》引岡白駒說："百家為裏，裏十為術。" ［91］阡陌（qiān mò）：田間小路。 ［92］賦：賦予，分給。［93］耰（yōu）：碎土整地的農具，整理之意。［94］鉬：通"鉏"，即鋤，鋤地（松土除草）的農具。用作動詞，鋤地。耨（nòu）：除草。［95］囷（qūn）：糧囤。盈：滿。 ［96］玉櫝（dú）：偏義複合詞，指玉。櫝，匣子。只雉（zhì）：偏義複合詞，指雉。只，"隻"的簡體字，一只鳥，特用以標示鳥的量詞。 ［97］鐫（juān）：鑿，刻。拌（pàn）：通"判"，分開。蚌（bàng）：這裏指珍珠蚌。 ［98］妄至：隨意到來。妄，胡亂，沒有根據。［99］徒來：平白到來。徒，空，白白地。［100］徹：通達，貫通。焉：兼詞，於此，在這些方面。［101］擁遏：阻塞，阻礙。擁，通"壅"，阻塞。 ［102］固：本來，原本。［103］有眾：又多。有，通"又"，連詞。［104］貪狼：貪婪兇狠。狼，狼戾，兇狠。［105］系湯：囚禁成（商）湯。夏臺：又名瓊臺、鈞臺，夏桀所造樓臺名。［106］關龍逢（péng）：夏桀大臣，因屢屢直諫，被桀處死。［107］無傷：無妨。［108］未央：未盡，未已。央，盡，止。 ［109］卒：終於，最終。一說同"猝"，突然。［110］春秋：先秦史書通稱"春秋"。著：述，記錄，記載。［111］誇而目巧：浮誇獻媚。誇，言辭浮誇，即喜歡說華美悅人的話。目巧，眼睛善於用巧，即擅長媚眼。 ［112］為：建造，營造。象郎：即象廊。夏桀建造的廊廡名，極其奢華。 ［113］聖人：指比幹，商朝貴族，紂王叔父，官少師，因屢次勸諫紂王而被紂王剖心。［114］壯士斬其胻（héng）：相傳商紂王與妲己見壯士涉寒水而無畏色，就令人砍斷其小腿驗看其骨髓是否充盈。胻，腿脛。［115］箕子：商朝貴族，紂王叔父，官太師，因勸諫紂王而被囚禁。［116］被發佯狂：披散頭髮，假裝發瘋。被，通"披"，披散。佯，佯裝，假裝。［117］殺周太子曆：《史記索隱》按："'殺周太子曆'，文在'囚文王昌'之上，則近是季曆（周文王父）。季曆不被紂誅，則其言近妄，無容周更別有太子名曆也。"《史記會注考證》因陳仁錫說："'曆'字，衍文。太子，謂伯邑考也。" ［118］文王昌：周文王姬昌，商時封為西伯，與九侯（一作鬼侯）、鄂侯同為三公。九侯、鄂侯先後被殺，西伯聞之而歎，被商紂王囚於羑（yǒu）裏。 ［119］昔：通"夕"。［120］陰兢活之：陰兢救了他。陰兢，商紂王屬臣。 ［121］太公望：周文王、周武王時大臣，齊國始祖。薑姓，呂氏，名望。［122］太子發：周文王之子姬發。文王死後，即位為武王，滅掉了殷商王朝。［123］牧野：一作坶野，殷商國都遠郊，在今河南淇縣西南。周武王在這裏徹底打敗商紂王軍隊。［124］宣室：天子居室。［125］軫：車廂底部後面的橫木。［126］涫（guàn）湯：沸騰的開水。涫，沸騰，滾燙。［127］是人：這些人，指桀、紂。［128］厭：滿足。［129］很：通"狠"，狠毒。［130］曾：幾乎。［131］源理：源脈，即源流。［132］見：被。［133］危殆（dài）：危險。殆，危險。［134］廟：宗廟。［135］文理：與"暴強"相對，指文教法治。［136］與陰陽化：同陰陽一起變化。［137］賓服：賓從親服。［138］殷：富足。［139］更始：更新開始，即變革。［140］經紀：規範、秩序、準則。［141］瓦室：屋頂覆瓦的宮室。［142］征絲灼之：徵收蠶絲當柴燒。［143］務以費氓（méng）：以耗費民財為務。氓，民，百姓。［144］無方：沒有規矩，不依法度。［145］韋：熟皮。囊：袋。［146］縣：同"懸"，懸掛。［147］先百鬼嘗：在祭祀鬼神之前就品嘗祭品。［148］輒（zhé）：連詞，就。［149］妖祥：妖異，妖孽。祥，吉凶的預兆。［150］螟蟲：一種稻穀作物害蟲。歲生：年年生長。［151］飄風：大風，烈風，狂風。［152］絕：斷，這裏是違背之意。紀綱：法度，規律。［153］稱：稱許，讚美。［154］已：停止，斷絕。［155］甲乙最良：甲日、乙日最好。［156］刑：殺。［157］驪（lí）羊：黑羊。［158］脯：幹肉，這裏指祭祀用的肉。禮：用作動詞，禮遇，以禮對待。［159］荊支：荊木枝條。支，同"枝"。［160］創（chuāng）：傷，指龜甲的破損處。［161］理達於理：燒灼龜甲後的兆紋表現在龜甲的表面。第一個"理"指龜甲的兆紋，第二個"理"指龜甲的天然紋理。［162］文相錯迎：兆紋交錯好像相互迎接。文，同"紋"。［163］傍（páng）鄉：他鄉，別的國家。傍，通"旁"。［164］被：通"披"，覆蓋。［165］畢分：全部分散。畢，全。［166］解：解脫，逃脫。［167］亟見：敏銳的預見。［168］攣（luán）：筋骨或軀體收縮不能伸直。這裏指被囚系。［169］焉：怎麼，哪里。［170］恒常：固定不變，這裏指恒定的操守。［171］適然：適宜的追求。然，泛指代詞，這裏指志向、追求。［172］羿（yì）：後羿，又稱夷羿，傳說為東夷首領，善射。神話中曾奉堯帝之命上射十日，下殺猛禽惡獸，為民除害。［173］雄渠：傳為楚人，善射。一次夜行，見石如虎，射之，應弦沒羽入石。蠭（péng）門：一作逢門，蓬蒙，箭術名家，史載有《蠭門射法》。　［174］天故毋椽（chuán）：天本來就沒有椽子。故，通"固"，原本，本來。椽，在屋樑之上起承載作用的縱向細木。［175］骨直空枯：骨頭中空而乾枯。直，通"肢"。　［176］三足之烏：神話中生活在太陽裏的三只腳的烏鴉。［177］月為刑而相佐：月亮以陰刑之德輔佐太陽的陽明之德。古人認為月亮屬陰，主刑罰。［178］見食於蝦蟆（háma）：被蟾蜍吞食。神話傳說月亮中有蟾蜍，能吞吐月亮，月食即其所為。蝦蟆，蟾蜍的俗稱。蝦，通"蛤"。［179］蝟：刺蝟。［180］騰蛇：傳說中會飛的蛇。之：動詞，達到。殆：危險，這裏是"受制"之意。即且：即"蝍蛆"（jí jū），蟋蟀。據說蟋蟀上到蛇身，蛇不敢動。［181］日辰不全，故有孤虛：天干地支年月日時計法中，排到甲戌稱為"孤"，辰、巳稱為"虛"。［182］罔：通"網"，漁網。數（cù）：密。［183］何可而適乎：怎麼能正好呢？［184］物安可全乎：萬物怎能完備呢？［185］為屋：建造房屋。［186］不成三瓦而陳之：《史記集解》引徐廣說："一雲為屋成，欠三瓦而棟之也。"［187］褚先生：即褚少孫，西漢史學家。［188］令：美，好。［189］傳（zhuàn）：傳記。

※※※※※※※※※※※※※※※※※※※※※※※※※※※※※※

# 项目二　文言文译白话文

※※※※※※※※※※※※※※※※※※※※※※※※※※※※※※

**教学目标**

在中华民族六千年以上的文字文明历史中，文言文占据了书面语言的绝对统治地位。浩如烟海、博大精深、辉煌灿烂、源流深远的中华文化的主要载体是文言文。白话文占据书面语言主导地位则是辛亥革命和五四运动以后的事情，迄今也不过百年之久。基于这样的历史事实，养成文言文的解读和转化能力就显得十分重要和必要。本项目的教学目标主要包括：（一）巩固和扩展学生在基础教育阶段学习过的有关文言语法、词汇、语音、修辞等基础知识；（二）培养和提升学生阅读、理解文言文并把文言文转化成白话文的能力；（三）借助文言文的阅读理解和白话文转化，丰富学生对古代历史、社会、文化、思想、道德、艺术等中华文明的认知，在提升学生综合素养特别是语言、文学和思想、道德、文化、审美素养的同时，培养学生的民族自信心、自豪感和爱国主义精神。

**教学提示**

本项目所选择的文言作品以短篇为主，趣味性较强，便于在单位时间内完整安排教学和增强对学生的吸引力。教学中，对于学生熟悉的作品，建议由学生自主完成阅读和翻译；对于学生不熟悉的作品，则由师生共同完成或在教师主导下完成。课上教学时数不足，可选择其中的部分篇章重点学习和训练。

**基础知识**

文言是中国古代沿用数千年之久并占据主导地位的书面语言。现代语言学家、教育家王力先生认为："文言是指以先秦口语为基础而形成的上古汉语书面语言以及后来历代作家仿古的作品中的语言。"其特点是：古语成分大，用字古僻，语法繁难，词汇丰富且单音节词多；高度凝练，表现力强；与生活语言差异巨大，古奥高雅，艰涩难懂。

白话也是一种书面语言，分古代白话和现代白话二种。古代白话是中国古代同生活口语十分接近的一种书面语。它以北方话为基础，口语化色彩突出，较通俗易懂。历代民歌、唐代变文、宋元明清时期的话本、小说、戏曲等大都用白话写成。宋元以后，官方文书和学者著述也有用白话写作的。现代白话的远源可以追溯到元代，在 20 世纪初期五四新文化运动的大力倡导和推广之下而迅速成为现代汉民族的通用语，并进一步形成规范化程度很高的普通话。其特点是：以北京语音为标准音，以北方话为基础方言，书面语同口语高度一致，明白晓畅，不存在书面语言与口头语言的转化困难。

用文言写成的文章就叫文言文，又称语体文或古文。用白话写成的文章就是白话文。由于现当代人们使用的是现代白话、阅读的是现代白话文，对文言越来越生疏，从而形成了文言文阅读的困难。

文言文翻译成白话文是语文教学中的一项重要内容。翻译中，学术界和教学界普遍遵循的基本原则是信、达、雅。信，是指译文要准确地反映原作的意思，不要曲解原文的内容，即如实表达本意，不曲解、不缺漏、不滥增，主要包括两个层次的要求：一是语言文字方面的准确无误；二是文章内容即思想感情方面的准确、恰当。如果翻译时做到了与原文语言相合、内容相符，但表达不顺畅，不符合现代汉语语言规范，也不能算作好的翻译，因此，还要在"信"的基础上进一步追求"达"。达，是指译文要通顺、流畅、明白，符合现代汉语语法规范。雅，是指译文高超、纯正、优美。这是文言文翻译的高水平、高境界追求，一般学习者不易做到。

常见的文言文翻译方式主要有"直译""意译"和"直译＋意译"三种。

直译，就是依据原文的词语、句子，逐一对应翻译。除个别情况需要变化处理外，应尽量保持原句的语意、句式和语气等。直译的具体方法主要有对译、调序、增补、删减、省略、沿用、注释等几种。对译，即对应翻译，是一种按原文词序逐字逐句进行翻译的直译法。主要适用于古今汉语词序一致，句法结构相同的句子。其优点是翻译准确，能够较好地体现"信"的翻译原则；其缺点是受原文词序、句式限制，灵活度不够，一定程度上影响"达"和"雅"的实现。调序，是指文言文中某些词序或句式的表达方式与现代汉语不同，翻译时需要按照现代汉语的表达习惯改变词语位置或语法顺序的直译法。改变词序或语序并非违背了"信"的翻译原则和直译要求,而是在遵照原意基础上所做的适应现代语言习惯的必要调整,是在"信"的基础上实现"达"和"雅"的重要手段。增补,是指翻译时把文言文省略、缺漏的语言成分补充出来或对高度浓缩的词句进行必要补充的直译法。删减,是指翻译时把文言文中重复、没有实意的助词、衍字、错讹词语等删掉,以便使翻译后的白话文更符合原意、更畅达的直译法。省略,是指翻译时对那些在现代汉语中已不再使用,也没有类似的句法结构和相应虚词进行表述的成分省略不译,译后又不影响原意的直译法。沿用,是指翻译时对文言文中的专有名词、通用固定词语以及古今词义一致、人们熟知的词语等直接保留而不译的直译法,如人名、地名、国名、民族名以及官号、年号、谥号、特殊称谓、特殊学术用语、专业术语、惯用成语、俗语,等等。注释,是指翻译过程中使用括号或破折号以文内注的方式对需要说明的内容进行诠释的翻译方法。由于所注释的内容非原文所有,而是翻译者附加的说明成分,因此,注释只是直译的一种补充手段,不能算作严格意义上的直译法。但是,由于翻译者所附加的说明成分不影响原文的内容和词序、语法结构,所以,仍可以附属在直译法中。

意译是一种重神似而不拘泥于形似的翻译方式。这种翻译方式不必像直译法那样严格忠于作品的词序、语序和对应语意,只要基本符合原意或大意即可,即翻译者可在理解原文实际含义后,用自己的语言来表述,使艰深难懂的词句变得通俗明白。这种翻译方式灵活性大,可以回避翻译难题,但缺乏严谨、缜密,不利于精确理解、掌握文言文的思想内容和语言特点,无法打牢坚实的语言转化功底。

在文言文翻译成白话文的语言实践中,纯粹的直译和意译并不多见,通常都是直译和意译兼用。因此,文言文翻译应以直译为主,意译为辅,在实现"信"的前提下,追求"达"和"雅"。

※※※※※※※※※※※※※※※※※※※※※※※※※※※※※※※

# 天之道其犹张弓与[1]

天之道其犹张弓与[2],高者抑之,下者举之[3]。有余者损之,不足者补之[4]。天之道损有余而补不足。人之道[5]则不然，损不足[6]以奉有余[7]。孰能有余以奉天下？唯有道者。是以[8]圣人为而不恃[9]，功成而不处[10]，其不欲见[11]贤。

　　**注释：**[1]选自晋代王弼注《老子道德经》下篇第七十七章，上海书店出版社《诸子集成》1986年7月第1版。这里选其首句为题。[2]与：同"欤"，句末语气词。[3]高者：指张弓后箭矢所指高了。抑：压低。下者：指张弓后箭矢所指低了。举：抬高。这两句用张弓后调整角度而瞄准目标来比喻天道的根本在于平衡、正常。[4]有余者：多出来的，指高于平地的山峰、丘陵、高地等。损：减少。不足者：指低于平地的河谷、低洼等地。这两句用大自然冲刷高处的泥土以补充低洼之地即削高补低的现象，比喻天道的本质在于追求平衡。[5]人之道：社会之道、做人之道。[6]不足：指缺点、错误、缺失。奉：增加，供给，献给。[7]有余：指优点、美好的道德。[8]是以："以是"的倒置用法，因此。[9]为而不恃：努力做事却不依恃功劳。[10]功成而不处：成功了却不居处在成功之中，即不居功自得。[11]见：同"现"，显示、展现、显露。

# 上善若水[1]

　　上善若水。水善利万物而不争，处众人之所恶[2]，故几[3]于道。居善地[4]，心善渊[5]，与善仁[6]，言善信[7]，正善治[8]，事善能[9]，动善时[10]。夫唯不争，故无尤[11]。

　　**注释：**[1]选自晋代王弼注《老子道德经》上篇第八章，上海书店出版社《诸子集成》1986年7月第1版。这里选其首句为题。上善：最高的德行。[2]恶：厌恶，不喜欢。因水所处之地均为卑下之地，而人性厌恶低微卑下，故称"所恶"。[3]几：近。[4]居善地：居处在不争之地。因为水处之地或为低下之地、或为艰险之地、或为污秽之地，无物与之争处，故曰善地。上善之人居处也如水的居处一样。[5]心善渊：心如不争之渊。渊之所在，最为卑下，无物与争；而渊越深则越静，越深则越能容纳，故称善渊。上善之人的心胸亦如不争之渊，清静而有容。[6] 与善仁：同不争的仁者交往。水性善下，所以与水相交接的也大多为卑下之地或事物，与水同样具有不争之性，而且对水有容纳之德，故曰善仁。上善之人的交往同水的交接相似，以交往与世无争的仁者为原则。与，交往。另外，水有润物、养生之德，且不与天地人争功，故曰善仁。把"与善仁"理解为"施与最好的仁德"也通。这里，"与"可以解为施与，给予。[7] 言善信：宣扬美好的诚信。水善利万物而不争，故不欺。清人魏源《老子本义》引宋代苏辙说：水"圆必旋、方必折、塞必止、决必流，善信也"。本句是说上善之人如水一样不欺世、不欺人、不欺己，所谈论或所宣扬的都是最大的诚信。[8] 正善治：所为之政是最好的治理。清魏源《老子本义》引苏辙说：水"洗涤群秽、平准高下，善治也"。正，通"政"，指治理国家，管理政事。治，安定，有条理，有秩序。在老子哲学中，无为而治是一个重要的原则。故上善之人治理国家应如水一样，通过无为而达到无所不为。[9] 事善能：所作所为展现出最好的能力。魏源《老子本义》引苏辙说：水"以载则浮、以鉴则清、以攻则坚，强莫能敌，善能也"。故上善之人应如水一样无为而有为，不争而有功，无所不能为。[10] 动善时：行动在最好的时机。水性趋下，当流则流，不当流则止，故上善之人行事如水，当动则动，不当动则止。[11] 尤：错误，过失。

# 知人者智　自知者明[1]

知人者智，自知者明。胜人者有力，自胜者强。知足者富，强行者[2]有志。不失其所者[3]久，死而不亡者寿[4]。

**注释：**[1] 选自晋代王弼注《老子道德经》上篇第三十三章，上海书店出版社《诸子集成》1986 年 7 月第 1 版。这里选其首句为题。[2] 强行者：自强不息的人，力行不辍的人，不屈不挠的人。[3] 不失其所者：不失去立身处世根本的人。所，居所，这里指为人的根本，即道。[4] 死而不亡者：身死而精神或思想、道德、学说不消失的人。

# 三人行必有我师焉[1]

子曰：“三人行，必有我师焉。择其善者而从之[2]，其不善者而改之[3]。”

注释：[1] 选自宋朱熹注《四书集注·论语集注·述而第七》，北京古籍出版社 2000 年 4 月第 1 版。这里选其次句为题。焉：兼语词，于此，其中。[2] 从：追随，学习。[3] 其不善者而改之：对不善者使之改正。一说以不善者为戒而改正自己。

# 子张问仁于孔子[1]

子张问仁于孔子。孔子曰：“能行五者于天下，为仁矣。”请问之。曰：“恭[2]、宽[3]、信[4]、敏[5]、惠[6]。恭则不侮[7]，宽则得众[8]，信则人任焉[9]，敏则有功[10]，惠则足以使人[11]。”

注释：[1] 选自宋朱熹注《四书集注·论语集注·阳货第十七》，北京古籍出版社 2000 年 4 月第 1 版。这里选其首句为题。子张：姓颛孙，名师，字子张，孔子学生。春秋时陈国人，小孔子 48 岁。[2] 恭：恭敬。[3] 宽：宽容。[4] 信：诚信，守信用。[5] 敏：机敏，有智慧。[6] 惠：有利于人。孟子有“分人以财谓之惠”之说。[7] 侮：侮辱。[8] 得众：得到众人的拥护。[9] 人任：得到别人的信任。焉：句末语气词。[10] 有功：办事有成效，有成就。[11] 足以：完全可以。使人：让人听从指挥。

# 颜渊问仁[1]

颜渊问仁。子曰：“克己复礼[2]为仁。一日克己复礼，天下归仁焉。为仁由己，而由人乎哉？”颜渊曰：“请问其目[3]？”子曰：“非礼勿视，非礼勿听，非礼勿言，非礼勿动。”颜渊曰：“回虽不敏[4]，请事斯语[5]矣。"

注释：[1] 选自宋朱熹注《四书集注·论语集注·颜渊第十二》，北京古籍出版社 2000 年 4 月第 1 版。这里选其首句为题。颜渊（前 521—前 490）：名回，字子渊，春秋末期鲁国人，是孔子最器重的学生，小孔子 30 岁。后世尊为"复圣"。[2] 克己复礼：克制自己，加上遵守礼道。克己，相当于儒家倡导的"慎独"，主要强调克制、战胜自己内心的私欲、邪念。复礼，主要强调依靠外在的"礼"来约束自己。复，连词，加上，再加上。一说"恢复"，一说"返回"，一说"实践""实行"。[3] 目：通常与"纲"相对而言。"纲"是纲领、大要、梗概，"目"则是具体的条理、内容。因为"克己复礼为仁"说得高度概括，是"纲"，因此颜渊"请问其目"，所以这里的"目"是"具体内容"或"详细情况"的意思。[4] 回：颜渊自称。敏：聪敏。[5] 事：从事，实行，照着做。斯：这，这些，代词。指孔子说的"克己复礼"及具体的四点内容。

# 仲弓问仁[1]

仲弓问仁。子曰："出门如见大宾[2]，使民如承大祭[3]。己所不欲，勿施于人。在邦[4]无怨，在家[5]无怨。"仲弓曰："雍[6]虽不敏，请事斯语矣。"

注释：[1] 选自宋朱熹注《四书集注·论语集注·颜渊第十二》，北京古籍出版社 2000 年 4 月第 1 版。这里选其首句为题。仲弓（前 522—?）：姓冉，名雍，字仲弓，孔子学生，小孔子 31 岁。为人仁笃厚道，不苟言辞，任劳任怨，器量宽宏，得孔子赞许。[2] 大宾：贵宾，指地位高贵或品德高尚、学问精深的人。[3] 承：承办，担当。大祭：重大的祭祀活动，如祭祀天地、宗庙、祖先等。这两句话是说，出门办事和役使百姓，都要像迎接贵宾和进行大祭时那样恭敬庄重。[4] 邦：诸侯统治的封地。[5] 家：大夫统治的封地。[6] 雍：仲弓自称。

# 尊五美屏四恶[1]

子张问于孔子曰："何如斯[2]可以从政矣？"子曰："尊五美，屏[3]四恶，斯可以从政矣。"子张曰："何谓五美？"子曰："君子惠而不费[4]，劳而不怨，欲而不贪，泰而不骄，威而不猛。"子张曰："何谓惠而不费？"子曰："因[5]民之所利而利之，斯不亦惠而不费乎？择可劳而劳之，又谁怨？欲仁而得仁，又焉[6]贪？君子无众寡，无小大，无敢慢，斯不亦泰而不骄乎？君子正其衣冠，尊其瞻视[7]，俨然[8]人望而畏之，斯不亦威而不猛乎？"子张曰："何谓四恶？"子曰："不教而杀谓之虐[9]；不戒视成谓之暴[10]；慢令致期谓之贼[11]；犹之与人也[12]，出纳之吝[13]，谓之有司[14]。"

**注释：**[1]选自宋朱熹注《四书集注·论语集注·尧曰第二十》，北京古籍出版社2000年4月第1版。题目为编者所加。子张：复姓颛孙，名师，字子张，孔子学生，小孔子48岁。春秋末期陈国人。[2]何如："如何"的倒置语，怎样，怎么。斯：兼有指示和语气双重作用的连词，可译成"那就……""那样才……"。[3]屏：同"摒"，摒除，摒弃。[4]费：耗损，耗散财物。[5]因：介词，顺，顺着，表示动作行为发生时借助的条件。[6]焉：疑问代词，怎么，怎会。[7]尊其瞻视：使他的目光尊严。使动用法，"使……尊"。瞻视，同义动词连用，这里用作名词，指"目光"。[8]俨然：严肃庄重的样子。[9]不教而杀谓之虐：不教化民众却等着民众犯罪后就杀戮他们，这样叫残酷。虐，残，残酷。[10]不戒视成谓之暴：不告诫民众却看着民众犯错误，这样叫暴虐。成，做出或完成某件事，这里指做出错事或犯了罪。一说，不戒视成是指不事先告诫而突然检查看人有没有做成功。[11]慢令致期谓之贼：很晚才下达命令却限期要求完成，这样叫坏。慢，晚，迟。贼，坏。[12]犹之与人："以与人犹之"的倒置用法，用给人财务比况他们。犹，如，若，这里是比况、比方、比附的意思。与，给，指给付财物。[13]出纳：支出财物和收入财物。纳，多本作"内"，"入"的意思，指收入财物。之：动词，达到。一说助词。吝：吝啬。[14]有司：管理财务的小官。

# 大学之道[1]

大学之道，在明明德[2]，在亲民[3]，在止于至善[4]。知止而后有定[5]，定而后能静[6]，静而后能安[7]，安而后能虑[8]，虑而后能得[9]。物有本末[10]，事有终始[11]。知所先后[12]，则近道矣。

古之欲[13]明明德于[14]天下[15]者，先治其国[16]。欲治其国者，先齐其家[17]。欲齐其家者，先修其身。欲修其身者，先正其心。欲正其心者，先诚其意。欲诚其意者，先致其知[18]。致知在格物[19]。物格而后知至，知至而后意诚，意诚而后心正，心正而后身修，身修而后家齐，家齐而后国治，国治而后天下平。

自天子以至于庶人[20]，壹是[21]皆以修身为本。其本乱而末治者否矣[22]。其所厚者薄[23]，而其所薄者厚[24]，未之有也[25]。

**注释：**[1] 选自宋朱熹注《四书集注·大学章句》，北京古籍出版社2000年4月第1版。这里选其首句为题。大学：古称太学，即成人之学。古制15岁入太学。[2] 明：形容词用作动词，彰明，昭示。明德：光明的品德，美好的道德。明，形容词，光明，也可引申为美好。[3] 亲民：使人更新。亲，同"新"。民，人。[4] 止：达到。至善：道德、事理的最高境界。[5] 有定：志有定向。[6] 静：指心不妄动。[7] 安：安心居处。[8] 虑：深入思考。[9] 得：收获。指能明明德，能亲民，能止于善。[10] 本：本指树根，这里借指明德。末：本指枝叶，这里借指亲民。[11] 终：指至善。始：指明明德。[12] 先后：指明明德，亲民，止于至善的次序。[13] 欲：希望，想。[14] 于：介词，表示范围，在。[15] 天下：天子、帝王、皇帝所统御的领土和人民。《诗经》："普天之下，莫非王土；率土之滨，莫非王臣。"[16] 国：诸侯所统御的封地。[17] 齐：平，安，形容词用作动词，使动用法。家：公卿大夫所统御的封地。[18] 致：到，得到，使动用法。[19] 格物：探究万物之理。格，在古代汉语中类似于万能动词，在不同的语境中可作不同理解，这里是"探究""洞悉"之意。[20] 庶人：平民。[21] 壹是：概括这些。壹，数词用作动词，概括、总结、总括的意思。是，指示代词，这，这些，指前面所谈的三纲八目。一说"一切"。[22] 本：本指树根，这里指"修身"。末：本指枝叶，这里指修身以外的其他修为。否（pǐ）：穷尽，不通。[23] 所厚者薄：应该重视的反而轻视。厚，形容词用作动词，看重，重视。[24] 所薄者厚：应该轻视的反而重视。薄，形容词用作动词，看轻，轻视。[25] 未之有："未有之"的倒装句，没有这样的事情。

# 兼相爱交相利[1]

然则[2]，兼相爱、交相利之法将奈何[3]哉？子墨子言："视人之国若视其国，视人之家若视其家，视人之身若视其身。是故诸侯相爱则不野战，家主[4]相爱则不相篡，人与人相爱则不相贼[5]，君臣相爱则惠忠，父子相爱则慈孝，兄弟相爱则和调。天下之人皆相爱，强不执[6]弱，众不劫[7]寡，富不侮贫，贵不敖贱，诈[8]不欺愚。凡天下祸篡怨恨可使毋起者，以[9]相爱生也，是以[10]仁者誉之。"

**注释：** [1] 选自《诸子集成·墨子闲诂卷四·兼爱中第十五》，上海书店出版社 1986 年 7 月第 1 版。题目为编者所加，标点符号有改动。[2] 然则：承接连词，可译为"既然这样，那么"。[3] 兼相爱：人与人之间要同样相爱。强调的是一种无差别的爱、广泛的爱，即博爱。简称"兼爱"。兼，本义为一手执两禾，引申为同时拥有，这里是广泛而平等的意思。交相利：这是墨子思想中与"兼相爱"密切相关的理念，"兼相爱"的同时还要"交相利"，强调人与人之间要相互为对方谋取利益。将奈何：要怎样（做）。将，要，该，应。奈何，怎样，如何。[4] 家主：有封地的公卿大夫。[5] 贼：坏，害。[6] 执：捉拿，这里指欺凌。[7] 劫：夺，抢。[8] 诈：形容词用作名词，指机敏的人，聪明的人，有智慧的人。[9] 以：介词，因，因为。[10] 是以："以是"的倒置用法，因此。以，介词，因，因为。是，指示代词，此，这。

# 兵者国之大事[1]

孙子[2]曰：兵者，国之大事，死生之地[3]，存亡之道[4]，不可不察[5]也。

**注释：**[1]选自《诸子集成·孙子十家注卷一·计篇》，上海书店出版社1986年7月第1版。选其首句为题。兵：含义很广，指兵器、军械、兵卒、军队、战争等。此指战争。[2]孙子：即孙武，字长卿，春秋后期齐国人，兵家、政治家。由齐入吴后，经伍子胥推荐获吴王重用，成为吴国将领。其《孙子兵法》13篇是中国古代最重要的军事经典著作，他也因此被奉为"兵圣"。[3]死生之地：是关系到将士和民众生死的所在。[4]存亡之道：是关系到国家存在和灭亡的事情。[5]察：审视，这里是慎重看待的意思。

# 知胜有五[1]

故知胜[2]有五：知可以战与不可以战者胜，识众寡之用[3]者胜，上下同欲[4]者胜，以虞[5]待不虞者胜，将能而君不御[6]者胜。此五者，知胜之道也。故曰：知彼知己，百战不殆[7]；不知彼而知己，一胜一负；不知彼不知己，每战必殆。

**注释：**[1]选自《诸子集成·孙子十家注卷三·谋攻篇》，上海书店出版社1986年7月第1版。这里选其首句为题。[2]知胜：预测胜利。[3]识众寡之用：懂得多与少的灵活运用。[4]上下同欲：君臣、将士同心。欲，意愿，想法。[5]虞：备，有准备。[6]将能而君不御：将领有才能，君主不参与干涉。御，制约的意思。[7]殆：危，危险。

# 民为贵[1]

孟子曰："民为贵，社稷[2]次之，君为轻。是故得乎丘[3]民而为天子，得乎天子为诸侯，得乎诸侯为大夫。诸侯危社稷，则变置[4]。牺牲[5]既[6]成，粢盛[7]既絜[8]，祭祀以时[9]，然而旱干水溢[10]，则变置社稷。"

注释：[1]选自宋朱熹《四书集注·孟子集注·尽心章句下》，北京古籍出版社2000年4月第1版。这里取其次句为题。[2]社稷：国家。社，土神。稷：农神。古代帝王或诸侯建国时，都要立坛祭祀社、稷，故社稷常代指国家。[3]丘：古代户籍单位，一丘等于十六井，一井等于八户。这里转指众多。[4]变置：改换、变更。[5]牺牲：供祭祀用的牛、羊、猪等祭品。[6]既：已经。[7]粢盛：祭祀天地祖先的谷物等祭品装在器皿中。粢（zī），稷，粟米。盛，音chéng。[8]絜：洁净。[9]祭祀以时："以时祭祀"的介宾倒置用法，按时祭祀。[10]旱干水溢：指旱灾水灾不断。旱干，偏义复合词，"旱"为主义。水溢，水满而流谓之溢，这里指洪水，水灾。

# 生于忧患而死于安乐[1]

孟子曰："舜发于畎亩之中[2]，傅说举于版筑之间[3]，胶鬲举于鱼盐之中[4]，管夷吾举于士[5]，孙叔敖举于海[6]，百里奚举于市[7]。故天将降大任于斯人[8]也，必先苦其心志[9]，劳其筋骨[10]，饿其体肤[11]，空乏其身[12]，行拂乱其所为[13]，所以动心忍性[14]，曾益其所不能[15]。人恒过，然后能改[16]；困于心，衡于虑，而后作[17]；征于色，发于声，而后喻[18]。入则无法家拂士[19]，出则无敌国外患者[20]，国恒亡[21]。然后知生于忧患而死于安乐也。"

注释：[1]选自宋朱熹《四书集注·孟子集注·告子章句下》，北京古籍出版社2000年4月第1版。题目为编者所加。[2]舜发于畎亩之中：舜是从田野间发迹的。舜在历山耕田，三十岁时被尧起用，后来继承尧的君主之位。发，起，指被任用。畎（quǎn），田间水沟，田中的垄沟。亩，田垄。"畎亩"，泛指田野，民间。[3]傅说（yuè）举于版筑之间：商代贤人傅说因罪服刑，在傅险（岩）筑墙，被商王武丁访求到而提拔为相。版筑，古代筑墙的方法，用两板相夹，填入泥土，用杵捣实，拆板后即成土墙。[4] 胶鬲：商代贤良，原是商纣王的大臣，遭乱避世，以贩卖鱼盐为生，后被周文王举任。[5] 管夷吾：即管仲。原是齐国公子纠的家臣，辅佐纠与公子小白（即后来的齐桓公）争夺君位，失败后被鲁国囚禁押回齐国。经鲍叔牙推荐，被齐桓公任为相，辅佐齐桓公成为春秋首霸。士：注家多注为"狱官"，未必准确。根据《史记·管晏列传第二》记载，管仲早年曾经商、为吏、从军，后为公子纠之佐等，未记载其当过狱官的经历。故这里所说的"士"应指先秦时期处于平民与大夫之间的特有阶层的人士（主要是知识分子）。[6] 孙叔敖：楚国隐士，隐居海滨，后被楚庄王提拔为令尹（相国）。[7] 百里奚：原为春秋时期虞国大夫，晋国假虞灭虢再灭虞国后，被晋国俘获，作为陪嫁之臣送到秦国，后逃到楚国，被秦穆公用五张黑羊皮赎回，任为相，辅佐秦穆公称霸诸侯。[8] 是人：这个人。是，指示代词，此，这。[9] 苦：使动用法，使……痛苦。心志：精神、情感、心理。[10] 劳：使动用法，使……劳累。筋骨：代指身体。[11] 饿：使动用法，使……饥饿。体肤：代指身体。[12] 空乏：使动用法，使……穷困。空，无，穷，贫。乏，少，缺，这里是"绝"的意思。[13] 行拂乱其所为：做事的时候就扰乱他的行事。拂，扰。[14] 所以动心忍性：用这些方式使他心智启动、性情坚韧。所，表示因果关系的介词，可不译出。以动心忍性，"以之动心忍性"的省略说法。[15] 曾益其所不能：增加他所不具备的能力。曾，同"增"。益，加，增加。[16] 人恒过，然后能改：人常常犯错误，之后也能改正错误。此句化用"人非圣贤，孰能无过？过而改之，善莫大焉"之意。恒，常。然，指示代词，此，这。后，时间名词。"然后"连用后，具有了连词性质和作用。[17] 困于心，衡于虑，而后作：内心困顿，思虑阻塞，然后才能振作。于，介词，表示动作所涉及的地点或范围、对象等。衡，通"横"，阻塞。[18] 征于色，发于声，而后喻：表现在面色上，体现在语言中，然后才能让人明白。征，验证。色，脸色，面色。发，出现，体现。声，声音，这里指话语。喻，明白，了解，知晓。[19] 入：内，指国内。法家：德行可做榜样的大夫。法，律例、法则，这里指榜样，楷模。秦以前，有"家"者一般为公卿大夫。拂士：犯言直谏的谋士。拂，拂逆，这里指直言敢谏。一说通"弼"，辅佐。[20] 出：外，指国外。[21] 恒：常，常常。

# 舍生而取义[1]

孟子曰："鱼，我所欲也；熊掌，亦我所欲也。二者不可得兼[2]，舍鱼而取熊掌者也。生，亦我所欲也；义，亦我所欲也。二者不可得兼，舍生而取义者也。"

**注释：**[1] 选自宋朱熹《四书集注·孟子集注·告子章句上》，北京古籍出版社 2000 年 4 月第 1 版。题目为编者所加。[2] 得兼："兼得"的倒文，同时得到。

# 穷则独善其身　达则兼善天下[1]

孟子谓宋勾践曰："子好游乎[2]？吾语[3]子游。人知之，亦嚣嚣[4]；人不知，亦嚣嚣。"曰："何如斯[5]可以嚣嚣矣？"曰："尊德乐义，则可以嚣嚣矣。故士穷[6]不失义，达[7]不离道。穷不失义，故士得己[8]焉；达不离道，故民不失望[9]焉。古之人，得志，泽加于民[10]；不得志，修身见于世[11]。穷则独善其身[12]，达则兼善天下[13]。"

**注释：**[1] 选自 [宋] 朱熹《四书集注·孟子集注·尽心章句上》，北京古籍出版社 2000 年 4 月第 1 版。题目为编者所加。宋勾践：人名，生平不详。[2] 游：游说，指游说诸侯。[3] 语（yù）：告诉。[4] 嚣嚣：乐观安详的样子，一说自得其乐的样子，一说自得无欲的样子。[5] 何如斯：惯用语，怎样做那就……。何如，"如何"的倒置语，怎样，怎么。斯，兼有指示和语气双重作用的连词，可译成"那就……""那样才……"。[6] 穷：贫贱。[7] 达：发达，富贵。[8] 得己："得以自己"的省略语，即得以控制自己。一说即"自得"。[9] 望：期待，希望。[10] 泽：恩泽，恩惠。于：介词，表示动词所涉及的对象。[11] 见：同"现"，显现。于：介词，表示动词所涉及的范围。[12] 独善其身：独自完善自我。[13] 兼善天下：让天下人广泛受益。

# 大丈夫[1]

　　景春曰："公孙衍[2]、张仪[3]岂不诚[4]大丈夫哉？一怒而诸侯惧，安居而天下熄[5]。"孟子曰："是[6]焉得为大丈夫乎？子未学礼乎？丈夫之冠[7]也，父命[8]之；女子之嫁也，母命之，往送之门，戒之曰：'往之女家[9]，必敬必戒，无违夫子[10]！'以顺为正[11]者，妾妇之道也。居天下之广居[12]，立天下之正位[13]，行天下之大道[14]。得志，与民由[15]之；不得志，独行其道。富贵不能淫，贫贱不能移，威武不能屈，此之谓大丈夫也。"

　　**注释：**[1]选自[宋]朱熹《四书集注·孟子集注·滕文公章句下》，北京古籍出版社2000年4月第1版。题目为编者所加。景春：战国时纵横家，一说战国时兵阴阳家。[2]公孙衍：战国时魏国人，时称犀首，纵横家。曾为秦国大良造，又曾佩五国相印。[3]张仪：战国时魏国人，师事鬼谷子，学习游说之术，后成为与苏秦齐名的纵横家代表人物。他主张连横，游说六国事秦。[4]岂：疑问代词，难道。诚：副词，确实。[5]安居：安稳居处。与上文的"怒"相对，指不事游说，不生事。熄：火灭，烽火熄灭。这里指战争消弭。[6]是：指示代词，这，这些人。指公孙衍、张仪。[7]之：结构助词，用在主谓之间，取消句子的独立性，使句子成为短语。冠：名词用作动词，加冠。古时男子年二十岁行加冠礼，表示成年。[8]命：嘱咐，训导，教诲。[9]之：动词，去，到，往。女：同"汝"，你。[10]夫子：指丈夫，夫君。[11]以顺为正：（女子）以顺从为正道。正，正道，可引申为原则、规矩、标准。[12]广居：宽广的居所。这里指仁。[13]正位：中正（正确）的位置。这里指礼。[14]大道：宽阔平坦的道路。这里指义。[15]由：循路前进。这里指推行仁、礼、义。

# 君子有三乐[1]

　　孟子曰："君子有三乐，而王天下不与存焉[2]。父母俱在，兄弟无故[3]，一乐也；仰不愧于天，俯不怍[4]于人，二乐也；得天下英才而教育之，三乐也。君子有三乐，而王天下不与存焉。”

注释：[1] 选自 [宋] 朱熹《四书集注·孟子集注·尽心章句上》，北京古籍出版社 2000 年 4 月第 1 版。这里选其次句为题。 [2] 王（wàng）：名词动用，称王天下，统治天下。与存：偏义复合词，“存”为主义，在，存在，包括。焉：兼语词，于此，之中。[3] 故：事故，指灾患病丧。[4] 怍（zuò）：惭愧。

# 入孝出弟[1]

入孝出弟，人之小行也[2]；上顺下笃，人之中行也[3]；从道不从君、从义不从父，人之大行也[4]。若夫志以礼安[5]，言以类使[6]，则儒道毕矣[7]。虽舜不能加毫末于是矣[8]。孝子所以不从命有三：从命则亲危，不从命则亲安，孝子不从命乃衷[9]；从命则亲辱，不从命则亲荣，孝子不从命乃义；从命则禽兽，不从命则修饰[10]，孝子不从命乃敬。故可以从而不从，是不子也；未可以从而从，是不衷也；明于从不从之义，而能致恭敬、忠信、端悫[11]以慎行之，则可谓大孝矣。传[12]曰：“从道不从君，从义不从父。”此之谓也。故劳苦、彫萃[13]而能无失其敬，灾祸、患难而能无失其义，则不幸、不顺、见恶而能无失其爱，非仁人莫能行。诗曰：“孝子不匮[14]。”此之谓也。

注释：[1] 选自《诸子集成·荀子集解卷二十·子道篇第二十九》，上海书店出版社 1986 年 7 月第 1 版。这里选其首句为题。[2] 入孝出弟，人之小行也：归家孝敬亲长，出门自谦如悌，是人的最低行为标准。弟，同“悌”（tì），弟敬兄。[3] 上顺下笃，人之中行也：对上顺从君长，对下厚爱民众，是人的正常的行为标准。中，中等的，一般的，正常的。[4] 大行：最高的行为标准。大，高的，大的。[5] 若夫志以礼安：像那种用礼来安定自己的思想情感。若，介词，像。夫，指示代词，彼，那种，那样，那些。志以礼安，“以礼安志”的倒装用法。[6] 言以类使：用符合道义的语言去说话。言以类使，“以类使言”的倒装句。

类，相同的，同类的，这里是指符合道义的言语。[7] 毕：尽、全、完备。[8] 虽：即使。加毫末于是：介宾倒置用法，在这方面不能增加分毫。于，介词，在。是：指示代词，这，这方面。毫末，细毛的末端，形容极轻微细小。[9] 乃：连词，就，才。衷：通"忠"。一说"善"的意思。[10] 修饰：偏义复合动词用作形容词，修为主义，美好。[11] 端悫（què）：端正诚笃。悫，同"愨""愆"，诚笃，忠厚。[12] 传：古代解释各种《经》的著述。[13] 彫萃：憔悴。彫，伤。一说通"凋"。萃，通"悴"。[14] 匮：缺乏，不足。

# 水则载舟，水则覆舟[1]

马骇舆[2]，则君子不安舆；庶人[3]骇政，则君子不安位。马骇舆，则莫若静之[4]；庶人骇政，则莫若惠之[5]。选贤良，举笃敬[6]，兴孝弟[7]，收孤寡[8]，补[9]贫穷，如是[10]，则庶人安政矣。庶人安政，然后君子安位。传曰："君者，舟也；庶人者，水也。水则载舟，水则覆舟。"此之谓也。

**注释：**[1] 选自《诸子集成·荀子集解卷五·王制篇第九》，上海书店出版社 1986 年 7 月第 1 版。题目为编者所加。[2] 骇：惊惧，恐惧，害怕。舆：车。[3] 庶人：平民，百姓。[4] 莫若：不如。静之：使动用法，使之安静。[5] 惠之：使动用法，使他们得到恩惠。[6] 笃敬：形容词用作名词，诚实忠厚、谨慎谦逊的人。笃，诚实忠厚。敬，谨慎谦逊。[7] 兴孝弟：倡导孝敬父母，尊敬兄长的社会风气。兴，起，这里是提倡、倡导的意思。弟，同"悌"（tì），尊重兄长。[8] 收孤寡：收养孤儿和独居的老人。孤，《孟子·梁惠王下》："幼而无父曰孤"，这里指无人抚养的孤儿。寡，女子亡夫或男子无妻，这里指孤独无依的老人。[9] 补：救，助。[10] 如是：像这样。

# 见　善[1]

见善，修然必以自存[2]也；见不善，愀然[3]必以自省[4]也。善在身，介然[5]必以自好[6]也；不善在身，菑然[7]必以自恶[8]也。故非[9]我而当[10]者，吾师也；是[11]我而当者，吾友也；谄谀[12]我者，吾贼[13]也。故君子隆师[14]而亲友，以致恶[15]其贼。好善无厌[16]，受谏而能诫，虽欲无进，得乎哉！小人反是[17]：致乱而恶人之非己[18]也；致不肖而欲人之贤己也[19]；心如虎狼、行如禽兽，而又恶人之贼[20]己也。谗谀者亲，谏争者疏。修正为笑，至忠为贼[21]。虽欲无灭亡，得乎哉！

**注释：**［1］选自《诸子集成·荀子集解卷一·修身篇第二》，上海书店出版社 1986 年 7 月第 1 版。这里选其首句为题。［2］见善句：见到好的言行，就像见到美好的东西一样一定要把它保存在自己身上。修然，美好的样子。一说整饬的样子。存，保存。［3］愀（qiǎo）然：忧惧的样子。［4］省：审视，检查。［5］介然：坚定的样子。［6］好（hào）：喜爱，喜欢，爱好。［7］菑（zāi）然：遇到灾害时恐惧逃避的样子。菑，同"灾"，祸，害。［8］恶（wù）：厌恶，讨厌。［9］非：动词，批评。［10］当：恰当，正确。［11］是：赞扬，肯定。［12］谄谀（chǎn yú）：阿谀逢迎。［13］贼：敌人。［14］隆师：尊重老师。隆，重，尊重。［15］致：通"极"。下文中的"致"用法相同。恶（wù）：厌恶，讨厌。［16］厌：满足。［17］反是：同这些相反。［18］非己：批评自己，责难自己。［19］不肖：与"贤"相反，不善，不好。贤己：认为自己贤良。［20］贼：敌视，伤害。［21］修正为笑，至忠为贼：把美好正直的人当作嘲笑的对象，把最忠诚的人当作坏人。修正，形容词用作名词，指美好正直的人。修，美好。

# 君子之接如水[1]

故君子之接[2]如水，小人之接如醴[3]。君子淡以成[4]，小人甘以坏[5]。

**注释：**［1］选自吴玉贵、华飞主编《四库全书精品文存》第一卷《礼记卷五十四·表记第三十二》，团结出版社 1997 年 6 月第 1 版。这里选其首句为题。［2］接：交，接交，交往。［3］醴：甜酒。［4］君子淡以成：君子之间的交往纯洁而且能互相成就。淡，纯净，纯洁，纯正。以，连词，而，而且。成，成就。[5]小人甘以坏：小人之间的交往甜蜜却容易变质。甘，甜，甜蜜。以，转折连词，却。坏，变坏，变质。

# 大上贵德[1]

大上贵德[2]，其次务施报[3]。礼尚[4]往来：往而不来，非礼也；来而不往，亦非礼也。人有礼则安，无礼则危。故曰，礼者不可不学也。夫礼者，自卑而尊人，虽负贩者[5]，必有尊也，而况富贵乎？富贵而知好礼，则不骄不淫；贫贱而知好礼，则志不慑[6]。

**注释：**[1]选自胡平生、陈美兰译注《礼记·曲礼上》，中华书局2007年12月第1版。这里选其首句为题。[2]大（tài）上贵德：最优先的是崇尚道德。大上，最重要的，最优先的，最上等的。一说太上指上古时代即三皇五帝时代。贵，形容词用作动词，崇尚，推崇，尊重。[3]其次务施报：接下来的才是致力于施与和报答。其次，表示顺序的序词。一说指中古时代即三王五伯时代。务，致力于，勉力而为。施报，施与和报答。[4]礼尚往来：礼崇尚施与和报答。尚，崇尚，推重。往，指施与别人。来，得到别人的施与。[5]负贩者：劳动者和小商贩。负，背东西，指劳动。贩，商贩，贩卖。[6]慑（zhé）：通"折"，挫折。今读shè，胆怯，害怕。亦通。

# 大上有立德[1]

大上有立德[2]，其次有立功[3]，其次有立言[4]，虽久不废[5]，此之谓不朽。

**注释：**[1]选自王守谦等译注《左传·襄公二十四年》，贵州人民出版社1990年11月第1版。这里选其首句为题。[2]大（tài）上：最高明的，最重要的，最优先的，最上等的。立德：树立道德。[3]立功：建立功勋业绩。[4]立言：著书立说，指流传思想。[5]虽久不废：即使久远也不消失。废，废止，消失。

# 蜚将冲天，鸣将惊人[1]

庄王[2]即位三年，不出号令，日夜为乐，令国中曰："有敢谏者死，无赦！"伍举[3]入谏。庄王左抱郑姬，右抱越女，坐钟鼓[4]之间。伍举曰："愿有进隐[5]。"曰："有鸟在于阜[6]，三年不蜚[7]不鸣，是[8]何鸟也？"庄王曰："三年不蜚，蜚将冲天；三年不鸣，鸣将惊人。举[9]退矣，吾知之矣。"居数月，淫益甚[10]。大夫苏从[11]乃入谏。王曰："若[12]不闻令乎？"对曰："杀身以明君，臣之愿也。"于是乃罢[13]淫乐，听政，所诛者数百人，所进者数百人，任伍举、苏从以政，国人大说[14]。

注释：[1] 节选自《史记·楚世家第十》，中国文史出版社 2002 年 12 月修订版。[2] 庄王（？—前 591）：即楚庄王，春秋时楚国国君，春秋霸主之一。姓芈（mǐ），名旅（一作吕、侣）。公元前 613—前 591 年在位。[3] 伍举：楚国大夫。封在椒邑，又称椒举。伍参之子，伍子胥祖父。[按：以年代推断，谏者应非伍举。《韩非子·喻老》作"右司马"，《吕氏春秋·审应览·重言》作"成公贾"，《新序·杂事二》作"士庆"，《史记·滑稽列传》并记为淳于髡（kūn）说齐威王事][4] 钟鼓：泛指乐器。[5] 愿有进隐：希望有进献隐语的机会。隐，隐语，迷语的古称。[6] 阜：土山。[7] 蜚：通"飞"。[8] 是：指示代词"这"，兼有判断助动词"是"之作用。[9] 举：任举。[10] 淫益甚：荒淫放纵更加厉害。淫，过度，无节制。这里指淫乐。[11] 苏从：楚国大夫。具体生平不详。[12] 若：你。[13] 罢：停止。[14] 说：通"悦"。

# 楚共王之悟[1]

楚共王有疾，召令尹[2]曰："常侍莞苏与我处[3]，常忠我以道[4]，正我以义[5]。吾与处，不安也；不见，不思也。虽然，吾有得也，其功不细[6]，必厚爵之。申侯伯[7]与处，常纵恣吾[8]，吾所乐者，劝吾为之；吾所好者，先吾服之[9]。吾与处，欢乐之；不见，戚戚[10]也。虽然，吾终无得也，其过[11]不细，必亟[12]遣之。"令尹曰："诺。"明日，王薨。令尹即拜莞苏为上卿[13]，而逐申侯伯出之境。曾子[14]曰："鸟之将死，其鸣也哀；人之将死，其言也善。"言反[15]其本性，共王之谓也。孔子曰："朝闻道，夕死可矣。"于以开[16]后嗣，觉[17]来世，犹愈没世不寤者也[18]。

　　**注释**：[1]选自[汉]刘向著，李华年译注《新序全译·杂事一》，贵州人民出版社1994年10月版。题目为编者所加，标点符号有改动。楚共王：当为楚文王。卢文弨（chāo）《群书拾补》："《吕氏》《说苑》俱作文王，是。"据《左传》僖公七年的记载，申侯伯为楚文王（前689—前672年在位）时人，故卢文弨所说是正确的。[2]令尹：春秋战国时期楚国官名，掌军政大权，相当于相国即宰相。[3]常侍：官名，指常在君王左右随侍的人。秦汉时有中常侍，常为列侯至郎中的加官。这里借用此官名以说明莞苏属于朝臣之职。莞（guān）苏：事迹不详。据东汉桓帝永寿二年《吉成侯州辅碑》载："昔管苏之尹楚，以直见疏。"与此文文意相符。[4]忠我以道："以道忠我"的倒置用法，用道使我忠。[5]正我以义："以义正我"的倒置用法，用义使我正。[6]细：小。[7]申侯伯：楚文王宠臣，后为郑国大夫。[8]纵恣：放纵恣肆，这里有纵容怂恿之意。[9]服：佩戴，穿戴。[10]戚戚：忧伤的样子。[11]过：过错，过失，错误。[12]亟（jí）：急，急迫，赶快。[13]上卿：周代官制，最尊贵的诸侯之臣称为上卿。[14]曾子（前505—前436）：名参，字子舆，春秋末期鲁国人，孔子学生，以孝著称。后世尊为"宗圣"。相传《大学》即其所作。[15]反：同"返"，返回，返归。[16]于以：用以，用来。于，介词，用。以，连词。开：开悟，启发。[17]觉：警醒，觉悟。[18]犹：依然，仍然，还。愈：通"逾"，超过，超越。没世：离世，死。不寤：不觉悟，不醒悟。

# 石　奢[1]

　　石奢者，楚昭王[2]相也。坚直廉正，无所阿避[3]。行[4]县，道有杀人者，相[5]追之，乃其父也。纵[6]其父而还自系[7]焉。使人言之王曰：

“杀人者，臣之父也。夫以父立政[8]，不孝也；废法纵罪，非忠也；臣罪当[9]死。”王曰：“追而不及，不当伏罪，子其[10]治事矣。”石奢曰：“不私[11]其父，非孝子也；不奉主法，非忠臣也。王赦其罪，上惠也；伏诛而死，臣职也。”遂不受令，自刭而死。

注释：[1] 节选自《史记·循吏列传第五十九》，中国文史出版社2002 年 12 月修订版。[2] 楚昭王：熊姓，名珍，春秋时楚国国君，公元前 515—前 489 年在位。[3] 无所阿（ē）避：不迎合奉承，不逃避责任祸难。所，介词，在句中起标示范围或程度作用，可以不译出。[4] 行：巡行视察。[5] 相（xiàng）：代指石奢。[6] 纵：放，释放。[7] 系：拘囚。[8] 立政：推行政令。[9] 当：判断，判决，判罪。[10] 其：语气副词，可译成“还是”。[11] 私：偏爱，偏向，偏袒。

# 纵囚归狱[1]

唐史纪：太宗亲录系囚[2]，见应死者悯之，纵使归家，期[3]以来秋就死。仍敕天下死囚皆纵遣，至期来诣[4]京师。至是九月，去岁所纵天下死囚，凡三百九十人，无人督率，皆如期自诣朝堂，无一人亡匿[5]者，上皆赦之。

注释：[1] 选自 [明] 张居正《帝鉴图说》第二卷，中国书店出版社 2003 年 7 月第 1 版。本于《新唐书·刑法志》。此事发生于唐太宗贞观六年（632）。[2] 太宗：指唐太宗李世民。生于 599 年，卒于 649 年，626—649 年在位，是中国历史上公认的贤明君主。亲录系囚：亲自审查记载囚犯罪行的卷宗。系囚，拘捕在押的囚犯。[3] 期：约定。[4] 诣：到。[5] 亡匿：逃亡藏匿。

# 第四单元

# 能力迁移单元[①]

※※※※※※※※※※※※※※※※※※※※※※※※※※※※※※※

单元教学目标

本单元的核心教学目标是把视觉阅读能力转化成口头表述、书面写作以及概括归纳分析能力。通过项目训练，使学生逐渐养成能力迁移习惯，培养创新能力，并在能力转化过程中掌握知识、巩固知识、创造知识，进而有效地提升综合素质，为学生将来的岗位工作和发展提供支持。

单元教学提示

教学中要充分开发学生的自主学习能力和创造力，各训练项目应尽量由学生自主完成，教师只起参谋、引导和评价作用。其中，评价部分不仅要有学生加入，还应该加大学生评价的比重。项目要根据文体特点进行设计，不求面面俱到，但求重点突出、成效显著。

※※※※※※※※※※※※※※※※※※※※※※※※※※※※※※※

## 项目一 "阅读→表述" 迁移训练

※※※※※※※※※※※※※※※※※※※※※※※※※※※※※※※

训练一：化无声阅读为有声阅读

1. 训练内容：以下列作品为素材，做视觉阅读向口头表达即表述能

---

[①] 能力迁移即能力转化，是一种新能力形成的过程，一般是指把知识转化为能力或把某种能力转化为其他能力的思维活动及其实现的过程。在人类的能力诸元中，它是最重要的能力要素之一，也是创造力的重要表现形式。

力迁移训练。

2. 训练方式：在视觉阅读的基础上，吟诵、歌唱下述作品，进而由学生讲解作品或讲述阅读感受。吟诵、歌唱时可以单独进行，也可以双人或多人配合进行。其中，如果采用歌唱表述方式，既可选择已有曲谱的，也可自己谱曲。

3. 训练要求

（1）在进行吟诵、歌唱、讲解或讲述等表述能力训练之前，要认真阅读作品，对作品的思想内涵、情感色彩、语言风格等进行准确把握。这是由视觉阅读形成吟诵、歌唱、讲解或讲述等能力迁移的前提和基础。

（2）如果采用群体方式训练，事先应进行必要的排练。

※※※※※※※※※※※※※※※※※※※※※※※※※※※※※

# 饮马长城窟行[1]

青青河畔草，绵绵思远道[2]。远道不可思，宿昔[3]梦见之。梦见在我傍[4]，忽觉[5]在他乡。他乡各异县，展转[6]不相见。枯桑[7]知天风，海水知天寒。入门各自媚[8]，谁肯相为言[9]？客从远方来，遗[10]我双鲤鱼。呼儿烹鲤鱼，中有尺素书[11]。长跪读素书，书中竟何如？上言加餐食，下言长相忆[12]。

**注释：**[1]选自［宋］郭茂倩《乐府诗集》第三十八卷《相和歌辞十三》中的《瑟调曲三》，中华书局1979年11月版。饮马长城窟行：一曰《饮马行》，汉代乐府古题。相传古长城边有水窟，可供饮马，曲名由此而来。这首诗在［南朝梁］萧统《文选》中载为"古辞"，不署作者。在［南朝陈］徐陵《玉台新咏》中署作蔡邕。是否为蔡邕所作，历来有争议。行，古代歌行体诗歌的体裁标志。[2]青青二句：比兴句，以连绵不断的河畔青草起兴，并以其作比，比喻思人之情也如青草萌发而绵绵不断。绵绵，延续不断貌。远道，代指远方那个让人思念的人。[3]宿昔：指昨夜。[4]傍：通"旁"，旁边，身边。[5]忽觉：猛然醒来。觉，醒。[6]展转：亦作"辗转"，不定。这里是说在他乡作客的人行踪无定。一说，展转指思妇醒后翻来覆去不能再入梦。[7] 枯桑：落了叶的桑树。同下文的"海水"一样，均暗喻思妇。
[8] 媚：爱。[9] 言：问讯、慰问。 [10] 遗（wèi）：赠送。双鲤鱼：
一对鲤鱼。一说指藏书信的函，即刻成鲤鱼形的两块木板，一底一盖，
把书信夹在里面。[11] 尺素：素是生绢，古人用绢写信，常以一尺为
度。书：信。[12] 上言二句：《文选》作"上有加餐食，下有长相忆"。

# 敕勒歌[1]

## 北朝民歌[2]

　　敕勒川[3]，阴山下[4]。天似穹庐[5]，笼盖四野。天苍苍，野茫茫，
风吹草低见牛羊[6]。

　　**注释**：[1] 选自 [宋] 郭茂倩《乐府诗集》第八十六卷《杂歌谣辞
四》中的《歌辞四》，中华书局 1979 年 11 月版。《乐府诗集》原诗题下
有序——《乐府广题》曰："北齐神武攻周玉壁，士卒死者十四五。神武
恚愤，疾发。周王下令曰：'高欢鼠子，亲犯玉壁，剑弩一发，元凶自
毙。'神武闻之，勉坐以安士众。悉引诸贵，使斛律金唱《敕勒》，神武
自和之。"其歌本鲜卑语，易为齐言，故其句长短不齐。敕勒：部族名。
初号狄历，又名高车、丁零，隋唐时称铁勒，是匈奴族的后裔。[2] 北
朝：指自 439 年北魏统一中国北方开始至 581 年北周为隋所代的历史时期
内，在中国北方先后存在并与南方宋、齐、梁、陈等王朝并立的北魏、
东魏西魏（由北魏分裂而成）、北齐（代东魏）、北周（代西魏）等政权
的统称。[3] 川：河流冲积而成的平原。[4] 阴山：阴山山脉。起于河
套西北，横亘在今内蒙古自治区南部，东与大兴安岭相接。 [5] 穹庐：
圆顶帐篷，类似于蒙古包。[6] 见：同"现"，古今字。显现，显露。

# 生查子[1]

## 欧阳修[2]

　　去年元夜时，花市[3]灯如昼。月到[4]柳梢头，人约黄昏后。今年元
夜时，月与灯依旧。不见去年人，泪满春衫袖。

**注释：**[1] 选自抱犊山人《宋词一万首》（上），花山文艺出版社1992 年 10 月新 1 版。生查子：唐教坊曲名，后用为词牌。双调四十字，仄韵。[2] 欧阳修（1007—1072）：字永叔，号醉翁，晚号六一居士。庐陵（今江西吉安）人。北宋著名政治家、学者、史学家、文学家。仁宗天圣八年（1030）进士，累擢知制诰、翰林学士。英宗时，官至枢密副使、参知政事。神宗朝，迁兵部尚书，以太子少师致仕。卒谥文忠。欧阳修在政治和文学方面都主张革新，既是范仲淹庆历新政的支持者，也是北宋诗文革新运动的领导者。又喜奖掖后进，苏轼兄弟及曾巩、王安石皆出其门下。诗、词、散文均为一时之冠。欧阳修为北宋前期词坛大家，散文也名列唐宋八大家，治史和文学批评也卓有建树。[3] 元夜：正月十五之夜，也称元夕。[3] 花市：繁华的街市。[4] 到：一本作"上"。

# 水调歌头[1]

## 苏　轼[2]

丙辰中秋，欢饮达旦，大醉，作此篇，兼怀子由[3]。

明月几时有？把酒问青天[4]。不知天上宫阙[5]，今夕是何年。我欲乘风归去，惟恐[6]琼楼玉宇，高处不胜[7]寒。起舞弄清影[8]，何似在人间！　　转朱阁，低绮户[9]，照无眠[10]。不应有恨，何事长向别时圆？人有悲欢离合，月有阴晴圆缺，此事古难全。但愿[11]人长久，千里共婵娟[12]。

**注释：**[1] 选自抱犊山人《宋词一万首》（上），花山文艺出版社1992 年 10 月新 1 版。水调歌头：词牌名。相传隋炀帝开汴河时曾制《水调歌》，唐人演为大曲，有散序、中序、入破三部分，"歌头"当为中序的第一章。又名《元会曲》《凯歌》《台城游》等。双调，95 字，平韵。也有变押仄韵的。[2] 苏轼：见第一单元项目二《江城子·密州出猎》注释[2]。[3] 这首词是宋神宗熙宁九年（1076）丙辰中秋苏轼在密州超然台上饮酒赏月时所作。作者因与变法派政见不合，自请外放，在地方任职已经 5 年，此时，弟弟苏辙在齐州李常幕府任职，兄弟之间已经 7 年没有见面。作者借佳节饮酒赏月之机，写下了这首思亲言志的名作。子由：苏轼弟弟苏辙之字。[4] 明月二句乃化用李白《把酒问月》"青天有月来几时？我今停杯一问之"诗句。[5] 天上宫阙：这里指神话传说中的月宫。[6] 惟恐：一本作"又恐"。[7] 胜：承受，禁得起。[8] 起舞弄清影：嫦娥在月宫中翩翩起舞，舞弄着凄清的身影。一说指作者在月下起舞。[9] 低绮户：低低的月光照进用轻纱蒙饰的雕花门窗内。[10] 照无眠：照在不眠之人的身上。[11] 但愿：只希望。[12] 共婵娟：共同拥有明月。婵娟，本指美女，这里以嫦娥代指月亮。

# 一剪梅[1]
## 李清照[2]

红藕香残玉簟[3]秋。轻解罗裳，独上兰舟。云中谁寄锦书[4]来？雁字[5]回时，月满西楼。花自飘零水自流，一种相思，两处闲愁。此情无计可消除，才下眉头，却上心头。

**注释：**[1] 选自 [清] 朱彝尊《词综》（下），上海古籍出版社 1978 年 12 月第 1 版。这首词在 [南宋] 黄升《花庵词选》中题作"别愁"，是李清照抒写思念出外求学的丈夫赵明诚的闺情诗。[元] 伊世珍《琅嬛记》说："易安结褵未久，明诚即负笈远游。易安殊不忍别，觅锦帕书《一剪梅》词以送之。"[2] 李清照：见第一单元项目二《声声慢》注释[2]。 [3] 玉簟：光华如玉的席子。 [4] 锦书：写在锦帕上的信。[5] 雁字:指雁群飞时排成"一"或"人"字形。这里是借用鸿雁传书的典故。

# 丑奴儿·书博山道中壁[1]
## 辛弃疾[2]

少年不识愁滋味，爱上层楼。爱上层楼，为赋[3]新词强说愁。而今识尽愁滋味，欲说还休[4]。欲说还休，却道天凉好个秋。

**注释：**［1］选自抱愙山人《宋词一万首》（下），花山文艺出版社1992年10月新1版。［2］辛弃疾：见第二单元项目一《水龙吟·过南磵双溪楼》注释［2］。［3］赋：不歌而诵。这里是写作的意思。［4］欲说还休：欲言又止。休，止。

# 中吕·十二月尧民歌·别情[1]
## 王实甫[2]

自别后遥山隐隐[3]，更那堪远水粼粼[4]。见杨柳飞棉滚滚[5]，对桃花醉脸醺醺[6]，透内阁香风阵阵[7]，掩重门暮雨纷纷[8]。怕黄昏不觉又黄昏，不消魂怎地不消魂[9]？新啼痕压旧啼痕，断肠人忆断肠人[10]。今春，香肌瘦几分，裙带宽三寸[11]。

**注释：**［1］选自羊春秋选注《元人散曲选》，湖南人民出版社1982年10月第1版。中吕：宫调名。十二月尧民歌：曲牌名。由《十二月》和《尧民歌》两支曲子组成，是小令的一种变体。别情：题目。［2］王实甫：名德信。大都（今北京）人，一说河北定兴县人。生卒年不详，主要活动于元成宗元贞、大德年间（1295—1307）。元杂剧作家。有杂剧十四种，最著名的是《西厢记》。《录鬼簿》把他列入"前辈已死名公才人"，位于关汉卿之后。［3］遥山：远山。隐隐：极目远眺时所见的山峦掩映景状。［4］更：读作 gēng，又。那堪：哪能承受。那，通"哪"。堪，承受，担当。粼粼（lín）：水光明亮闪烁的样子。［5］棉：指杨花柳絮。滚滚：浓密飘飞的样子。［6］对桃花：化用唐朝诗人崔护《题都城南庄》"去年今日此门中，人面桃花相映红。人面不知何处去，桃花依旧笑春风"诗意，写离人别情。醺醺：形容醉态很浓。［7］透：穿透。内阁：深闺，内室。香风：双关语，既指自然界的花香气息，也指女子及其闺房内的芳香气息。［8］掩：关闭。重门：多重门户。纷纷：雨绵密不绝的情态。［9］消魂：也作"销魂"，消失了魂魄。形容人失魂落魄的样子，多指因伤情而无精打采的情态。江淹《别赋》："黯然销魂者，唯别而已矣。"［10］前一个"断肠人"指女主人公，即思妇，后一个"断肠人"指被思念的爱人。[11] 香肌瘦几分，裙带宽三寸：化用柳永《蝶恋花》"衣带渐宽终不悔，为伊消得人憔悴"句意，形容因离愁而消瘦、憔悴。

※※※※※※※※※※※※※※※※※※※※※※※※※※※※※※

**训练二：化视觉阅读为情境体验及口头表达——演出**

1. 训练内容：以《董宣传》和《李寄斩蛇》为素材，由视觉阅读向表述能力迁移。

2. 训练方式：把作品改编成情景短剧并演出。

3. 训练要求：

(1) 文中所描写的人物都要出场；

(2) 人物对白要切合人物身份和作品实际；允许有合理的加工创造。

※※※※※※※※※※※※※※※※※※※※※※※※※※※※※※

# 董宣传[1]

董宣，字少平，陈留圉人[2]也。初为司徒侯霸所辟[3]，举高第[4]，累迁北海相[5]。到官，以大姓公孙丹为五官掾[6]。丹新造居宅，而卜工[7]以为当有死者，丹乃令其子杀道行人，置尸舍内，以塞其咎[8]。宣知，即收[9]丹父子杀之。丹宗族亲党三十余人，操兵诣[10]府，称冤叫号。宣以丹前附王莽[11]，虑交通海贼[12]，乃悉收系剧狱[13]，使门下书佐水丘岑尽杀之。青州以其多滥[14]，奏宣考岑[15]，宣坐征诣廷尉[16]。在狱，晨夜讽诵[17]，无忧色。及当出刑[18]，官属具馔[19]送之，宣乃厉色[20]曰："董宣生平未曾食人之食，况死乎！"升车而去。时同刑九人，次应及宣，光武驰使驺骑特原宣刑[21]，且令还狱。遣使者诘宣多杀无辜。宣具以状对，言水丘岑受臣旨意，罪不由之，愿杀臣活岑。使者以闻，有诏左转宣怀令[22]，令青州勿案岑罪。岑官至司隶校尉[23]。

后江夏有剧贼[24]夏喜等寇乱郡境，以宣为江夏太守[25]。到界[26]，移书[27]曰："朝廷以太守能禽[28]奸贼，故辱斯任[29]。今勒兵界首[30]，檄[31]到，幸思自安之宜[32]。"喜等闻，惧，即时降散。外戚[33]阴氏为郡都尉[34]，宣轻慢[35]之，坐免[36]。

后特征[37]为洛阳令。时湖阳公主苍头白日杀人[38]，因匿主家，吏不能得。及主出行，而以奴参乘[39]，宣于夏门亭候之[40]，乃驻车叩马[41]，以刀画地，大言数主之失[42]，叱奴下车，因格杀[43]之。主即还宫诉帝，帝大怒，召宣，欲箠[44]杀之。宣叩头曰："愿乞一言而死。"帝曰："欲何言？"宣曰："陛下圣德中兴，而纵奴杀良人，将何以理天下乎？臣不须箠，请得自杀。"即以头击楹[45]，流血被面。帝令小黄门持之，使宣叩头谢主。宣不从，强使顿之，宣两手据地[46]，终不肯俯。主曰："文叔为白衣时[47]，臧亡匿死[48]，吏不敢至门。今为天子，威不能行一令乎？"帝笑曰："天子不与白衣同。"因敕强项令出[49]，赐钱三十万，宣悉以班诸吏[50]。由是[51]搏击豪强，莫不震慄[52]。京师号为"卧虎"。歌之曰："枹鼓不鸣[53]董少平。"

在县五年。年七十四，卒于官。诏遣使者临视，唯见布被覆尸，妻子对哭，有大麦数斛[54]、敝车一乘。帝伤之，曰："董宣廉絜[55]，死乃知之！"以宣尝为二千石[56]，赐艾绶[57]，葬以大夫礼。拜子并为郎中[58]，后官至齐相。

**注释：**[1] 选自《二十五史·后汉书·酷吏列传第六十七·董宣传》，中国文史出版社 2002 年 5 月第 1 版。标点符号有改动。[2] 陈留：汉郡名，西汉武帝元狩元年设置，治所在陈留（今河南省开封市东南）。圉（yǔ）：汉县名，治所在今河南杞县南。[3] 司徒：官名，西周始置。东汉时司徒主管教化，为三公之一。辟：开，这里是赏识之意。[4] 举高第：因为才学优异被举用。高第，古时称考试或官吏考绩优等为高第。[5] 累迁北海相：屡次升迁至北海相。北海，古时含义有时所指非一。这里是汉代的郡国名，汉景帝中元二年始置，治所在营陵（今山东昌乐东南），东汉移治剧县（今昌乐西）。[6] 以：介词，因为，凭靠。五官椽（yuàn）：郡中武官。汉时朝廷有五官中郎将，郡有五官椽。椽，古代属官的统称。[7] 卜工：长于占卜的工匠。[8] 以塞其咎："以之塞其咎"的省略说法，即用这种方式来阻塞住宅的凶咎。[9] 收：逮捕下狱。[10] 诣：到。[11] 王莽（前45—23）：字巨君。新朝皇帝，公元8—23年在位。王莽本汉元帝皇后侄，西汉末年以外戚身份掌权，成帝时封新都侯，元始五年（5）毒死平帝，自称假皇帝。初始元年（8）

称帝，改国号为新。更始元年（23）灭亡。[12] 虑：忧虑，担心。交通：交往，勾结。海贼：海盗。[13] 乃：连词，就，于是。悉：全部。收系：逮捕，囚禁。剧狱：剧县之狱。[14] 青州：指青州郡守。以：介词，因，因为。多滥：杀人多而且滥杀无辜。[15] 奏宣考岑：向朝廷启奏弹劾董宣，考问水丘岑。[16] 宣坐征诣廷尉：董宣因罪被征召赴朝廷由廷尉审判。坐，坐法的省称，即依法判处。征，被征召。汉律规定，凡中层以上官员犯罪，都要押赴朝廷审判。廷尉，官名。秦始置，汉承秦制，秩中二千石，掌刑狱。汉景帝中元六年（前144）改称大理。汉武帝建元四年（前137）复称廷尉。东汉以后则或称廷尉，或称大理，或称廷尉卿。[17] 讽：背诵。诵：朗读。[18] 及：到。当：判定。出刑：出狱受刑，指受死刑。[19] 具馔：准备饮食。[20] 厉色：脸色严肃。[21] 光武：指光武帝刘秀，字文叔，西汉皇族，南阳蔡阳（今湖北枣阳西南）人，东汉创立者，公元25—57年在位。驰使：派遣快马使者。骖骑：侍从骑士。特原宣刑：特别推究董宣的判刑。特，特意，特别。原，推究。[22] 左转宣怀令：贬官为宣怀县令。左转，即左迁。古代尚右时，以右为上，左为下，故左迁、左转代指降职、贬官。[23] 司隶校尉：官名。汉武帝时始置，始为纠察缉捕特别重大案件而设，后乃察举京城官民及附近各郡一切犯法者，职权颇大。自东汉始，渐变为郡以上督察官。汉代司隶校尉权势特重，专道而行，专席而坐，除三公以外，皆可纠弹，与御史中丞、尚书令号称三独坐。[24] 剧贼：大贼。剧，程度副词，烈，猛，大。[25] 太守：官名。秦代设郡守，主管一郡政务。汉景帝时更名为太守，为地方最高行政长官，相当于现在的省长。[26] 界：边界。这里指江夏郡界。[27] 移书：传递书信。移，传。[28] 禽：同"擒"。[29] 辱：谦词，犹言承蒙。斯：指示代词，此，这。指江夏郡。[30] 勒兵界首：驻兵边界上。勒，统率，约束。[31] 檄：古代官府用以征召、晓谕、声讨的文书。[32] 幸：祈祝词，希望。思：考虑。自安之宜：自我安定的事宜。[33] 外戚：外家的亲属，特指帝王的母族或妻族。[34] 都尉：官名，战国时始设的武官，职位略低于将军。汉代以后多有演变，但多为武职官员。[35] 轻慢：轻视怠慢。[36] 坐免：依法判定免职。[37] 特征：特别征召。[38] 湖阳公主：光武帝刘秀之姊。苍头：奴仆。[39] 参乘（cān shèng）：古代在车右陪乘的人。参，同"骖"。[40] 候：等候，等待。[41] 叩马：扣住马匹。叩，通"扣"，控制。[42] 大言数主之失：大声数说公主的过失。数（shǔ），数说，数落。[43] 格杀：击杀。[44] 箠（chuí）：同"棰"，杖刑。[45] 楹（yíng）：庭堂前部的柱子。[46] 据：支撑，撑据。[47] 文叔：光武帝刘秀的字。白衣：古代平民衣白衣，故代指平民。[48] 臧亡匿死：藏匿逃亡和犯死罪的人。臧，通"藏"。[49] 因：连词，就，于是。敕：上命下之词，特指皇帝的诏书。强项：指董宣不肯向湖阳公主低头。令：诏书的一种，即诏书。[50] 悉：全，全部。班：布，分发。[51] 由是：从此。[52] 震慄：震惊恐惧。[53] 枹（fú）鼓不鸣：古代鸣冤通常敲击官衙门前之鼓，枹鼓不鸣即形容太平无事。枹，鼓槌。[54] 斛（hú）：量器名。古代十斗为一斛，南宋改为五斗一斛。[55] 絜："洁"的异体字。[56] 二千石：汉代对郡守的通称。汉郡守俸禄为二千石，即月俸百二十斛。[57] 艾绶（ài shòu）：二千石以上所佩之印绶，即银印绿绶。艾，苍白色，这里指银印。绶，绶带，系印钮或帷幕的丝带。[58] 郎中：官名。始于战国时期，担任国尹警卫工作。秦、汉沿置，属于光禄勋，秩比三百石，管理车、骑、门户，并内充侍卫，外从征战。最初分为车郎、户郎、骑郎三类。其后类别渐废。

# 李寄斩蛇[1]

## 干　宝[2]

　　东越闽中有庸岭[3]，高数十里。其西北隙[4]中有大蛇，长七八丈，大十余围[5]，土俗[6]常惧。东冶都尉及属城长吏[7]多有死者。祭以牛羊，故不得祸[8]。或[9]与人梦，或下谕巫祝[10]，欲得啖[11]童女年十二三者。都尉令长并共患之[12]。然气厉不息[13]。共请求人家生婢子[14]，兼有罪家女养之。至八月朝[15]，祭送蛇穴口。蛇出，吞啮[16]之。累年如此，已用九女。

　　尔时预复募索[17]，未得其女。将乐县[18]李诞家，有六女，无男。其小女名寄，应募欲行，父母不听。寄曰："父母无相[19]，惟生六女，无有一男，虽有如无。女无缇萦济父母之功[20]，既不能供养，徒费衣食，生无所益，不如早死。卖寄之身，可得少钱，以供父母，岂不善耶？"父母慈怜[21]，终不听去。寄自潜行[22]，不可禁止。

寄乃告请好剑及咋蛇犬[23]。至八月朝，便诣[24]庙中坐，怀剑将犬[25]。先将数石米糍[26]，用蜜麨[27]灌之，以置穴口。蛇便出，头大如囷[28]，目如二尺镜。闻糍香气，先啖食之。寄便放犬，犬就啮咋[29]；寄从后斫得数创[30]。疮痛急，蛇因踊[31]出，至庭而死。

寄入视穴，得其九女髑髅[32]，悉[33]举出，咤言[34]曰："汝曹[35]怯弱，为蛇所食，甚可哀愍[36]。"于是寄女缓步而归。

越王闻之，聘寄女为后[37]，拜其父为将乐令，母及姊皆有赏赐。自是[38]东冶无复妖邪之物。其歌谣至今存焉[39]。

**注释：**[1] 选自〔东晋〕干宝《搜神记》卷十九，贵州人民出版社 1991 年 1 月第 1 版。段落及标点符号有改动。[2] 干宝：字令升，生卒年不详，新蔡（今属河南）人。东晋史学家、文学家。勤学博览，好阴阳术数。元帝时以佐著作郎领修国史，著《晋纪》（今已佚），时称良史。所编《搜神记》原本已佚，今存本为后人辑录。[3] 东越：汉初小国。在今浙江东南及福建一带。闽中：郡名。庸岭：山名。在今福建邵武县。[4] 隙：山谷。一本作"隰"（xí），低湿之地。[5] 围：计量圆周的长度单位，这里指双手拇指和食指合围的量度。[6] 土俗：当地风俗。这里指当地百姓。[7] 东冶：东越国都，在今福建福州市。都尉：郡之军事长官。属城长吏：所属县城的长官。长吏，地位较高的县吏。《汉书·百官公卿表》：县令、长"皆有丞、尉，秩四百石至二百石，是为长吏"。[8] 祸：贵州人民出版社 1991 年 1 月版原文为"福"，这里据它本改为"祸"。[9] 或：有时。[10] 下谕：下令，晓谕。巫祝：古代以歌舞娱神、与神交通的人。[11] 啖（dàn）：吃。[12] 令长：皆县官，万户以上的大县为令，万户以下的为长。[13] 气厉不息：指大蛇气焰凶猛，为害不止。[14] 家生婢子：即"家生婢"，奴婢生的女儿。[15] 朝（zhāo）：初一。[16] 啮（niè）：咬。[17] 尔时：这时。预复募索：预先又招募寻找童女。[18] 将乐县：县名，在今福建西北部。[19] 无相：没有福相。[20] 缇萦（tí yíng）：汉初临淄淳于意幼女。其父因罪当受肉刑，缇萦随父入长安，上书请为官婢以赎父罪。汉文帝怜而赦其父罪，并除肉刑。济：救助。[21] 怜：爱。[22] 潜行：偷偷去了。[23] 咋

(zé)：咬。[24] 诣：到。[25] 怀剑：怀抱剑。怀，名词用作动词，怀抱。将犬：带着狗。将，带，领。[26] 米糍（cí）：用糯米蒸制的食品。[27] 麨（chǎo）：用炒过的麦子磨成的面粉，俗称"炒面"。[28] 囷（qūn）：谷囷。[29] 啮咋：撕咬。[30] 斫：砍。创：伤。[31] 踊：跳窜。[32] 髑髅（dú lóu）：死人头骨。[33] 悉：全，都。[34] 咤（zhà）：感叹。[35] 汝曹：你们。[36] 哀愍（mǐn）：哀叹、怜悯。[37] 聘：送礼物以迎娶。后：正夫人。[38] 自是：从此。[39] 歌谣：当指歌颂李寄斩蛇的歌谣。

※※※※※※※※※※※※※※※※※※※※※※※※※※※※※

### 训练三：化视觉阅读为口头表达——演讲

1. 训练内容：以《短歌行》《满江红·写怀》《病起书怀》《过零丁洋》《赴戍登程口占示家人》为素材，进行视觉阅读向表述能力迁移训练。

2. 训练方式：

（1）以《短歌行》的题材内容为背景，以"山不厌高，海不厌深"为题发表演讲；

（2）以《满江红·写怀》的题材内容为背景，以"莫等闲，白了少年头"为题发表演讲；

（3）以《病起书怀》的题材内容为背景，以"位卑未敢忘忧国"为题发表演讲；

（4）以《过零丁洋》的题材内容为背景，以"留取丹心照汗青"为题发表演讲；

（5）以《赴戍登程口占示家人》的题材内容为背景，以"苟利国家生死以，岂因祸福避趋之"为题发表演讲。

3. 训练要求：可以选择备稿演讲方式展示（演讲时要脱稿），也可选择即兴演讲方式展示。

※※※※※※※※※※※※※※※※※※※※※※※※※※※※※

# 短歌行[1]

## 曹　操[2]

　　对酒当歌[3]，人生几何[4]？譬如朝露，去日苦多[5]。慨当以慷[6]，忧思难忘。何以解忧[7]，唯有杜康[8]。青青子衿，悠悠我心[9]。但为君故，沉吟至今[10]。呦呦鹿鸣，食野之苹。我有嘉宾，鼓瑟吹笙[11]。明明如月，何时可辍[12]。忧从中来[13]，不可断绝。越陌度阡[14]，枉用相存[15]。契阔谈讌[16]，心念旧恩[17]。月明星稀，乌鹊南飞。绕树三匝[18]，何枝可依？山不厌高[19]，海不厌深。周公吐哺[20]，天下归心[21]。

　　**注释：**[1] 选自《曹操集》，中华书局 1959 年 7 月第 1 版。短歌行：汉乐府旧题，属于《相和歌辞·平调曲》。最初的古辞已经失传，现存最早的就是曹操这首拟乐府《短歌行》。曹操传世的《短歌行》共有两首，本诗是其中的第一首。[2] 曹操（155—220）：字孟德，三国时期杰出的政治家、军事家、文学家。[3] 对酒当歌：面对美酒面对歌舞。对、当，同义异文，都是面对、对着的意思。[4] 几何：多少。指年寿多少。[5] 去日苦多：逝去的日子苦于太多。去日，离去的日子。苦多，苦于太多，即因太多而感到痛苦。[6] 慨当以慷：感叹之余应当继之以振奋。慨，感叹。慷，激奋的样子。[7] 何以解忧：一本作"以何解忧"。何以，以何，用什么。[8] 杜康：相传是最早的造酒人，此处代指酒。[9] 青青二句：《诗经·郑风·子衿》原句。借用来表示对贤才的思慕。子衿，周代读书人的服装，此处指代有学识的人。[10] 但为二句：原本无此二句，据 [南朝梁] 萧统《文选》补入。[11] 呦呦（yōu yōu）四句：《诗经·小雅·鹿鸣》原句。这里用以表示自己优礼贤才的态度。呦呦，鹿叫声。苹，蒿草。鼓，弹奏。[12] 辍：停止。《文选》作"掇"。[13] 中：内心，心中。[14] 越陌度阡：古谚语有"越陌度阡，更为客主"，这里用的是上句，用来表示客人（人才）来访或来聚。陌（mò），东西方向的田野小路。阡（qiān），南北方向的田野小路。[15] 枉用相存：枉劳存问的意思。枉，谦词，屈驾，枉劳。用，以。存，慰问，探问。[16] 契阔谈讌：聚集一起谈笑宴会。契阔：偏义复合词，偏于

"契"。契，聚合。阔，分别，离别。讌（yàn），通"宴"。[17] 旧恩：旧日的情谊。[18] 三：非定指数词，若干，多的意思。匝：周，圈。[19] 厌：满足。[20] 周公吐哺（bǔ）：《史记·鲁周公世家第三》："周公戒伯禽曰：'我文王之子，武王之弟，成王之叔父，我于天下亦不贱矣。然我一沐三捉发，一饭三吐哺，起以待士，犹恐失天下之贤人。子之鲁，慎无以国骄人。'"这里借以表达自己慕贤爱才之情。[21] 归心：心悦诚服地归顺。

# 满江红·写怀[1]

## 岳　飞[2]

怒发冲冠，凭阑处[3]、潇潇雨歇[4]。抬望眼、仰天长啸，壮怀激烈[5]。三十功名尘与土[6]，八千里路云和月[7]。莫等闲[8]、白了少年头，空悲切[9]。靖康耻[10]，犹未雪。臣子恨，何时灭？驾长车[11]、踏破贺兰山缺[12]。壮志饥餐胡虏肉[13]，笑谈渴饮匈奴血[14]。待从头、收拾旧山河[15]，朝天阙[16]。

**注释：**[1] 选自抱犊山人《宋词一万首》，花山文艺出版社 1992 年 10 月新 1 版。满江红：词牌名。双调，九十三字。有平韵、仄韵二体。写怀：题目名。[2] 岳飞（1103—1142）：字鹏举，相州汤阴（今属河南）人。北宋末年应募从军，任秉义郎（下级军官）。南宋初年因上书宋高宗反对南迁被革职。后随宗泽守卫开封，任统制。宗泽死，随杜充南下。宋高宗建炎三年（1129），金兀术渡江南进，他率军在广德（今属安徽）、宜兴（今属江苏）一带坚持抵抗。次年收复建康（今江苏南京）。宋高宗绍兴三年（1133），因镇压江西地区农民起义，高宗以"精忠岳飞"锦旗进行褒奖。绍兴四年大破金傀儡刘豫伪齐军，收复襄阳、信阳等六郡，任清远军节度使。绍兴五年（1135），镇压洞庭湖地区杨幺农民起义军后，驻军鄂州（今湖北武昌），派使联络太行义军，准备大举北进，收复失地。绍兴九年（1139），宋高宗、丞相秦桧与金人议和，岳飞上表反对。次年，金兀术进兵河南，岳飞出兵抗击，大败金兵于郾城（今属河南），收复郑州、洛阳等地。高宗因与金议和，下令退兵。岳飞回临安后，被解除兵权，任枢密副使。不久被诬陷谋反而下狱。绍兴十一年十二月二十九日（1142年1月27日），为奸相秦桧以"莫须有"的罪名谋害。宋孝宗时平反，谥武穆。宋宁宗时追封鄂王，改谥忠武。岳飞工诗词，但留传甚少。词仅存三首，内容皆表达抗金的伟大抱负和壮志难酬的深沉慨叹，风格悲壮，意气豪迈。有《岳武穆集》。[3] 凭：倚靠。阑：通"栏"，栏杆。处：时、空双义词，既指时间，也指地点。[4] 潇潇：象形兼象声词，大雨连绵的样子及其所发出的声音。歇：止，停。[5] 壮怀：雄壮的情怀。激烈：激荡奔腾。[6] 三十：作此词时，岳飞已年过三十。功名：功业、名望。尘与土：比喻功名像尘土一样微不足道。一说比喻征战的奔波劳累。[7] 八千里路：形容转战征程之多。一说指征途还很漫长。云和月：犹言披星戴月。指日夜兼程、长期作战。[8] 莫：不要。等闲：轻易，随便。[9] 空：徒劳地。悲切：心中悲痛有如刀切。形容极度悲哀痛苦。[10] 靖康耻：靖康元年（1126），金攻破北宋汴京后，掳徽宗、钦宗二帝北去，故曰靖康耻。靖康，宋钦宗年号。[11] 长车：大战车。长，大。[12] 贺兰山：在今宁夏和内蒙古之间，泛指被金人所侵占的地方。缺：山的缺口，代指关隘。[13] 胡虏：对金人的蔑称。胡，古代对中国西方、北方少数民族的通称。这里代指金人。[14] 匈奴：古代部族名，先秦时称狄，秦汉称匈奴，居住在中国北方的广大地区。这里代指金人。[15] 从头：开始。这里是"重新"之意。收拾：整理、整顿。这里是"收复"之意。旧山河：指失落的土地。[16] 朝天阙：朝见皇帝。天阙，皇帝的官殿。

# 病起书怀[1]

## 陆　游[2]

　　病骨支离纱帽宽[3]，孤臣万里客江干[4]。位卑未敢忘忧国[5]，事定犹须待阖棺[6]。天地神灵扶庙社[7]，京华父老望和銮[8]。出师一表通今古[9]，夜半挑灯更细看[10]。

　　**注释：**[1] 选自陆应南选注《陆游诗选》，广东人民出版社1984年2月第1版。本诗作于宋孝宗淳熙三年（1176）夏，作者时年52岁。陆游在被免官后病了二十多天，病愈之后仍为国担忧，为了表现要效法诸葛亮北伐，统一中国的决心，挥笔泼墨，写下了这首名垂千古之作。

[2] 陆游（1125—1210）：字务观，号放翁，越州山阴（今浙江绍兴）人。童年在兵荒马乱中度过。父亲陆宰是主战派人士，对陆游爱国主义思想的形成具有深远的影响。陆游12岁即能诗文。宋高宗绍兴二十三年，29岁的陆游赴临安参加进士考试，名列第一，但因为名次排在奸相秦桧孙子秦埙（xūn）之前，加上"喜论恢复"，第二年复试时被秦桧除名。秦桧死后三年，34岁时才获得出任福州宁德县主簿的机会。宋孝宗初年，时任枢密院编修官的陆游被孝宗召见，赐以进士出身。曾任镇江、隆兴通判。后因极力支持张浚抗战，在张浚战败后以"交结台谏，鼓唱是非，力说张浚用兵"的罪名罢职还乡。宋孝宗乾道六年（1170）入蜀，任夔州通判。乾道八年（1172），入主战派人士四川宣抚使王炎幕府参赞军务。其后历任嘉州、蜀州、荣州通判和成都安抚使司参议官。宋孝宗淳熙五年（1178），陆游受召离川东归临安，先后提举福建、江西茶盐公事。在江西任上，因拨义仓赈济灾民，以"擅权"罪免官。回乡闲居六年。淳熙十三年（1186），起为严州知州，擢朝议大夫、礼部侍郎、宝章阁待制。后因主张抗金，形于吟咏，被劾去官。宋光宗绍熙元年即66岁以后直到85岁去世，大多在山阴故乡过着闲居生活。陆游具有多方面文学才能，尤以诗的成就为最。有《剑南诗稿》《渭南文集》等数十个文集存世。现存诗9300多首，是我国现存诗作最多的人。爱国主义是其诗歌的主旋律。风格雄奇奔放，沉郁悲壮。[3] 支离：分散。这里指身体衰弱。[4] 孤臣万里客江干：孤单一人客居在万里之外的成都岷江江边。干，岸，边。[5] 位卑：地位低微。未敢：不敢。[6] 事定：事情有定论。犹须：仍然要。阖棺：阖上棺盖。这句话本意为一个人盖棺方能论定，这里暗喻自己死后才可能实现国家统一。[7] 庙社：宗庙、社稷，代指朝廷、国家。[8] 京华：指北宋首都汴京。和銮：天子的车驾。[9] 出师一表通古今：诸葛亮的《出师表》所表现的统一国家的思想贯穿古今。[10] 挑灯：拨动灯芯使灯光更明亮。更（gēng）：再，又。

# 过零丁洋[1]
## 文天祥

辛苦遭逢起一经[2]，干戈寥落四周星[3]。山河破碎风飘絮[4]，身世浮沉雨打萍[5]。惶恐滩头说惶恐[6]，零丁洋里叹零丁[7]。人生自古谁无死？留取丹心照汗青[8]。

**注释：**[1]选自《文山先生全集》，国家图书馆馆藏明嘉靖三十一年本。零丁洋：在广东省中山市南。1278年年底，文天祥率军在广东五坡岭与元军激战，兵败被俘，囚禁船上曾经过零丁洋。[2]遭逢：遭遇，际遇。这里指被任用。起一经：因为精通一种经书，通过科举考试而被朝廷起用做官。文天祥二十岁考中状元。[3]干戈：指抗元战争。寥落：荒凉冷落。一作"落落"。四周星：四周年。文天祥从1275年起兵抗元，到1278年被俘，一共四年。[4]絮：柳絮。[5]萍：浮萍。[6]惶恐滩：在今江西省万安县，是赣江中的险滩。1277年，文天祥在江西被元军打败，所率军队死伤惨重，妻子儿女也被元军俘虏。他经惶恐滩撤到福建。[7]零丁：孤苦无依的样子。[8]丹心：红心，赤诚之心，比喻忠心。汗青：代指史册。上古以竹简记事，先用火烤，去掉竹片的水分，这种加工过程就叫汗青。后世因而用汗青代指史册。

# 赴戍登程口占示家人[1]
## 林则徐[2]

力微任重久神疲[3]，再竭衰庸定不支[4]。苟利国家生死以[5]，岂因祸福避趋之[6]。谪居正是君恩厚[7]，养拙刚于戍卒宜[8]。戏与山妻谈故事，试吟断送老头皮[9]。

**注释：**[1]选自于非主编《中国古代文学作品选》下册，高等教育出版社1994年5月第1版。赴戍：奔赴戍守的地方。指奔赴作者充军的新疆伊犁。口占：古人作诗术语，即不拟草稿，随口吟诵而成。鸦片战争爆发后，清廷归罪林则徐，被道光帝革职，"从重发往伊犁，效力赎罪"。这首诗就是道光二十一年（1841年7月14日，一说道光二十二年七月初六日即1842年8月11日），作者自西安启程赴伊犁戍所时留给家人的诗作。当时林则徐口占了两首诗，这是其中的第二首。[2] 林则徐（1785年8月30日—1850年11月22日）：字元抚，又字少穆、石麟，晚号俟村老人、俟村退叟、七十二峰退叟、瓶泉居士、栎社散人等。福建侯官（今福建省福州闽侯）人。嘉庆三年（1798）中秀才，就读鳌峰书院。嘉庆九年（1804）中举人，任厦门海防同知书记，后入福建巡抚张师诚幕府。嘉庆十六年（1811）进士，选为庶吉士，授编修。先后任江西乡试副考官、云南乡试正考官。嘉庆二十五年（1820），任江南道监察御史转浙江杭嘉湖道，任上修海塘，兴水利，发展农业，颇有政声。鸦片战争前主张严禁鸦片、抵御外辱。鸦片战争后被发配新疆伊犁。道光二十五年（1845）重新被起用，先后任陕甘总督、陕西巡抚、云贵总督，加太子太保，赏戴花翎。道光二十九年（1849）秋，因病重奏请开缺回乡调治，翌年三月返抵侯官。九月，又被任命为钦差大臣，赴广西镇压拜上帝会的反清起义。他抱病从侯官起程，道光十月十九日（1850年11月22日）逝于潮州普宁行馆，终年66岁。死后赠太子太傅，照总督例赐恤，历任一切处分悉行开复，谥文忠。林则徐是清朝后期极具风骨的政治家、思想家和文学家，是抵御外辱的民族英雄，史学界称他为近代中国"开眼看世界的第一人"。有《云左山房诗钞》《林文忠公政书》《信及录》等。[3] 微：小，轻，弱。[4] 再竭："再而衰，三而竭"的省略语。指自己的身体越来越衰弱，将要走到生命的尽头。典出《左传·庄公十年》曹刿评论作战士气之语："一鼓作气，再而衰，三而竭。"衰庸：衰老的身体和平庸的才能，自谦之词。衰，衰老。庸，平庸，无能。支：坚持，支撑。[5] 苟利国家生死以：典出《左传·昭公四年》：春秋末期郑国执政大臣子产变法改革，受到时人诽谤，子产曰："何害！苟利社稷，死生以之。"借以表达不计生死而为国为民的思想情怀。苟，如果，假如，倘若。以，由，任凭；一说"用"，"凭"。[6] 岂：疑问代词，怎，怎能，哪能。祸福避趋："避祸趋福"的归并用法。[7] 谪居：自我宽慰语。谪居，贬职闲居，指被贬职流放新疆伊犁。[8] 养拙：安心休养、守拙而居，指隐退安居，也有守本分、不显露自己的意思。

刚：正好、恰好。戍卒宜：做一名戍卒适当。宜，合适，适当。[9]"戏与""试吟"二句：作者自注："宋真宗闻隐者杨朴能诗，召对，问：'此来有人作诗送卿否？'对曰：'臣妻有一首云：更休落魄耽杯酒，且莫猖狂爱咏诗。今日捉将官里去，这回断送老头皮。'上大笑，放还山。东坡赴昭狱，妻子送出门，皆哭，坡顾谓曰：'子独不能如杨处士妻作一首送乎？'妻子失笑，坡乃出。"这里借用典故，意在表达自己的放达情怀，也是对家人的安慰。山妻，山野之人的妻子，是对自己妻子的谦称。故事，旧事，典故，指自注中所引杨朴事。事见苏轼《东坡志林》。

※※※※※※※※※※※※※※※※※※※※※※※※※※※※※

### 训练四：化视觉阅读为口头表达——访谈

1. 训练内容：视觉阅读向编创能力、表述能力迁移。

2. 训练方式：以下列《乡愁》作品为背景，设计一个有关乡愁的访谈节目，并实施训练。

3. 训练要求：

（1）设置1—2名访谈主持人；每篇作品各选择一位学生扮演作者，担任访谈嘉宾；选择5位学生做评委；其余同学作为现场观众参与节目。

（2）角色把握要准确。

※※※※※※※※※※※※※※※※※※※※※※※※※※※※※

## 乡　愁[1]
### 余光中[2]

小时候，乡愁是一枚小小的邮票。我在这头，母亲在那头。长大后，乡愁是一张窄窄的船票。我在这头，新娘在那头。后来啊，乡愁是一方矮矮的坟墓。我在外头，母亲在里头。而现在，乡愁是一湾浅浅的海峡。我在这头，大陆在那头。

1961 年 1 月 21 日

注释：[1] 选自韩作荣主编《诗歌精选》，长江文艺出版社 2009 年 8 月第 1 版。版式有变。[2] 余光中（1928—　）：祖籍福建永春。1947

年入金陵大学外语系读书，1949 年转入厦门大学。同年随父母迁香港，次年赴台，就读于台湾大学外文系。1953 年，与覃子豪、钟鼎文等共创"蓝星"诗社。1958 年赴美国爱荷华大学学习，获艺术硕士学位。先后在台湾师范大学、政治大学、密歇根州立大学、香港中文大学、高雄中山大学等任教。著有诗集《莲的联想》《白玉苦瓜》《天狼星》《与永恒拔河》，散文集《望乡的牧神》《记忆像铁轨一样长》，评论集《掌上集》，译作《老人与海》《梵高传》等。

# 乡　愁[1]
## 席慕容[2]

故乡的歌是一支清远的笛，总在有月亮的晚上响起。故乡的面貌却是一种模糊的怅望，仿佛雾里的挥手别离。离别后，乡愁是一棵没有年轮的树，永不老去。

**注释：** ［1］选自 http：//baike. baidu. com/view/49129. htm。版式有变。［2］席慕容（1943 年 11 月 12 日— ）：女，蒙古族。全名穆伦·席连勃，大江河之意，"慕蓉"是"穆伦"的谐译。祖籍内蒙古察哈尔盟明安旗。生于重庆城郊金刚坡，1949 年迁至香港，幼年在香港度过，后随家飘落台湾。13 岁时在日记中写诗。1956 年入台北师范艺术科。1964 年到比利时布鲁塞尔皇家艺术学院进修，入油画高级班。1966 年以第一名的成绩毕业于比利时布鲁塞尔皇家艺术学院。1969 年以萧瑞为笔名，在台湾《中央副刊》发表作品。7 月回台湾，任教新竹师专美术科。其后数年间以萧瑞、漠蓉、穆伦·席连勃等笔名投稿，作品多为散文。1970 年以穆伦为笔名，在《联合副刊》发表作品，作品多为散文。1977 年 10 月在《皇冠》杂志开设《诗的画，画的诗》专栏。1981 年，台湾大地出版社出版第一本诗集《七里香》。1982 年出版了第一本散文集《成长的痕迹》。1989 年 9 月前往故乡内蒙古高原。1987 年 1 月，诗集《时光九篇》由尔雅出版社出版。1990 年 7 月散文集《我的家乡在高原上》由圆神出版社出版，同时亦出版了编选的蒙古现代诗选《远处的星光》。1997 年个人自选集由上海文艺出版社出版。诗集、散文集、画册及选本等共五十余种。近年来，潜心探索蒙古文化，以原乡为创作主题。2002 年受聘为内蒙古大学名誉教授。

# 乡　愁[1]

## 琼　瑶[2]

去年年底，"开放大陆探亲"的消息公布了。

这消息像一股温泉，乍然间从我心深处涌现，然后蹿升到我四肢百脉，蹿升到我的眼眶。我简直无法描述那一瞬间的感动。我心底有个声音在喊着：

"三十九年！三十九年有多少月？多少天？三十九年积压了多少乡愁。如今，可以把这些乡愁勾销了吗？"

不敢相信这是事实，但是，陆陆续续有人回乡探亲了！这居然成了事实！我太兴奋了，和鑫涛计划着，我们也该去大陆探亲了，鑫涛去红十字会办手续，回来说：

"需要填三等亲的亲人名字和地址！"

一时间，我们两个都弄不清"三等亲"包括哪些人，以及我们是否有这项"资格"。激动中，我冲口而出：

"故国的山，故国的水，故国的大地泥土，和我们算是几等亲？我们要探的亲，不只是'人'呀！"

不过，我毕竟不需担忧，因为我和鑫涛分别都有舅舅姨妈在大陆，所以，我们很顺利地办好了探亲护照。拿到护照的那一晚，我就失眠了。脑子里奔流着黄河，奔流着长江。不只长江黄河，还耸立着五岳和长城！鑫涛见我如此兴奋，忍不住提醒我说："大家都说大陆的生活很苦，旅行也不像想象中那么方便，至于亲人，经过三十九年的隔阂，可能已经相见不相识，这些，你都考虑过吗？"考虑？我实在没有认真去考虑过。我只觉得乡愁像一张大网，已把我牢牢地网住。而且，当行期越来越近，我的乡愁就越来越深。我想，我这个人和别人是不大相同的。我有个朋友告诉我："我也离开大陆三十九年，但是，我不觉得我有什么乡愁！"这句话使我太惊奇了，我总认为，乡愁对于游子，就像一切人类的基本感情一样，是与生俱来的。不过，有的人来得强烈，有的人比较淡然。

我，大概生来就属于感情强烈的一型。连我的"乡愁"，也比别人多几分！

计划回大陆的行程时，鑫涛问我：

"你到底要去哪些地方啊？第一站，是不是你的故乡湖南呢？"我祖籍湖南，生在四川。童年，是个多灾多难的时代，是个颠沛流离的时代，童年的足迹，曾跋涉过大陆许多的省份。如今，再整理我这份千头万绪的乡愁时，竟不知那愁绪的顶端究竟在何处？是湖南？是四川？是长江？是黄河？是丝绸之路，还是故宫北海？沉吟中，这才明白，我的乡愁不在大陆的任何一点上，而在大陆那整片的土地上！

"可是，你没有时间走遍大陆整片的土地啊！"鑫涛说："我们排来排去，只可能去四十天！"

将近四十年的乡愁，却要用四十天来弥补。可能吗？不可能的！人们必须放弃许多地方。湖南，湖南的亲人多已离散，家园中可能面目全非，不知怎的，我最怕面对的，竟是故乡湖南，这才了解古人"近乡情怯"的感觉。当我把这感觉告诉鑫涛时，他脱口而出地说：

"这也是我不敢回上海的原因！"

于是，我们把行程的第一站定在北京。北京，那儿是我父母相识相恋和结婚的地方，那儿是我祖母和外祖父母居住及去世的地方，那儿，是我历史课本上一再重复的地方，那儿，也是我在小说中、故事中所熟读的地方！那儿有"故都春梦"，有"京华烟云"！还有我那不成熟的——"六个梦"！

于是，我们动身；经香港，去北京。

**注释：**[1] 节选自琼瑶《剪不断的乡愁》（《琼瑶全集》43），长江文艺出版社 2008 年 8 月版。[2] 琼瑶：原名陈喆。琼瑶是其笔名。此外还用过心如、凤凰等笔名。中国当代著名女作家。衡阳县渣江镇人，现居中国台湾台北市。1938 年 4 月 20 日生于四川成都，1949 年随父陈致平由大陆到台湾。父亲陈致平是大学教授，母亲袁行恕出身书香门第。16 岁在台湾《晨光》杂志发表短篇小说《云影》。读高中时，先后发表 200 余篇文章。1963 年自传式长篇小说《窗外》出版，一举成名。1963 年以来，共创作长篇小说《幸运草》《烟濛濛》《几度夕阳红》《彩云飞》《心有千千结》《在水一方》《月朦胧鸟朦胧》《雁儿在林梢》《碧云天》《冰儿》等40多部。

# 乡 愁[1]

## 三 毛[2]

二十年前出国的时候，一个女友交在我手中三只扎成一团的牛铃。在那个时代里，没有什么人看重乡土的东西。还记得，当年的台北也没有成衣卖。要衣服穿，就得去洋裁店。拿着剪好的料子，坐在小板凳上翻那一本本美国杂志，看中了的款式，就请裁缝给做，而纽扣，也得自己去城里配。那是一个相当崇洋的时代，也因为，那时台湾有的东西不多。当我接过照片左方的那一串牛铃时，问女友哪里弄来的，她说是乡下拿来的东西，要我带着它走。摇摇那串铃，它们响得并不清脆，好似有什么东西卡在喉咙里似的，一碰它们，就咯咯地响上那么一会儿。

将这串东西当成了一把故乡的泥土，它也许不够芳香也不够肥沃，可是有，总比没有好。就把它带了许多年，搁在箱子里，没怎么特别理会它。

等我到了沙漠的时候，丈夫发觉了这串铃，拿在手中把玩了很久，我看他好似很喜欢这串东西的造型，将这三个铃，串在钥匙圈上，从此一直跟住了他。

以后我们家中有过风铃和竹条铃，都只挂了一阵就取下来了。居住的地区一向风大，那些铃啊，不停地乱响，听着只觉吵闹不如没风的地方，偶尔有风吹来，细细碎碎地洒下一些音符，那种偶尔才得的喜悦，是不同凡响的。

以后又买过成串成串的西班牙铃铛。它们发出的声音更不好，比咳嗽还要难听，就只有挂着当装饰，并不去听它们。一次我们住在西非尼日利亚，在那物质上吃苦，精神上亦极苦的日子里，简直找不到任何使人快乐的力量。当时，丈夫日也做、夜也做，公司偏偏赖账不给，我看在眼里心疼极了，心疼丈夫，反而歇斯底里地找他吵架。那一阵，两个人吵了又好，好了又吵，最后常常抱头痛哭，不知前途在哪里，而经济情况一日坏似一日，那个该下地狱去的公司，就是硬吃人薪水还扣了护照。

这个故事，写在一篇叫作《五月花》的中篇小说中，好像集在《温柔的夜》这本书里，在此不再重复了。就在那样沮丧的心情下，有一天丈夫回来，给了我照片右方那两只好似长着爪子一样的铃。我坐在帐子里，接过这双铃，也不想去摇它们，只是漠漠然。

丈夫对我说："听听它们有多好，你听——"接着他把铃铛轻轻一摇。那一声微小的铃声，好似一阵微风细雨吹拂过干裂的大地，一丝又一丝余音，绕着心房打转。方要没了，丈夫又轻轻一晃，那是今生没有听过的一种清脆入谷的神音，听着、听着，心里积压了很久的郁闷这才变做一片湖水，将胸口那堵住的墙给化了。

这两只铃铛，是丈夫在工地里向一个尼日利亚工人换来的，用一把牛骨柄的刀。

丈夫没有什么东西，除了那把不离身的刀子。唯一心爱的宝贝，为了使妻子快乐，换取了那副铃。那是一把好刀，那是两只天下最神秘的铜铃。

有一年，我回台湾来教书，一个学生拿了一大把铜铃来叫我挑。我微笑着一个一个试，最后挑了一只相当不错的。之后，把那两只奈及利亚的铜铃和这一只中国铃，用红线串在一起。每当深夜回家的时候，门一开就会轻轻碰到它们。我的家，虽然归去时没有灯火迎接，却有了声音，而那声音里，唱的是："我爱着你。"

至于左边那一串被女友当成乡愁给我的三个铜铃，而今的土产、礼品店，正有大批新新地在卖。而我的乡愁，经过了万水千山之后，却觉得，它们来自四面八方，那份沧桑，能不能只用这片脚踏的泥土就可以弥补，倒是一个大大的问号了。


**注释：**[1] 选自 http：//baike. baidu. com/view/49129. htm。[2] 三毛（1943 年 3 月 26 日—1991 年 1 月 4 日）：原名陈懋平，后改名为陈平，祖籍浙江舟山。曾就读中国文化大学哲学系。曾留学欧洲，定居西属撒哈拉沙漠加纳利岛，并以当地的生活为背景，写出一系列脍炙人口的作品。1981 年回台后，曾在文化大学任教，1984 年辞去教职，而以写作、演讲为重心。她的足迹遍及世界各地，生平著作和译作十分丰富，共有二十三种，在全球华人社会广为流传。

# 乡 愁[1]
## 敖红亮[2]

思念家乡的泪珠，滴落在雨天的屋檐下，碗里，饭里，咽进肚里，让思乡者倾醉。醉在梦里，梦在乡里，是一只芦苇笛，鸣在乡思者的心窝里。

注释：［1］选自 http：//baike. baidu. com/view/49129. htm。本诗创作于 2002 年 9 月 20 日，2009 年入选《民族诗刊·夏季卷》《黄河诗报 2009 年中国当代诗群（派）大展 1978—2008》。版式有变。［2］敖红亮（1980—　 ）：吉林人。蒙古族。1997 年肄业于晋东南师专，1998 年在太原创业，1999 年结业于河北省小小说函授学院，2007 年毕业于吉林大学计算机专科。曾任《今生我在原创文学》主编、《江山文学网——江山诗风》评论组组长，现任《雅海》《诗道》《雅海文学》和《文人·学者》——北京神州雅海文化艺术研究院特聘编辑。中国作家网络联会会员、白城市作家协会会员、白城市诗词楹联家协会会员、自由撰稿人。

# 乡 愁[1]
## 北 石[2]

我的乡愁，是牵着风筝的线，离乡越远，思念越长；我的乡愁，是心中珍藏的酒，离乡越久，味道越醇厚；我的乡愁，是隐藏在天宇的星斗，夜深人静时，便一颗一颗闪亮起来；我的乡愁，是一遍一遍的月圆；我的乡愁，是一列一列的帆船；我的乡愁，是隔不断的海水；我的乡愁，是远方的岸。故乡是磁石，故乡是胎盘。我的乡愁，是孩子对乳汁的期盼，是无以回报的忐忑，是坚定不移的归心和眷恋！

注释：［1］选自 http：//baike. baidu. com/view/49129. htm。版式有变。［2］北石（1983—　 ）：河北省石家庄市藁城人，现工作和居住于广

东省深圳市。

※※※※※※※※※※※※※※※※※※※※※※※※※※

# 项目二　"阅读→写作"迁移训练

※※※※※※※※※※※※※※※※※※※※※※※※※※

**训练一：改写**

1. 训练内容：视觉阅读向写作能力迁移。

2. 训练方式：把《春江花月夜》改写成散文；结合作品背景，把《钗头凤》改写成故事。

3. 训练要求：

（1）要能体现原诗或原文的立意角度和结构线索；

（2）尽量全面地展现原始的景物；

（3）可以创新。

※※※※※※※※※※※※※※※※※※※※※※※※※※

## 春江花月夜[1]
### 张若虚[2]

春江潮水连海平，海上明月共潮生。滟滟随波千万里[3]，何处春江无月明？江流宛转绕芳甸[4]，月照花林皆似霰[5]。空里流霜[6]不觉飞，汀[7]上白沙看不见。江天一色无纤尘，皎皎空中孤月轮。江畔何人初见月？江月何年初照人？人生代代无穷已，江月年年只相似。不知江月待何人，但见长江送流水。白云一片去悠悠[8]，青枫浦上不胜愁[9]。谁家今夜扁舟子[10]？何处相思明月楼？可怜楼上月徘徊[11]，应照离人妆镜台[12]。玉户帘中卷不去[13]，捣衣砧上拂还来。此时相望不相闻，愿逐月华流照君。鸿雁长飞光不度[14]，鱼龙潜跃水成文[15]。昨夜闲潭梦落花，可怜[16]春半不还家。江水流春去欲尽，江潭落月复[17]西斜。斜月沉沉藏海雾，碣石潇湘无限路[18]。不知乘月[19]几人归？落花摇情满江树。

注释：[1] 选自康熙御定《全唐诗》卷一百十七，国际文化出版公司 1993 年 1 月第 1 版。标点符号有改动。[2] 张若虚（约 660—约 720）：扬州人。曾任兖州兵曹。唐中宗神龙（706—707）年间，与贺知章、张旭、包融齐名，并称"吴中四士"。玄宗开元时尚在世。今仅存诗二首。[3] 滟（yàn）滟：波光闪动的光彩。里：一本作"顷"。[4] 芳甸（diàn）：遍生花草的原野。甸，郊外田野。[5] 霰（xiàn）：雪珠，小冰粒。[6] 流霜：飞霜。这里比喻月光。[7] 汀（tīng）：沙滩。[8] 悠悠：深远、长久的样子。这里是白云飘移缓慢而渐深渐远的形态。[9] 青枫浦：一名双枫浦，在今湖南浏阳县浏水中。这里泛指荒僻孤寂之处，暗指游子所在的地方。浦，水陆交接处。胜：承受，忍受。[10] 扁舟：孤舟，小船。[11] 徘徊：康熙御定本作"裴回"，此处据他本改。[12] 离人：这里指思妇。妆镜台：一本作"玉镜台"。[13] 玉户帘中卷不去：一本作"遮户帘中卷不去"。玉户，代指闺房。[14] 鸿雁长飞光不度：鸿雁可以飞向遥远的地方而眼前摇动的水月之光却不能飞向远方。鸿雁长飞，暗用鸿雁传书典故，比喻离人之间可以书信往来或思绪可以像鸿雁一样飞向远方。光，水中的月光，代指思妇。[15] 文：同"纹"。[16] 怜：恨，遗憾。[17] 复：又。[18] 碣石潇湘无限路：碣石和潇湘之间是无限的长路。碣石，山名，在今河北昌黎县北；一说古代碣石山在六朝时已没入渤海中。这里代指离人所在之地，即北方。潇湘，潇水和湘水的合称。这里代指思妇所在之地，即南方。[19] 乘月：趁着月光。

# 钗头凤[1]

## 陆　游[2]

红酥手[3]，黄縢酒[4]，满城春色宫墙柳[5]。东风恶[6]，欢情薄[7]。一怀[8]愁绪，几年离索[9]。错错错。　　春如旧，人空[10]瘦，泪痕红浥鲛绡透[11]。桃花落，闲[12]池阁，山盟[13]虽在，锦书难托[14]。莫莫莫！

注释：[1] 选自抱犊山人《宋词一万首》（上），花山文艺出版社 1992 年 10 月新 1 版。钗头凤：词牌名。相传本名《撷芳词》，因北宋政和间宫中有撷芳园，故名。陆游因无名氏词有"可怜孤似钗头凤"，改名《钗头凤》，又名《折红英》《惜分钗》《玉珑璁》等。双调六十字，仄韵。宋高宗绍兴十四年（1144），20 岁的陆游娶 19 岁的唐琬为妻。二人婚后情深意笃、恩爱和谐。然而，由于唐琬"不当母夫人意"，婚后第三年，陆母就逼迫陆游休了妻子。陆游不忍分离，"暗置别馆"。但不久被发现。在母亲逼迫下，陆游不得已断绝了同唐琬的联系。后来，陆游别娶王氏为妻，唐琬改嫁同郡名士赵士程。10 年后（绍兴乙亥岁即 1155 年），陆游与唐琬及其丈夫赵士程邂逅于绍兴城南的沈园。唐琬遣人送酒馔致意。唐琬去后，陆游感伤不已，遂题此词于沈园壁上。这首词传到唐琬手中，唐琬痛不欲生，也写了一首《钗头凤》："世情薄，人情恶，雨送黄昏花易落。晓风干，泪痕残，欲笺心事，独语斜栏。难难难！人成各，今非昨，病魂常似秋千索。角声寒，夜阑珊，怕人询问，咽泪装欢。瞒瞒瞒！"不久，唐琬便抑郁而终。[2] 陆游：见前注 [1]。[3] 红酥手：红润白皙细腻的手。这里代指唐琬。酥（sū），牛羊乳制成的食品，极为白皙滑腻。[4] 黄縢酒：即黄封酒，当时的官酒。[5] 宫墙柳：暗喻唐琬。[6] 东风：春风，这里暗喻陆游的母亲。[7] 薄：少。[8] 一怀：满怀，满腔。[9] 离索：离群索居。索，孤独。一说，离散；一说，离散后不停地求索。[10] 空：只，只是。[11] 浥（yì）：润湿。鲛绡（jiāo xiāo）：神话中鲛人（人鱼）所织的丝绢，后世用作手帕的代称。[12] 闲：空寂。[13] 山盟：盟誓如山，不可动摇，故称。[14] 锦书：写在锦帛上的信。通常指女子写给丈夫的信。托：寄，投送。

※※※※※※※※※※※※※※※※※※※※※※※※※※※※※※※

### 训练二：撰写鉴赏文章

1. 训练内容：视觉阅读向写作能力迁移。

2. 训练方式：撰写鉴赏文章。每诗一篇。

3. 训练要求：短篇作品鉴赏字数不低于 500 字，中等篇幅作品鉴赏字数不低于 800 字，长篇作品鉴赏字数不低于 1000 字。

※※※※※※※※※※※※※※※※※※※※※※※※※※※※※※※

# 出　塞[1]

## 王昌龄[2]

　　秦时明月汉时关，万里长征人未还[3]。但使龙城飞将在[4]，不教胡马度阴山[5]。

　　**注释：**[1] 选自康熙御定《全唐诗》卷一百四十三，国际文化出版公司 1993 年 1 月第一版。王昌龄《出塞》有两首，这是其中的第一首。[2] 王昌龄（698—756）：字少伯，京兆长安（今陕西西安）人。王昌龄家境贫寒，开元十五年进士，授秘书省校书郎，开元二十二年（734），选博学宏词科，改任汜水县尉，开元二十八年（740）迁为江宁丞。晚年贬龙标（今湖南黔阳）尉，世称王龙标。后因世乱，离任还乡，至亳州，被刺史闾丘晓所杀。《唐才子传》载：王昌龄"以刀火之际归乡里，为刺史闾丘晓所忌而杀。后张镐按军河南，晓衍期，将戮之，辞以亲老，乞恕，镐曰：'王昌龄之亲欲与谁养乎？'晓大惭沮"。王昌龄是盛唐著名边塞诗人，名重一时，有"诗家天子王江宁"之称，被后人誉为"七绝圣手"。[3] 万里长征人未还：一作"万里征夫尚未还"。[4] 但使：只要让。龙城飞将：指汉朝名将李广，匈奴称为"飞将军"。这里泛指英勇善战的将领。[5] 胡马：泛指西、北地区游牧民族的骑兵。阴山：在今内蒙古自治区，古代常凭借它来抵御匈奴的南侵。

# 白雪歌送武判官归京[1]

## 岑　参[2]

　　北风卷地白草折[3]，胡天八月即飞雪[4]。忽如一夜春风来，千树万树梨花开[5]。散入珠帘湿罗幕[6]，狐裘不暖锦衾薄[7]。将军角弓不得控[8]，都护铁衣冷难著[9]。瀚海阑干百丈冰[10]，愁云惨淡万里凝[11]。中军置酒饮归客[12]，胡琴琵琶与羌笛[13]。纷纷暮雪下辕门[14]，风掣红旗冻不翻[15]。轮台东门送君去[16]，去时雪满天山路[17]。山回路转不见君[18]，雪上空留马行处[19]。

注释：[1] 选自康熙御定《全唐诗》卷一百九十九，国际文化出版公司 1993 年 1 月第一版。白雪歌：古歌名，属琴曲中的商调曲。有太帝素女所弹奏之曲、周曲、春秋时晋平公乐师师旷所创以及刘涓子所创等诸多说法。送武判官归京：即事名篇，高度概括诗歌内容。作者以古歌与即事名篇的方式命题，既点出了歌词适用的音乐曲调，也点出了诗歌的内容，可谓匠心独运。武判官，名字、事迹不详。判官，节度使辅佐之官。这是作者任安西北庭节度使封常清判官时所作。[2] 见第一单元《诗歌阅读》之《胡笳歌送颜真卿使赴河陇》注释 [2]。[3] 白草：枯草。因枯萎而色白。[4] 胡天：泛指西北一带。胡，对西北和北方少数民族的统称。[5] 忽如一夜春风来，千树万树梨花开：比喻用法，写一夜之间大雪挂满树枝，就像梨花盛开一样。忽如，御定本原为"忽然"，此处据通行本改。梨花，喻雪花。[6] 珠帘：珍珠串成的帘子。罗幕：绫罗做成的帐幕。"珠帘"和"罗幕"在这里都是一种艺术说法。[7] 狐裘：狐狸皮制作的大衣。锦衾（qīn）：绸缎被子。[8] 角弓：兽角装饰的劲弓。一作"雕弓"。不得控：不能控制。指因手冻僵而无法掌控角弓。[9] 都护：官名。汉宣帝始设，总监西域各国事务。唐代自太宗李世民至武则天时设安西、安东、安南、安北、单于、北庭六个都护府，各置大都护一人，副大都护一人，管理边防、行政及各族事务。这里同上文的"将军"为互文，均指边塞军官。铁衣：铠甲。著（zhuó）：穿，穿着。[10] 瀚海：一作"翰海"，泛指西北地区的戈壁沙漠。阑干：纵横交错的样子。百丈冰：一作"千尺冰"。[11] 愁云：移情入景，喻指云是离别之愁凝聚而成。惨淡：昏暗凄凉的样子。凝：凝聚。这里是指厚重静止的样子，以喻心情的凝重。[12] 中军：古代行军时通常分前军、中军、后军，列阵或驻扎时通常分为左军、中军、右军或上军、中军、下军。中军由统帅亲自统领。这里指中军的主帅营帐。置酒：安排酒席。饮归客：饮酒为归去的人饯行。归客，指武判官。[13] 胡琴、琵琶、羌笛：少数民族常用乐器。这里用以标示地域特点，暗示出了唐军将士久戍边关后的生活情态。[14] 辕门：代指军营大门。古代临时驻军时，常用二车之辕交互支撑而为门，故称辕门。[15] 掣：牵引，拉拽。冻不翻：像冻住一样不能翻卷。用以形容风大而不息。[16] 轮台：唐时属庭州，隶北庭都护府。为安西北庭节度使封常清治所。故址在今新疆米泉县。君：指武判官。[17] 天山：在新疆中部，东西走向，全长 3000 余公里。[18] 回：同"廻"，蜿蜒曲折。[19] 空留：只留下。马行处：马走过的地方。这里指马蹄印记。

# 枫桥夜泊[1]

## 张　继[2]

　　月落乌啼霜满天[3]，江枫渔火对愁眠[4]。姑苏城外寒山寺[5]，夜半钟声到客船[6]。

　　**注释：**[1] 选自康熙御定《全唐诗》卷二百四十二，国际文化出版公司 1993 年 1 月第一版。这首诗也题作《夜泊枫江》。枫桥：在今苏州市阊门外。[2] 张继：字懿孙，襄州（今湖北省襄阳县）人。生卒年不详。博览有识，好谈论，知治体。与皇甫冉交密。天宝十二年（753）进士。唐代宗李豫宝应元年（762）十月，政府军收复两京（长安、洛阳），张继被录用为员外郎征西府中供差遣，后为检校员外郎，升检校祠部郎中，最后为盐铁判官，分掌财赋于洪州。大历末年上任盐铁判官仅一年多即病逝于任上。有《张祠部诗集》传世。[3] 霜：霜花。从苏州所处地域气候特征和诗歌意象组合看，这里的"霜"似乎是代指"星"。[4] 江枫：江边的枫树。渔火：渔船上的灯火。御定本原文作"渔父"，此处据世界书局印行，由蘅塘退士选编、朱麟注释，中华民国二十五年七月出版、中华民国三十五年五月新三版的《唐诗三百首》校为"渔火"。愁眠：因愁而不能入睡之人。后人因此而将当地一山名为"愁眠"。[5] 姑苏：苏州的别称，因城西南有姑苏山而得名。寒山寺：在枫桥附近，始建于南朝梁代。相传因唐朝僧人寒山、拾得在此居住而得名。[6] 夜半：通常指子时（23—1 时）。欧阳修曾认为夜半钟声不可信，后有多位学者考证，关于寒山寺夜半钟声之事，典籍不乏记述，应实有其事。

# 江城子·乙卯正月二十日夜记梦[1]

## 苏　轼[2]

十年生死两茫茫[3]。不思量，自难忘。千里孤坟[4]，无处话凄凉。纵使相逢应不识，尘满面，鬓如霜。夜来幽梦[5]忽还乡。小轩[6]窗，正梳妆。相顾[7]无言，惟有泪千行。料得年年肠断处[8]，明月夜，短松冈[9]。

注释：[1] 选自刘乃昌选注《苏轼选集》，齐鲁书社 1980 年 5 月第 1 版。江城子：见第一单元项目二《江城子·密州出猎》注释 [1]。乙卯：公元 1075 年，即北宋神宗熙宁八年。[2] 苏轼：见第一单元项目二《江城子·密州出猎》注释 [2]。[3] 十年生死两茫茫：苏轼原配夫人王弗于宋英宗治平二年（1065）病逝于汴京，次年迁回四川眉州彭山县安镇乡安葬，到作者写这首悼念亡妻的词作时，恰好十年。[4] 千里：王弗葬于四川，而此时苏轼在密州，相距遥远，故曰千里。孤坟：王弗之墓。[5] 幽梦：深夜之梦。幽，深。[6] 轩：小屋。[7] 顾：看，端详。[8] 肠断处：指王弗安葬之处，即上文的"孤坟"。孟启《本事诗·徵异第五》载张姓妻孔氏赠夫诗："欲知肠断处，明月照孤坟"。[9] 短松冈：长着矮松的山冈，指苏轼葬妻之地。短，矮。

# 越调·天净沙·秋思[1]

## 马致远[2]

枯藤老树昏鸦[3]，小桥流水人家，古道西风瘦马。夕阳西下，断肠人在天涯[4]。

注释：[1] 选自广陵书社编《元曲三百首》，江苏古籍出版社 2001 年 9 月第 1 版。越调：宫调名。天净沙：曲牌名。秋思：篇名。[2] 马致远：号东篱，大都（今北京）人，一说河北东光县马祠堂村人，东光县志和东光马氏族谱都有记载。生卒年不详，在 1251—1324 年。早年参加过元贞书会，曾做过几年江浙行省务官。晚年隐居田园，过着闲散生活。马致远是元代著名的戏剧家，有杂剧十五种，现存《汉宫秋》《青衫泪》等七种。他也是元代散曲名家，与关汉卿、郑光祖、白朴并称"元曲四大家"。辑本有《东篱乐府》一卷（近人辑），现存小令 104 首，套曲 23 套。[3] 昏鸦：黄昏时的乌鸦。[4] 断肠人：因思亲思乡而柔肠寸断的人，即心情悲伤的人。这里指羁旅之人。天涯：天边，指远离家乡的地方。

※※※※※※※※※※※※※※※※※※※※※※※※※※※※※※

# 项目三　　"阅读→实操"迁移训练

※※※※※※※※※※※※※※※※※※※※※※※※※※※※※※

### 训练一：标点符号应用训练

1. 训练内容：视觉阅读向标点符号规范使用能力迁移。

2. 训练方式：认真阅读并牢固掌握课文，然后用自己的作文进行标点符号规范使用训练。

3. 训练要求：训练数量不少于 5 篇。

※※※※※※※※※※※※※※※※※※※※※※※※※※※※※※

# 中华人民共和国国家标准标点符号用法

GB/T 15834—2011

（2011 年 12 月 30 日发布　2012 年 6 月 1 日起实施）

### 前　言

本标准按照 GB/T 1.1—2009 给出的规则起草。

本标准代替 GB/T 15834—1995，与 GB/T 15834—1995 相比，主要变化如下：

——根据我国国家标准编写规则（GB/T 1.1—2009），对本标准的编排和表述做了全面修改；

——更换了大部分示例，使之更简短、通俗、规范；

——增加了对术语"标点符号"和"语段"的定义（2.1/2.5）；

——对术语"复句"和"分句"的定义做了修改（2.3/2.4）；

——对句末点号（句号、问号、叹号）的定义做了修改，更强调句末点号与句子语气之间的关系（4.1.1/4.2.1/4.3.1）；

——对逗号的基本用法做了补充（4.4.3）；

——增加了不同形式括号用法的示例（4.9.3）；

——省略号的形式统一为六连点"……"，但在特定情况下允许连用（4.11）；

——取消了连接号中原有的二字线，将连接号形式规范为短横线"–"、一字线"—"和浪纹线"~"，并对三者的功能做了归并与划分（4.13）；

——明确了书名号的使用范围（4.15/A.13）；

——增加了分隔号的用法说明（4.17）；

——"标点符号的位置"一章的标题改为"标点符号的位置和书写形式"，并增加了使用中文输入软件处理标点符号时的相关规范（第5章）；

——增加了"附录"：附录A为规范性附录，主要说明标点符号不能怎样使用和对标点符号用法加以补充说明，以解决目前使用混乱或争议较大的问题。附录B为资料性附录，对功能有交叉的标点符号的用法做了区分，并对标点符号误用高发环境下的规范用法做了说明。

本标准由教育部语言文字信息管理司提出并归口。

本标准主要起草单位：北京大学。

本标准主要起草人：沈阳、刘妍、于泳波、翁姗姗。

本标准所代替标准的历次版本发布情况为：

——GB/T 15834—1995。

标点符号用法

1. 范围

本标准规定了现代汉语标点符号的用法。

本标准适用于汉语的书面语（包括汉语和外语混合排版时的汉语部

分）。

2. 术语和定义

下列术语和定义适用于本文件。

2.1. 标点符号 punctuation

辅助文字记录语言的符号，是书面语的有机组成部分，用来表示语句的停顿、语气以及标示某些成分（主要是词语）的特定性质和作用。

注：数学符号、货币符号、校勘符号、辞书符号、注音符号等特殊领域的专门符号不属于标点符号。

2.2. 句子 sentence

前后都有较大停顿、带有一定的语气和语调、表达相对完整意义的语言单位。

2.3. 复句 complex sentence

由两个或多个在意义上有密切关系的分句组成的语言单位，包括简单复句（内部只有一层语义关系）和多重复句（内部包含多层语义关系）。

2.4. 分句 clause

复句内两个或多个前后有停顿、表达相对完整意义、不带有句末语气和语调、有的前面可添加关联词语的语言单位。

2.5. 语段 expression

指语言片段，是对各种语言单位（如词、短语、句子、复句等）不做特别区分时的统称。

3. 标点符号的种类

3.1 点号

点号的作用是点断，主要表示停顿和语气。分为句末点号和句内点号。

3.1.1 句末点号

用于句末的点号，表示句末停顿和句子的语气。包括句号、问号、叹号。

3.1.2 句内点号

用于句内的点号，表示句内各种不同性质的停顿。包括逗号、顿号、分号、冒号。

3.2 标号

标号的作用是标明，主要标示某些成分（主要是词语）的特定性质和作用。包括引号、括号、破折号、省略号、着重号、连接号、间隔号、书名号、专名号、分隔号。

4. 标点符号的定义、形式和用法

4.1 句号

4.1.1 定义

句末点号的一种，主要表示句子的陈述语气。

4.1.2 形式

句号的形式是"。"

4.1.3 基本用法

4.1.3.1 用于句子末尾，表示陈述语气。使用句号主要根据句段前后有较大停顿、带有陈述语气和语调，并不取决于句子的长短。

示例 1：北京是中华人民共和国的首都。

示例 2：（甲：咱们走着去吧？）乙：好。

4.1.3.2 有时也可以表示较缓和的祈使语气和感叹语气。

示例 1：请你稍等一下。

示例 2：我不由得感到，这些普通劳动者也同样是很值得尊敬的。

4.2 问号

4.2.1 定义

句末点号的一种，主要表示句子的疑问语气。

4.2.2 形式

问号的形式是"？"。

4.2.3 基本用法

4.2.3.1 用于句子末尾，表示疑问语气（包括反问、设问等疑问类型）。使用问号主要根据语段前后有较大停顿、带有疑问语气和语调，并不取决于句子的长短。

示例 1：你怎么还不回家去呢？

示例 2：难道这些普通的战士不值得歌颂吗？

示例 3：（一个外国人，不远万里来到中国，帮助中国的抗日战争。）这是什么精神？这是国际主义的精神。

4.2.3.2 选择问句中，通常只在最后一个选项的末尾用问号，各个选项之间一般用逗号隔开。当选项较短且选项之间几乎没有停顿时，选项之间可不用逗号。当选项较多或较长，或有意突出每个选项的独立性时，也可每个选项之后都用问号。

示例1：诗中记述的这场战争究竟是真实的历史描述，还是诗人的虚构？

示例2：这是巧合还是有意安排？

示例3：要一个什么样的结尾：现实主义的？传统的？大团圆的？荒诞的？民族形式的？有象征意义的？

示例4：（他看着我的作品称赞了我。）但到底是称赞我什么：是有几处画得好？还是什么都敢画？抑或只是一种对于失败者的无可奈何的安慰？我不得而知。

示例5：这一切都是由客观的条件造成的？还是由行为的惯性造成的？

4.2.3.3 在多个问句连用或表达疑问语气加重时，可叠用问号。通常应先单用，再叠用，最多叠用三个问号。在没有异常强烈的情感表达需要时不宜叠用问号。

示例：这就是你的做法吗？你这个总经理是怎么当的？？你竟敢这样欺骗消费者？？？

4.2.3.4 问号也有标号的用法，即用于句内，表示存疑或不详。

示例1：马致远（1250？—1321），大都人，元代戏曲家、散曲家。

示例2：钟嵘（？—518），颍川长社人，南朝梁代文学批评家。

示例3：出现这样的文字错误，说明作者（编者？校者？）很不认真。

4.3 叹号

4.3.1 定义

句末点号的一种，主要表示句子的感叹语气。

4.3.2 形式

叹号的形式是"！"。

4.3.3 基本用法

4.3.3.1 用于句子末尾，主要表示感叹语气，有时也可表示强烈的祈使语气、反问语气等。使用叹号主要根据语段前后有较大停顿、带有感叹语气和语调或带有强烈的祈使、反问语气和语调，并不取决于句子的长短。

示例 1：才一年不见，这孩子都长这么高啦！

示例 2：你给我住嘴！

示例 3：谁知道他今天是怎么搞的！

4.3.3.2 用于拟声词后，表示声音短促或突然。

示例 1：咔嚓！一道闪电划破了夜空。

示例 2：咚！咚咚！突然传来一阵急促的敲门声。

4.3.3.3 表示声音巨大或声音不断加大时，可叠用叹号；表达强烈语气时，也可叠用叹号，最多叠用三个叹号。在没有异常强烈的情感表达需要时不宜叠用叹号。

示例 1：轰！！在这天崩地塌的声音中，女娲猛然醒来。

示例 2：我要揭露！我要控诉！！我要以死抗争！！！

4.3.3.4 当句子包含疑问、感叹两种语气且都比较强烈时（如带有强烈感情的反问句和带有惊愕语气的疑问句），可在问号后再加叹号（问号、叹号各一）。

示例 1：这么点困难就能把我们吓倒吗?!

示例 2：他连这些最起码的常识都不懂，还敢说自己是高科技人才?!

4.4 逗号

4.4.1 定义

句内点号的一种，表示句子或语段内部的一般性停顿。

4.4.2 形式

逗号的形式是"，"。

4.4.3 基本用法

4.4.3.1 复句内各分句之间的停顿，除了有时用分号（见 4.6.3.1），一般都用逗号。

示例 1：不是人们的意识决定人们的存在，而是人们的社会存在决定人们的意识。

示例 2：学历史使人更明智，学文学使人更聪慧，学数学使人更精细，学考古使人更深沉。

示例 3：要是不相信我们的理论能反映现实，要是不相信我们的世界有内在和谐，那就不可能有科学。

4.4.3.2 用于下列各种语法位置

a）较长的主语之后。

示例1：苏州园林建筑各种门窗的精美设计和雕镂功夫，都令人叹为观止。

b）句首的状语之后。

示例2：在苍茫的大海上，狂风卷集着乌云。

c）较长的宾语之前。

示例3：有的考古工作者认为，南方古猿生存于上新世至更新世的初期和中期。

d）带句内语气词的主语（或其他成分）之后，或带句内语气词的并列成分之间。

示例4：他呢，倒是很乐观地、全神贯注地干起来了。

示例5：（那是个没有月亮的夜晚。）可是整个村子——白房顶啦，白树木啦，雪堆啦，全看得见。

e）较长的主语中间、谓语中间和宾语中间。

示例6：母亲沉痛地诉说，以及亲眼看到的事实，都启发了我幼年时期追求真理的思想。

示例7：那姑娘头戴一顶草帽，身穿一条绿色的裙子，腰间还系着一根橙色的腰带。

示例8：必须懂得，对于文化传统，既不能不分青红皂白统统抛弃，也不能不管精华糟粕全盘继承。

f）前置的谓语之后或后置的状语、定语之前。

示例9：真美啊，这条蜿蜒的林间小路。

示例10：她吃力地站了起来，慢慢地。

示例11：我只是一个人，孤孤单单的。

4.4.3.3 用于下列各种停顿处

a）复指成分或插说成分前后。

示例1：老张，就是原来的办公室主任，上星期已经调走了。

示例2：车，不用说，当然是头等。

b）语气缓和的感叹语、称谓语和呼唤语之后。

示例3：哎哟，这儿，快给我揉揉。

示例4：大娘，您到哪儿去啊？

示例5：喂，你是哪个单位的？

c）某些序次语（"第"字头、"其"字头及"首先"类序次语）之后。

示例6：为什么许多人都有长不大的感觉呢？原因有三：第一，父母总认为自己比孩子成熟；第二，父母总要以自己的标准来衡量孩子；第三，父母出于爱心而总不想让孩子在成长的过程中走弯路。

示例7：《玄秘塔碑》之所以成为书法的范本，不外乎以下几方面的因素：其一，具有楷书点画、构体的典范性；其二，承上启下，成为唐楷的极致；其三，字如其人，爱人及字，柳公权高尚的书品、人品为后人所崇仰。

示例8：下面从三个方面讲讲语言的污染问题：首先，是特殊语言环境中的语言污染问题；其次，是滥用缩略语引起的语言污染问题；最后，是空话和废话引起的语言污染问题。

4.5 顿号

4.5.1 定义

句内点号的一种，表示语段中并列词语之间或某些序次语之后的停顿。

4.5.2 形式

顿号的形式是"、"。

4.5.3 基本用法

4.5.3.1 用于并列词语之间。

示例1：这里有自由、民主、平等、开放的风气和氛围。

示例2：造型科学、技艺精湛、气韵生动，是盛唐石雕的特色。

4.5.3.2 用于需要停顿的重复词语之间。

示例：他几次三番、几次三番地辩解着。

4.5.3.3 用于某些序次语（不带括号的汉字数字或"天干地支"类序次语）之后。

示例1：我准备讲两个问题，一、逻辑学是什么？二、怎样学好逻辑学？

示例2：风格的具体内容主要有以下四点，甲、题材；乙、用字；丙、表达；丁、色彩。

4.5.3.4 相邻或相近两数字连用表示概数通常不用顿号。若相邻两数字连用为缩略形式，宜用顿号。

示例1：飞机在6000米高空水平飞行时，只能看到两侧八九公里和前方一二十公里范围内的地面。

示例2：这种凶猛的动物常常三五成群地外出觅食和活动。

示例3：农业是国民经济的基础，也是二、三产业的基础。

4.5.3.5 标有引号的并列成分之间、标有书名号的并列成分之间通常不用顿号。若有其他成分插在并列的引号之间或并列的书名号之间（如引语或书名号之后还有括注），宜用顿号。

示例1："日""月"构成"明"字。

示例2：店里挂着"顾客就是上帝""质量就是生命"等横幅。

示例3：《红楼梦》《三国演义》《西游记》《水浒传》，是我国长篇小说的四大名著。

示例4：李白的"白发三千丈"（《秋浦歌》）、"朝如青丝暮成雪"（《将进酒》）都是脍炙人口的诗句。

示例5：办公室里订有《人民日报》（海外版）、《光明日报》和《时代周刊》等报刊。

4.6 分号

4.6.1 定义

句内点号的一种，表示复句内部并列关系分句之间的停顿，以及非并列关系的多重复句中第一层分句之间的停顿。

4.6.2 形式

分号的形式是"；"。

4.6.3 基本用法

4.6.3.1 表示复句内部并列关系的分句（尤其当分句内部还有逗号时）之间的停顿。

示例1：语言文字的学习，就理解方面说，是得到一种知识；就运用方面说，是养成一种习惯。

示例2：内容有分量，尽管文章短小，也是有分量的；内容没有分量，即使写得再长也没有用。

4.6.3.2 表示非并列关系的多重复句中第一层分句（主要是选择、转折等关系）之间的停顿。

示例1：人还没看见，已经先听见歌声了；或者人已经转过山头望不见了，歌声还余音袅袅。

示例2：尽管人民革命的力量在开始时总是弱小的，所以总是受压的；但是由于革命的力量代表历史发展的方向，因此本质上又是不可战胜的。

示例3：不管一个人如何伟大，也总是生活在一定的环境和条件下；因此，个人的见解总难免带有某种局限性。

示例4：昨天夜里下了一场雨，以为可以凉快些；谁知没有凉快下来，反而更热了。

4.6.3.3 用于分项列举的各项之间。

示例：特聘教授的岗位职责为：一、讲授本学科的主干基础课程；二、主持本学科的重大科研项目；三、领导本学科的学术队伍建设；四、带领本学科赶超或保持世界先进水平。

4.7 冒号

4.7.1 定义

句内点号的一种，表示语段中提示下文或总结上文的停顿。

4.7.2 形式

冒号的形式是"："。

4.7.3 基本用法

4.7.3.1 用于总说性或提示性词语（如"说""例如""证明"等）之后，表示提示下文。

示例1：北京紫禁城有四座城门：午门、神武门、东华门和西华门。

示例2：她高兴地说："咱们去好好庆祝一下吧！"

示例3：小王笑着点了点头："我就是这么想的。"

示例4：这一事实证明：人能创造环境，环境同样也能造就人。

4.7.3.2 表示总结上文。

示例：张华上了大学，李萍进了技校，我当了工人：我们都有美好的前途。

4.7.3.3 用在需要说明的词语之后，表示注释和说明。

示例1：（本市将举办首届大型书市。）主办单位：市文化局；承办单位：市图书进出口公司；时间：8月15—20日；地点：市体育馆观众休息厅。

示例2：（做阅读理解题有两个办法。）办法之一：先读题干，再读原文，带着问题有针对性地读课文。办法之二：直接读原文，读完再做题，减少先入为主的干扰。

4.7.3.4 用于书信、讲话稿中称谓语或称呼语之后。

示例1：广平先生：……

示例2：同志们、朋友们：……

4.7.3.5 一个句子内部一般不应套用冒号。在列举式或条文式表述中，如不得不套用冒号时，宜另起段落来显示各个层次。

示例：第十条　遗产按照下列顺序继承：

第一顺序，配偶、子女、父母。

第二顺序，兄弟姐妹、祖父母、外祖父母。

4.8 引号

4.8.1 定义

标号的一种，标示语段中直接引用的内容或需要特别指出的成分。

4.8.2 形式

引号的形式有双引号""和单引号''两种。左侧的为前引号，右侧的为后引号。

4.8.3 基本用法

4.8.3.1 标示语段中直接引用的内容。

示例：李白诗中就有"白发三千丈"这样极尽夸张的语句。

4.8.3.2 标示需要着重论述或强调的内容。

示例：这里所谓的"文"，并不是指文字，而是指文采。

4.8.3.3 标示语段中具有特殊含义而需要特别指出的成分，如别称、简称、反语等。

示例1：电视被称作"第九艺术"。

示例2：人类学上常把古人化石统称为尼安德特人，简称"尼人"。

示例3：有几个"慈祥"的老板把捡来的菜叶用盐浸浸就算作工友的

菜肴。

4.8.3.4 当引号中还需要使用引号时，外面一层用双引号，里面一层用单引号。

示例：他问："老师，'七月流火'是什么意思？"

4.8.3.5 独立成段的引文如果只有一段，段首和段尾都用引号；不止一段时，每段开头仅用前引号，只在最后一段末尾用后引号。

示例：我曾在报纸上看到有人这样谈幸福：

"幸福是知道自己喜欢什么和不喜欢什么。……

"幸福是知道自己擅长什么和不擅长什么。……

"幸福是在正确的时间做了正确的选择。……"

4.8.3.6 在书写带月、日的事件、节日或其他特定意义的短语（含简称）时，通常只标引其中的月和日；需要突出和强调该事件或节日本身时，也可连同事件或节日一起标引。

示例1："5·12"汶川大地震

示例2："五四"以来的话剧，是我国戏剧中的新形式。

示例3：纪念"五四运动"90周年

4.9 括号

4.9.1 定义

标号的一种，标示语段中的注释内容、补充说明或其他特定意义的语句。

4.9.2 形式

括号的主要形式是圆括号"（）"，其他形式还有方括号"［］"、六角括号"〔〕"和方头括号"【】"等。

4.9.3 基本用法

4.9.3.1 标示下列各种情况，均用圆括号：

a）标示注释内容或补充说明。

示例1：我校拥有特级教师（含已退休的）17人。

示例2：我们不但善于破坏一个旧世界，我们还将善于建设一个新世界！（热烈鼓掌）

b）标示订正或补加的文字。

示例3：信纸上用稚嫩的字体写着："阿夷（姨），你好！"

示例 4：该建筑公司负责的建设工程全部达到优良工程（的标准）。

c）标示序次语。

示例 5：语言有三个要素：（1）声音；（2）结构；（3）意义。

示例 6：思想有三个条件：（一）事理；（二）心理；（三）伦理。

d）标示引语的出处。

示例 7：他说得好："未画之前，不立一格；既画之后，不留一格。"
（《板桥集·题画》）

e）标示汉语拼音注音。

示例 8："的（de）"这个字在现代汉语中最常用。

4.9.3.2 标示作者国籍或所属朝代时，可用方括号或六角括号。

示例 1：［英］赫胥黎《进化论与伦理学》

示例 2：〔唐〕杜甫著

4.9.3.3 报刊标示电讯、报道的开头，可用方头括号。

示例：【新华社南京消息】

4.9.3.4 标示公文发文字号中的发文年份时，可用六角括号。

示例：国发〔2011〕3 号文件

4.9.3.5 标示被注释的词语时，可用六角括号或方头括号。

示例 1：〔奇观〕奇伟的景象。

示例 2：【爱因斯坦】物理学家。生于德国，1933 年因受纳粹政权迫
害，移居美国。

4.9.3.6 除科技书刊中的数学、逻辑公式外，所有括号（特别是同一
形式的括号）应尽量避免套用。必须套用括号时，宜采用不同的括号形
式配合使用。

示例：〔茸（róng）毛〕很细很细的毛。

4.10 破折号

4.10.1 定义

标号的一种，标示语段中某些成分的注释、补充说明或语音、意义
的变化。

4.10.2 形式

破折号的形式是"——"。

4.10.3 基本用法

4.10.3.1 标示注释内容或补充说明（也可用括号，见 4.9.3.1；二者的区别另见 B.1.7）。

示例1：一个矮小而结实的日本中年人——内山老板走了过来。

示例2：我一直坚持读书，想借此唤起弟妹对生活的希望——无论环境多么困难。

4.10.3.2 标示插入语（也可用逗号，见 4.4.3.3）。

示例：这简直就是——说得不客气点——无耻的勾当！

4.10.3.3 标示总结上文或提示下文（也可用冒号，见 4.7.3.1、4.7.3.2）。

示例1：坚强，纯洁，严于律己，客观公正——这一切都难得地集中在一个人身上。

示例2：画家开始娓娓道来——

数年前的一个寒冬，……

4.10.3.4 标示话题的转换。

示例："好香的干菜，——听到风声了吗？"赵七爷低声说道。

4.10.3.5 标示声音的延长。

示例："嘎——"传过来一声水禽被惊动的鸣叫。

4.10.3.6 标示话语的中断或间隔。

示例1："班长他牺——"小马话没说完就大哭起来。

示例2："亲爱的妈妈，你不知道我多爱您。——还有你，我的孩子！"

4.10.3.7 标示引出对话。

示例：——你长大后想成为科学家吗？

——当然想了！

4.10.3.8 标示事项列举分承。

示例：根据研究对象的不同，环境物理学分为以下五个分支学科：

——环境声学；

——环境光学；

——环境热学；

——环境电磁学；

——环境空气动力学。

4.10.3.9 用于副标题之前。

示例：飞向太平洋

——我国新型号运载火箭发射目击记

4.10.3.10 用于引文、注文后，标示作者、出处或注释者。

示例1：先天下之忧而忧，后天下之乐而乐。

——范仲淹

示例2：乐浪海中有倭人，分为百余国。

——《汉书》

示例3：很多人写好信后把信笺折成方胜形，我看大可不必。（方胜，指古代妇女戴的方形首饰，用彩绸等制作，由两个斜方部分叠合而成。——编者注）

4.11 省略号

4.11.1 定义

标号的一种，标示语段中某些内容的省略及意义的断续等。

4.11.2 形式

省略号的形式是"……"。

4.11.3 基本用法

4.11.3.1 标示引文的省略。

示例：我们齐声朗诵起来："……俱往矣，数风流人物，还看今朝。"

4.11.3.2 标示列举或重复词语的省略。

示例1：对政治的敏感，对生活的敏感，对性格的敏感，……这都是作家必须要有的素质。

示例2：他气得连声说："好，好……算我没说。"

4.11.3.3 标示语意未尽。

示例1：在人迹罕至的深山密林里，假如突然看见一缕炊烟，……

示例2：你这样干，未免太……！

4.11.3.4 标示说话时断断续续。

示例：她磕磕巴巴地说："可是……太太……我不知道……你一定是认错了。"

4.11.3.5 标示对话中的沉默不语。

示例："还没结婚吧？"

"……"他飞红了脸，更加忸怩起来。

4.11.3.6 标示特定的成分虚缺。

示例：只要……就……

4.11.3.7 在标示诗行、段落的省略时，可连用两个省略号（即相当于十二连点）。

示例 1：从隔壁房间传来缓缓而抑扬顿挫的吟咏声——

床前明月光，疑是地上霜。

…………

示例 2：该刊根据工作质量、上稿数量、参与程度等方面的表现，评选出了高校十佳记者站。还根据发稿数量、提供新闻线索情况以及对刊物的关注度等，评选出了十佳通讯员。

…………

4.12 着重号

4.12.1 定义

标号的一种，标示语段中某些重要的或需要指明的文字。

4.12.2 形式

着重号的形式是"．"标注在相应文字的下方。

4.12.3 基本用法

4.12.3.1 标示语段中重要的文字。

示例 1：诗人需要表现，而不是证明。

示例 2：下面对本文的理解，不正确的一项是：……

4.12.3.2 标示语段中需要指明的文字。

示例：下边加点的字，除了在词中的读法外，还有哪些读法？

着急　子弹　强调

4.13 连接号

4.13.1 定义

标号的一种，标示某些相关联成分之间的连接。

4.13.2 形式

连接号的形式有短横线"－"、一字线"—"和浪纹线"～"三种。

4.13.3 基本用法

4.13.3.1 标示下列各种情况，均用短横线：

a）化合物的名称或表格、插图的编号。

示例 1：3 – 戊酮为无色液体，对眼及皮肤有强烈刺激性。

示例 2：参见下页表 2 – 8、表 2 – 9。

b）连接号码，包括门牌号码、电话号码，以及用阿拉伯数字表示年月日等。

示例 3：安宁里东路 26 号院 3 – 2 – 11 室

示例 4：联系电话：010 – 88842603

示例 5：2011 – 02 – 15

c）在复合名词中起连接作用。

示例 6：吐鲁番 – 哈密盆地

d）某些产品的名称和型号。

示例 7：WZ – 10 直升机具有复杂天气和夜间作战的能力。

e）汉语拼音、外来语内部的分合。

示例 8：shuōshuō – xiàoxiào（说说笑笑）

示例 9：盎格鲁 – 撒克逊人

示例 10：让 – 雅克·卢梭（"让 – 雅克"为双名）

示例 11：皮埃尔·孟戴斯 – 弗朗斯（"孟戴斯 – 弗朗斯"为复姓）

4.13.3.2 标示下列各种情况，一般用一字线，有时也可用浪纹线：

a）标示相关项目（如时间、地域等）的起止。

示例 1：沈括（1031—1095），宋朝人。

示例 2：2011 年 2 月 3—10 日

示例 3：北京—上海特别旅客快车

b）标示数值范围（由阿拉伯数字或汉字数字构成）的起止。

示例 4：25 ~ 30g

示例 5：第五 ~ 八课

4.14 间隔号

4.14.1 定义

标号的一种，标示某些相关联成分之间的分界。

4.14.2 形式

间隔号的形式是"·"。

4.14.3 基本用法

4.14.3.1 标示外国人名或少数民族人名内部的分界。

示例1：克里丝蒂娜·罗塞蒂

示例2：阿依古丽·买买提

4.14.3.2 标示书名与篇（章、卷）名之间的分界。

示例：《淮南子·本经训》

4.14.3.3 标示词牌、曲牌、诗体名等和题名之间的分界。

示例1：《沁园春·雪》

示例2：《天净沙·秋思》

示例3：《七律·冬云》

4.14.3.4 用在构成标题或栏目名称的并列词语之间。

示例：《天·地·人》

4.14.3.5 以月、日为标志的事件或节日，用汉字数字表示时，只在一、十一和十二月后用间隔号；当直接用阿拉伯数字表示时，月、日之间均用间隔号（半角字符）。

示例1："九一八"事变　"五四"运动

示例2："一·二八"事变　"一二·九"运动

示例3："3·15"消费者权益日　"9·11"恐怖袭击事件

4.15 书名号

4.15.1 定义

标号的一种，标示语段中出现的各种作品的名称。

4.15.2 形式

书名号的形式有双书名号"《》"和单书名号"〈〉"两种。

4.15.3 基本用法

4.15.3.1 标示书名、卷名、篇名、刊物名、报纸名、文件名等。

示例1：《红楼梦》（书名）

示例2：《史记·项羽本纪》（卷名）

示例3：《论雷峰塔的倒掉》（篇名）

示例4：《每周关注》（刊物名）

示例5：《人民日报》（报纸名）

示例6：《全国农村工作会议纪要》（文件名）

4.15.3.2 标示电影、电视、音乐、诗歌、雕塑等各类用文字、声音、图像等表现的作品的名称。

示例 1：《渔光曲》（电影名）

示例 2：《追梦录》（电视剧名）

示例 3：《勿忘我》（歌曲名）

示例 4：《沁园春·雪》（诗词名）

示例 5：《东方欲晓》（雕塑名）

示例 6：《光与影》（电视节目名）

示例 7：《社会广角镜》（栏目名）

示例 8：《庄子研究文献数据库》（光盘名）

示例 9：《植物生理学系列挂图》（图片名）

4.15.3.3 标示全中文或中文在名称中占主导地位的软件名。

示例：科研人员正在研制《电脑卫士》杀毒软件。

4.15.3.4 标示作品名的简称。

示例：我读了《念青唐古拉山脉纪行》一文（以下简称《念》），收获很大。

4.15.3.5 当书名号中还需要书名号时，里面一层用单书名号，外面一层用双书名号。

示例：《教育部关于提请审议〈高等教育自学考试试行办法〉的报告》

4.16 专名号

4.16.1 定义

标号的一种，标示古籍和某些文史类著作中出现的特定类专有名词。

4.16.2 形式

专名号的形式是一条直线，标注在相应文字的下方。

4.16.3 基本用法

4.16.3.1 标示古籍、古籍引文或某些文史类著作中出现的专有名词，主要包括人名、地名、国名、民族名、朝代名、年号、宗教名、官署名、组织名等。

示例 1：孙坚人马被刘表率军围得水泄不通。（人名）

示例 2：于是聚集冀、青、幽、并四州兵马七十多万准备决一死战。（地名）

示例 3：当时乌孙及西域各国都向汉派遣了使节。（国名、朝代名）

示例4：从咸宁二年到太康十年，匈奴、鲜卑、乌桓等族人徙居塞内。（年号、民族名）

4.16.3.2 现代汉语文本中的上述专有名词，以及古籍和现代文本中的单位名、官职名、事件名、会议名、书名等不应使用专名号。必须使用标号标示时，宜使用其他相应标号（如引号、书名号等）。

4.17 分隔号

4.17.1 定义

标号的一种，标示诗行、节拍及某些相关文字的分隔。

4.17.2 形式

分隔号的形式是"/"。

4.17.3 基本用法

4.17.3.1 诗歌接排时分隔诗行（也可使用逗号和分号，见 4.4.3.1/4.6.3.1）。

示例：春眠不觉晓/处处闻啼鸟/夜来风雨声/花落知多少。

4.17.3.2 标示诗文中的音节节拍。

示例：横眉/冷对/千夫指，俯首/甘为/孺子牛。

4.17.3.3 分隔供选择或可转换的两项，表示"或"。

示例：动词短语中除了作为主体成分的述语动词之外，还包括述语动词所带的宾语和/或补语。

4.17.3.4 分隔组成一对的两项，表示"和"。

示例1：13/14 次特别快车

示例2：羽毛球女双决赛中国组合杜婧/于洋两局完胜韩国名将李孝贞/李敬元。

4.17.3.5 分隔层级或类别。

示例：我国的行政区划分为：省（直辖市、自治区）/省辖市（地级市）/县（县级市、区、自治州）/乡（镇）/村（居委会）。

5. 标点符号的位置和书写形式

5.1 横排文稿标点符号的位置和书写形式

5.1.1 句号、逗号、顿号、分号、冒号均置于相应文字之后，占一个字位置，居左下，不出现在一行之首。

5.1.2 问号、叹号均置于相应文字之后，占一个字位置，居左，不出现在一行之首。两个问号（或叹号）叠用时，占一个字位置；三个问号（或叹号）叠用时，占两个字位置；问号和叹号连用时，占一个字位置。

5.1.3 引号、括号、书名号中的两部分标在相应项目的两端，各占一个字位置。其中前一半不出现在一行之末，后一半不出现在一行之首。

5.1.4 破折号标在相应项目之间，占两个字位置，上下居中，不能中间断开分处上行之末和下行之首。

5.1.5 省略号占两个字位置，两个省略号连用时占四个字位置并须单独占一行。省略号不能中间断开分处上行之末和下行之首。

5.1.6 连接号中的短横线比汉字"一"略短，占半个字位置；一字线比汉字"一"略长，占一个字位置；浪纹线占一个字位置。连接号上下居中，不出现在一行之首。

5.1.7 间隔号标在需要隔开的项目之间，占半个字位置，上下居中，不出现在一行之首。

5.1.8 着重号和专名号标在相应文字的下边。

5.1.9 分隔号占半个字位置，不出现在一行之首或一行之末。

5.1.10 标点符号排在一行末尾时，若为全角字符则应占半角字符的宽度（即半个字位置），以使视觉效果更美观。

5.1.11 在实际编辑出版工作中，为排版美观、方便阅读等需要，或为避免某一小节最后一个汉字转行或出现在另外一页开头等情况（浪费版面及视觉效果差），可适当压缩标点符号所占用的空间。

5.2 竖排文稿标点符号的位置和书写形式

5.2.1 句号、问号、叹号、逗号、顿号、分号和冒号均置于相应文字之下偏右。

5.2.2 破折号、省略号、连接号、间隔号和分隔号置于相应文字之下居中，上下方向排列。

5.2.3 引号改用双引号"﹃""﹄"和单引号"﹁""﹂"，括号改用"︵""︶"，标在相应项目的上下。

5.2.4 竖排文稿中使用浪线式书名号"︴"，标在相应文字的左侧。

5.2.5 着重号标在相应文字的右侧，专名号标在相应文字的左侧。

5.2.6 横排文稿中关于某些标点不能居行首或行末的要求，同样适用于竖排文稿。

※※※※※※※※※※※※※※※※※※※※※※※※※※※※※

**训练二：出版物数字用法训练**

1. 训练内容：视觉阅读向文章数字使用能力迁移。

2. 训练方式：认真阅读并牢固掌握课文，使用规范数字用法对自己或他人的作品进行修改。

3. 训练要求：训练数量不少于 5 篇。

※※※※※※※※※※※※※※※※※※※※※※※※※※※※※

# 中华人民共和国国家标准出版物上数字用法

GB/T 15835—2011

代替 GB/T 15835—1995

## 前言

本标准按照 GB/T 1.1—2009 给出的规则起草。

本标准代替 GB/T 15835—2009《出版物上数字用法的规定》，与 GB/T 15835—1995《出版物上数字用法的规定》相比，主要变化如下：

——原标准在汉字数字与阿拉伯数字中，明显倾向于使用阿拉伯数字。本标准不再强调这种倾向性。

——在继承原标准中关于数字用法应遵循"得体原则"和"局部体例一致原则"的基础上，通过措辞上的适当调整，以及更为具体的规定和示例，进一步明确了具体操作规范。

——将原标准的平级罗列式行文结构改为层级分类式行文结构。

——删除了原标准的基本术语"物理量"与"非物理量"，增补了"计量""编号""概数"作为基本术语。

本标准由教育部语言文字信息管理司提出并归口。

本标准主要起草单位：北京大学。

本标准主要起草人：詹卫东、覃士娟、曾石铭。

本标准所代替标准的历次版本发布情况为：

——GB/T 15835—1995。

出版物上数字用法

1. 范围

本标准规定了出版物上汉字数字和阿拉伯数字的用法。

本标准适用于各类出版物（文艺类出版物和重排古籍除外）。政府和企事业单位公文，以及教育、媒体和公共服务领域的数字用法，也可参照本标准执行。

2. 规范性引用文件

下列文件对于本文件的应用是必不可少的。凡是注日期的引用文件，仅注日期的版本适用于本文件。凡是不注日期的引用文件，其最新版本（包括所有的修改单）适用于本文件。

GB/T 7408—2005　数据元和交换格式　信息交换　日期和时间表示法

3. 术语和定义

下列术语和定义适用于本文件。

3.1 计量　measuring

将数字用于加、减、乘、除等数学运算。

3.2 编号　numbering

将数字用于为事物命名或排序，但不用于数学运算。

3.3 概数　approximate number

用于模糊计量的数字。

4. 数字形式的选用

4.1 选用阿拉伯数字

4.1.1 用于计量的数字

在使用数字进行计量的场合，为达到醒目、易于辨识的效果，应采用阿拉伯数字。

示例1：－125.03  34.05%  63%～68%  1：500  97/108

当数值伴随有计量单位时，如：长度、容积、面积、体积、质量、温度、经纬度、音量、频率等，特别是当计量单位以字母表达时，应采用阿拉伯数字。

示例2：523.56km（523.56 千米）  346.87L（346.87 升）  5.34m$^2$

（5.34 平方米）　　　567mm³（567 立方毫米）　　605g（605 克）　　100～150kg（100～150 千克）　　34℃～39℃（34 摄氏度～39 摄氏度）　　北纬 40°（40 度）　　120dB（120 分贝）

4.1.2　用于编号的数字

在使用数字进行编号的场合，为达到醒目、易于辨识的效果，应采用阿拉伯数字。

示例：电话号码：98888

邮政编码：100871

通信地址：北京市海淀区复兴路 11 号

电子邮件地址：x186@ 186. net

网页地址：http：//127. 0. 0. 1

汽车号牌：京 A00001

公交车号：302 路公交车

道路编号：101 国道

公文编号：国办发〔1987〕9 号

图书编号：ISBN 978－7－80184－224－4

刊物编号：CN11－1399

章节编号：4. 1. 2

产品型号：PH－3000 型计算机

产品序列号：C84XB－JYVFD－P7HC4－6XKRJ－7M6XH

单位注册号：02050214

行政许可登记编号：0684D10004－828

4.1.3　已定型的含阿拉伯数字的词语

现代社会生活中出现的事物、现象、事件，其名称的书写形式中包含阿拉伯数字，已经广泛使用而稳定下来，应采用阿拉伯数字。

示例：3G 手机　　MP3 播放器　　G8 峰会　　维生素 $B_{12}$　　97 号汽油 "5·27" 事件　　"12·5" 枪击案

4.2　选用汉字数字

4.2.1　非公历纪年

干支纪年、农历月日、历史朝代纪年及其他传统上采用汉字形式的非公历纪年等，应采用汉字数字。

示例：丙寅年十月十五日    庚辰年八月五日    腊月二十三    正月初五    八月十五中秋    秦文公四十四年    太平天国庚申十年九月二十四日    清咸丰十年九月二十日    藏历阳木龙年八月二十六日    日本庆应三年

### 4.2.2 概数

数字连用表示的概数、含"几"的概数，应采用汉字数字。

示例：三四个月    一二十个    四十五六岁    五六万套五六十年前

几千    二十几    一百几十    几万分之一

### 4.2.3 已定型的含汉字数字的词语

汉语中长期使用已经稳定下来的包含汉字数字形式的词语，应采用汉字数字。

示例：万一    一律    一旦    三叶虫    四书五经    星期五    四氧化三铁    八国联军    七上八下    一心一意    不管三七二十一一方面    二百五    半斤八两    五省一市    五讲四美    相差十万八千里    八九不离十    白发三千丈    不二法门    二八年华    五四运动"一·二八"事变    "一二·九"运动

### 4.3 选用阿拉伯数字与汉字数字均可

如果表达计量或编号所需要用到的数字个数不多，选择汉字数字还是阿拉伯数字在书写的简洁性和辨识的清晰性两方面没有明显差异时，两种形式均可使用。

示例1：17号楼（十七号楼）    3倍（三倍）    第5个工作日（第五个工作日）100多件（一百多件）    20余次（二十余次）    约300人（约三百人）    40天左右（四十天左右）    50上下（五十上下）    50多人（五十多人）    第25页（第二十五页）    第8天（第八天）    第4季度（第四季度）    第45份（第四十五份）    共235位同学（共二百三十五位同学）    0.5（零点五）    76岁（七十六岁）120周年（一百二十周年）    1/3（三分之一）    公元前8世纪（公元前八世纪）    20世纪80年代（二十世纪八十年代）    公元253年（公元二五三年）1997年7月1日（一九九七年七月一日）    下午4点40分（下午四点四十分）    4个月（四个月）    12天（十二天）

如果要突出简洁醒目的表达效果，应使用阿拉伯数字；如果要突出庄重典雅的表达效果，应使用汉字数字。

示例2：北京时间 2008 年 5 月 12 日 14 时 28 分

十一届全国人大一次会议（不写为"11 届全国人大 1 次会议"）

六方会谈（不写为"6 方会谈"）

在同一场合出现的数字，应遵循"同类别同形式"原则来选择数字的书写形式。如果两数字的表达功能类别相同（比如都是表达年月日时间的数字），或者两数字在上下文中所处的层级相同（比如文章目录中同级标题的编号），应选用相同的形式。反之，如果两数字的表达功能不同，或所处层级不同，可以选用不同的形式。

示例3：2008 年 8 月 8 日    二○○八年八月八日（不写为"二○○八年 8 月 8 日"）

第一章    第二章……第十二章（不写为"第一章 第二章……第 12 章"）

第二章的下一级标题可以用阿拉伯数字编号：2.1，2.2，……

应避免相邻的两个阿拉伯数字造成歧义的情况。

示例4：高三 3 个班    高三三个班（不写为"高 33 个班"）    高三 2 班    高三（2）班（不写为"高 32 班"）

有法律效力的文件、公告文件或财务文件中可同时采用汉字数字和阿拉伯数字。

示例5：2008 年 4 月保险账户结算日利率为万分之一点五七五零（0.015750%）

35.5 元（35 元 5 角    三十五元五角    叁拾伍圆伍角）

5. 数字形式的使用

5.1 阿拉伯数字的使用

5.1.1 多位数

为便于阅读，四位以上的整数或小数，可采用以下两种方式分节：

——第一种方式：千分撇

整数部分每三位一组，以"，"分节。小数部分不分节。四位以内的整数可以不分节。

示例1：624，000    92，300，000    19，351，235.235，767

1256

——第二种方式：千分空

从小数点起，向左和向右每三位数字一组，组间空四分之一个汉字，即二分之一个阿拉伯数字的位置。四位以内的整数可以不加千分空。

示例2：55 235 367.346 23　　　98 235 358.238 368

注：各科学技术领域的多位数分节方式参照 GB 3101—1993 的规定执行。

5.1.2　纯小数

纯小数必须写出小数点前定位的"0"，小数点是齐阿拉伯数字底线的实心点"．"。

示例：0.46 不写为 .46 或 0。46

5.1.3　数值范围

在表示数值的范围时，可采用浪纹式连接号"～"或一字线连接号"—"。前后两个数值的附加符号或计量单位相同时，在不造成歧义的情况下，前一个数值的附加符号或计量单位可省略。如果省略数值的附加符号或计量单位会造成歧义，则不应省略。

示例：400—429 页　　　100—150kg　　　12 500～20 000 元　　　9 亿～16 亿（不写为 9～16 亿）　　　13 万～17 万元（不写为 13～17 万元）　　　15%～30%（不写为 15～30%）　　　4.3×10⁶～5.7×10⁶（不写为 4.3～5.7×10⁶）

5.1.4　年月日

年月日的表达顺序应按照口语中年月日的自然顺序书写。

示例1：2008 年 8 月 8 日　　　1997 年 7 月 1 日

"年""月"可按照 GB/T 7408—2005 的 5.2.1.1 中的扩展格式，用"－"替代，但年月日不完整时不能替代。

示例2：2008－08－08　　　1997－07－01　　　8 月 8 日（不写为 8－8）　　　2008 年 8 月（不写为 2008－8）

四位数字表示的年份不应简写为两位数字。

示例3："1990 年"不写为"90 年"

月和日是一位数时，可在数字前补"0"。

示例4：2008－08－08　　　1997－07－01

5.1.5　时分秒

计时方式既可采用 12 小时制，也可采用 24 小时制。

示例 1：11 时 40 分（上午 11 时 40 分）　21 时 12 分 36 秒（晚上 9 时 12 分 36 秒）

时分秒的顺序应按照口语中时、分、秒的自然顺序书写。

示例 2：15 时 40 分　14 时 12 分 36 秒

"时""分"也可按照 GB/T 7408—2005 的 5.3.1.1 和 5.3.1.2 中的扩展格式，用"："替代。

示例 3：15：40　　14：12：36

5.1.6　含有月日的专名

含有月日的专名采用阿拉伯数字表示时，应采用间隔号"·"将月、日分开，并在数字前后加引号。

示例："3·15"消费者权益日

5.1.7　书写格式

5.1.7.1　字体

出版物中的阿拉伯数字，一般应使用正体二分字身，即占半个汉字位置。

示例：234　　57.236

5.1.7.2　换行

一个用阿拉伯数字书写的数值应在同一行中，避免被断开。

5.1.7.3　竖排文本中的数字方向

竖排文字中的阿拉伯数字按顺时针方向转 90 度。旋转后要保证同一个词语单位的文字方向相同。

示例：

示例一

雪花牌BCD188型家用电冰箱容量是一百八十八升，功率为一百二十五瓦，市场售价两千零五十元，返修率仅为百分之零点一五。

示例二

海军J12号打捞救生船在太平洋上航行了十三天，于一九九〇年八月六日零时三十一分返回基地。

## 5.2 汉字数字的使用

### 5.2.1 概数

两个数字连用表示概数时，两数之间不用顿号"、"隔开。

示例：二三米　　一两个小时　　三五天　　一二十个　　四十五六岁

### 5.2.2 年份

年份简写后的数字可以理解为概数时，一般不简写。

示例："一九七八年"不写为"七八年"

### 5.2.3 含有月日的专名

含有月日的专名采用汉字数字表示时，如果涉及一月、十一月、十二月，应用间隔号"·"将表示月日的数字隔开，涉及其他月份时，不用间隔号。

示例："一二·八"事变　　"一二·九"运动　　五一国际劳动节

### 5.2.4 大写汉字数字

——大写汉字数字的书写形式

零、壹、贰、叁、肆、伍、陆、柒、捌、玖、拾、佰、仟、万、亿

——大写汉字数字的适用场合

法律文书和财务票据上，应采用大写汉字数字形式记数。

示例：3，504元（叁仟伍佰零肆圆）　　39，148（叁万玖仟壹佰肆拾捌圆）

### 5.2.5 "零"和"〇"

阿拉伯数字"0"有"零"和"〇"两种汉字书写形式。一个数字

用作计量时，其中"0"的汉字书写形式为"零"，用作编号时，"0"的汉字书写形式为"〇"。

示例："3052（个）"的汉字数字形式为"三千零五十二"（不写为"三千〇五十二"）　"95.06"的汉字数字形式为"九十五点零六"（不写为"九十五点〇六"）　"公元2012（年）"的汉字数字形式为"二〇一二"（不写为"二零一二"）

5.3　阿拉伯数字与汉字数字同时使用

如果一个数值很大，数值中的"万""亿"单位可以采用汉字数字，其余部分采用阿拉伯数字。

示例1：我国1982年人口普查人数为10亿零817万5288人。

除上面情况之外的一般数值，不能同时采用阿拉伯数字与汉字数字。

示例2：108可以写作"一百零八"，但不应写作"1百零8""一百08"4000可以写作"四千"，但不能写作"4千"。

※※※※※※※※※※※※※※※※※※※※※※※※※※※※※※※※※


**训练三：文章修改符号用法训练**

1. 训练内容：视觉阅读向文章修改符号规范使用能力迁移。

2. 训练方式：认真阅读并牢固掌握课文，使用修改符号对自己的作品进行修改。

3. 训练要求：训练数量不少于5篇。

※※※※※※※※※※※※※※※※※※※※※※※※※※※※※※※※※


# 中华人民共和国国家标准校对符号及其用法

GB/T 14706—93

国家技术监督局 1993 – 11 – 16 发布　1994 – 07 – 01 实施


1. 主要内容与适用范围

本标准规定了校对各种排版校样的专用符号及其用法。

本标准适用于中文（包括少数民族文字）各类校样的校对工作。

2. 引用标准

GB 9851　印刷技术术语

3. 术语

校对符号 proofreader's mark

以特定图形为主要特征的、表达校对要求的符号。

4. 校对符号及用法示例

| 编号 | 符号形态 | 符号作用 | 符号在文中和页边用法示例 | 说　明 |
|---|---|---|---|---|
| 一、字符的改动 | | | | |
| 1 | | 改　正 | 增高出版物质量。<br>改革开放 | 改正的字符较多,圈起来有困难时,可用线在页边画清改正的范围<br>必须更换的损、坏、污字也用改正符号画出 |
| 2 | | 删　除 | 提高出版物物质量。 | |
| 3 | | 增　补 | 要搞好校工作。 | 增补的字符较多,圈起来有困难时,可用线在页边画清增补的范围 |
| 4 | | 改正上下角 | $16 = 42$<br>$H_2SO_4$<br>尼古拉·费欣<br>$0.25 + 0.25 = 0.5$<br>举例:$2 \times 3 = 6$<br>$X:Y = 1:2$ | |
| 二、字符方向位置的移动 | | | | |
| 5 | | 转　正 | 字符颠要转正。 | |
| 6 | | 对　调 | 认真经验总结。<br>认真验结经总。 | 用于相邻的字词<br>用于隔开的字词 |
| 7 | | 接　排 | 要重视校对工作,<br>提高出版物质量。 | |
| 8 | | 另起段 | 完成了任务。明年…… | |

续表

| 编号 | 符号形态 | 符号作用 | 符号在文中和页边用法示例 | 说　明 |
|---|---|---|---|---|
| | | | **二、字符方向位置的移动** | |
| 9 | | 转　移 | 校对工作，提高出<br>版物质量要重视。<br><br>"。以上引文均见中文新版《<br>列宁全集》。<br><br>……编者　年　月<br>……<br>各位编委： | 用于行间附近的转移<br><br>用于相邻行首末衔接字符的推<br>移<br><br>用于相邻页首末衔接行段的推<br>移 |
| 10 | 或 | 上　下　移 | 序号／名称／数量<br>01／显微镜／2 | 字符上移到缺口左右水平线处<br><br>字符下移到箭头所指的短线处 |
| 11 | 或 | 左　右　移 | 要重视校对工<br>作，提高出版物质量。<br><br>3 4　5 6　5<br>欢呼　歌　唱 | 字符左移到箭头所指的短线处<br><br>字符左移到缺口上下垂直线处<br>符号画得太小时，要在页边重标 |
| 12 | | 排　齐 | 校对工作非常重要，<br>必须提高印刷<br>质量，缩短印制周<br>期。　国家标准 | |
| 13 | | 排阶梯形 | $RH_2$ | |
| 14 | | 正　图 | | 符号横线表示水平位置，竖线表<br>示垂直位置，箭头表示上方 |

续表

| 编号 | 符号形态 | 符号作用 | 符号在文中和页边用法示例 | 说　明 |
|---|---|---|---|---|
| 三、字符间空距的改动 ||||||
| 15 | | 加大空距 | 一、校对程序<br>校对胶印读物、影印书刊的注意事项： | 表示在一定范围内适当加大空距<br>横式文字画在字头和行头之间 |
| 16 | | 减小空距 | 二、校对程　序<br>校对胶印读物、影印书刊的注意事项： | 表示不空或在一定范围内适当减小空距<br>横式文字画在字头和行头之间 |
| 17 | | 空 1 字距<br>空 1/2 字距<br>空 1/3 字距<br>空 1/4 字距 | 第一章校对职责和方法<br>1. 责任校对 | 多个空距相同的，可用引线连出，只标示一个符号 |
| 18 | Y | 分　开 | Goodmorning！ | 用于外文 |
| 四、其　　他 ||||||
| 19 | △ | 保　留 | 认真搞好校对工作。 | 除在原删除的字符下画△外，并在原删除符号上画两竖线 |
| 20 | ○＝ | 代　替 | 色的程度不同，从淡兰色到深兰色具有多种层次，如天兰色、湖兰色、海兰色、宝兰色……<br>○＝蓝 | 同页内有两个或多个相同的字符需要改正的，可用符号代替，并在页边注明 |
| 21 | ○ ○ ○ | 说　明 | 改黑体<br>第一章 校对的职责 | 说明或指令性文字不要圈起来，在其字下画圈，表示不作为改正的文字。如说明文字较多时，可在首末各三字下画圈 |

## 5. 使用要求

5.1 校对校样，必须用色笔（墨水笔、圆珠笔等）书写校对符号和示意改正的字符，但是不能用灰色铅笔书写。

5.2 校样上改正的字符要书写清楚。校改外文，要用印刷体。

5.3 校样中的校对引线要从行间画出。墨色相同的校对引线不可交叉。

附录 **A**：校对符号应用实例

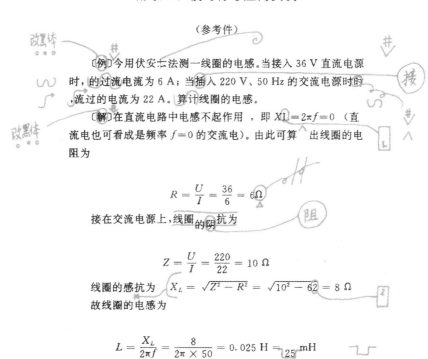

〔例〕今用伏安法测一线圈的电感。当接入 36 V 直流电源时，的过流电流为 6 A；当插入 220 V、50 Hz 的交流电源时，流过的电流为 22 A。算计线圈的电感。

〔解〕在直流电路中电感不起作用 ，即 $XI = 2\pi f = 0$（直流电也可看成是频率 $f=0$ 的交流电）。由此可算 出线圈的电阻为

$$R = \frac{U}{I} = \frac{36}{6} = 6\,\Omega$$

接在交流电源上，线圈的阻抗为

$$Z = \frac{U}{I} = \frac{220}{22} = 10\ \Omega$$

线圈的感抗为 $X_L = \sqrt{Z^2 - R^2} = \sqrt{10^2 - 6^2} = 8\ \Omega$
故线圈的电感为

$$L = \frac{X_L}{2\pi f} = \frac{8}{2\pi \times 50} = 0.025\ H = 25\ mH$$

### 第七节　电　容　电　路

电容器接在直流电源上，如图 3-13 甲所示。电路呈断路状态。若把它接在交流电源上，情况就不一样。电容器板上的电荷与其两端电压的关系为 $q = c_{u_c}$。当电压 $u_c$ 升高时，极板上

附加说明：

本标准由中华人民共和国新闻出版署提出。

本标准由全国印刷标准化委员会归口。

本标准由人民出版社负责起草。